中国社会科学院创新工程学术出版资助项目

美国研究文库

吴白乙◎主编

美国实力变化的
社会文化因素

姬虹　等◎著

SOCIAL AND
CULTURAL FACTORS
OF U.S. EVOLVEMENT

中国社会科学出版社

图书在版编目（CIP）数据

美国实力变化的社会文化因素／姬虹等著．—北京：
中国社会科学出版社，2018.10
ISBN 978－7－5203－3405－1

Ⅰ.①美…　Ⅱ.①姬…　Ⅲ.①社会问题—研究—美国
Ⅳ.①D771.28

中国版本图书馆 CIP 数据核字(2018)第 245698 号

出 版 人　赵剑英
责任编辑　张　林
特约编辑　宋英杰
责任校对　杨　林
责任印制　戴　宽

出　　版　中国社会科学出版社
社　　址　北京鼓楼西大街甲 158 号
邮　　编　100720
网　　址　http://www.csspw.cn
发 行 部　010－84083685
门 市 部　010－84029450
经　　销　新华书店及其他书店

印　　刷　北京明恒达印务有限公司
装　　订　廊坊市广阳区广增装订厂
版　　次　2018 年 10 月第 1 版
印　　次　2018 年 10 月第 1 次印刷

开　　本　710×1000　1/16
印　　张　15.25
插　　页　2
字　　数　230 千字
定　　价　68.00 元

《美国研究文库》
顾问委员会、编委会名单

主编的话

习近平总书记指出，当今世界正在经历百年未有之大变局。进入21世纪以来，世界形势变化之快、之深超出人们的预期。这种广泛深刻的变化一方面体现在以中国为代表的新兴国家快速发展，为世界的变化加注了全新和巨大的动力，另一方面也体现在过去400年执全球发展牛耳的西方世界遭遇到各种冲击、挑战，内外问题集中爆发。冷战结束后，作为西方世界的领头羊，美国一度信心满满，以为“历史已经终结”，将迎来一个其霸权可持续的“单极时代”。然而，现实的曲折进程并未以美国的意志为转移。新世纪以来，几乎是每隔7—8年，美国都会遭遇到一场重大冲击，2001年的“9·11”事件，2008年的“次贷危机”，2016年的“特朗普冲击”可谓三大颠覆性标志，由外及内，从经济到政治，层层递进，累积叠加，对美国内政外交带来巨大冲击和深远影响。作为世界大变局中重要的组成部分，当下的美国之变确是百年未见，其复杂性、广泛性和不确定性或将超过人们的认识边际和层次，不断对外部的观察者和实践者提出大量的新挑战、新问题，也将为专业研究工作者打开新视窗，提供新平台。

在迈向“两个百年”伟大目标的征程中，新兴的中华民族必将勇敢地面对外部世界的沧桑巨变，面对当下和未来中美关系的艰难调整与转型。我们推出《美国研究文库》丛书，旨在通过各方指导和参与，有组织地加强基础性、对策性、前沿性研究议题的策划与协作，加快国内同行间成果的扩散与交流，推动有关美国研究、中美关系研究和其他相关研究的进一步繁荣。自古“不谋万世者，不足以某一时；不谋全局者，不足以谋一域”，我们希冀随着《文库》各书的不断加入，能为广大读者开启独特的显微镜，在大变局中不断加深对美国和世界的认识，“知己知彼，百战不殆”。

目　　录

前　言 …………………………………………………………………………… (1)

第一部分　种族与移民

第一章　从“降旗运动”看美国种族问题 ……………………………… (3)
　一　两次“降旗运动”及其结果 ……………………………………… (3)
　二　人口变化对南方政治的影响 …………………………………… (8)
　三　影响降旗运动的其他因素 ………………………………………… (13)
　结语 ……………………………………………………………………… (16)

第二章　奥巴马政府治下的移民改革 ………………………………… (19)
　一　没有兑现的“奥巴马誓言” ……………………………………… (20)
　二　奥巴马移民政策改革主要举措 ………………………………… (23)
　三　奥巴马移民改革的成效 …………………………………………… (28)
　四　影响移民政策改革进程的因素 ………………………………… (30)
　结语 ……………………………………………………………………… (34)

第三章　特朗普的移民改革走向与时代困局 ………………………… (35)
　一　移民改革举措:从“真墙”到“心墙” …………………………… (35)
　二　促使政策收紧的国内气候与国际环境 ………………………… (42)
　三　“移民新政”的多米诺效应:内政与外交投射 ………………… (48)
　结语 ……………………………………………………………………… (55)

第二部分 就业与福利

第四章 全球化、产业空心化与社会分裂 …………………………… (61)
一 自由主义传统与新自由主义 ………………………………………… (62)
二 就业、社会平等与社会流动性 …………………………………… (67)
三 社会分裂挑战政治正当性 ………………………………………… (74)
结语 …………………………………………………………………… (80)

第五章 美国的人口结构变化与不平等性 …………………………… (81)
一 不平等与人口结构转型 …………………………………………… (82)
二 不平等性与社会结构转型 ………………………………………… (88)
三 人口、社会转型与2016年总统大选 ……………………………… (96)
结语 …………………………………………………………………… (102)

第六章 工作福利制度与个人责任原则 ……………………………… (104)
一 美国的就业与社会福利支出 ……………………………………… (105)
二 美国的失业社会保障 ……………………………………………… (113)
三 美国的养老福利制度 ……………………………………………… (119)
结语 …………………………………………………………………… (126)

第三部分 法律与秩序

第七章 特朗普犯罪控制“新政”对美国社会的影响 ………………… (129)
一 美国社会综合犯罪状况的形势与特点 …………………………… (130)
二 特朗普政府对犯罪问题的评估与判断 …………………………… (133)
三 特朗普犯罪控制“新政”内容及评析 …………………………… (137)
四 特朗普犯罪控制“新政”的前景 ………………………………… (145)
结语 …………………………………………………………………… (148)

第八章　美国枪支暴力犯罪的管控与失控 …………………… (150)
一　枪支暴力问题的现状与新的发展动向 ………………… (150)
二　枪支暴力趋于失控的主要动因 ………………………… (153)
三　枪支暴力问题的发展前景 ……………………………… (168)
结语 ………………………………………………………… (173)

第九章　美国同性婚姻合法化:政治与法律的双重变奏 ………… (174)
一　引言 …………………………………………………… (174)
二　联邦最高法院的里程碑判决 ………………………… (175)
三　同性婚姻合法化:政治与法律的角逐 ………………… (179)
四　政治与法律的背后 …………………………………… (183)
五　联邦最高法院判决能否定纷止争? ………………… (187)

第四部分　热点问题研讨

第十章　文化能否成为权力:美国对外文化输出的历史考察 ……… (193)

第十一章　特朗普新政与美国社会的族群矛盾 ……………… (199)

第十二章　贫富悬殊与美国中产阶级宪法危机 ……………… (205)

第十三章　“我们的孩子”与美国梦的危机 ………………… (211)

第十四章　特朗普与美国的重组 …………………………… (216)
美国需要重组吗? ………………………………………… (216)
特朗普当选是否意味着美国的重组? …………………… (218)
特朗普政府能否推动美国的重组? ……………………… (219)

参考书目 ……………………………………………………… (222)
后　记 ………………………………………………………… (228)

图表目录

表 1　特朗普上台以来的移民限令（2017 年）…………………………（36）
表 2　从出生地和年龄结构看美国人口结构变化 ……………………（83）
表 3　2015 年 12 月私营部门工人平均每小时其雇主为其
　　　支付的薪酬成本…………………………………………………（109）
表 4　社会支出占国民生产总值的比例（1980—2013 年）　………（110）
表 5　SNAP 参与率与费用（2007—2015 年）………………………（117）
表 6　2012 年政府公共福利项目的减贫效用　………………………（119）
表 7　2015 年 12 月 OASDI 项目运行基本情况………………………（120）
表 8　职业退休金待遇差异（2015 年 3 月）　………………………（123）
表 9　2015 年度补充收入保障计划受益人类型　……………………（125）

图 1　引发争议的邦联战旗……………………………………………（6）
图 2　1970—2010 年美国南部、西部、中西部和东北部
　　　人口净流入 ………………………………………………………（10）
图 3　1850—2015 年移民人数与占美国人口总数的百分比 …………（44）
图 4　美国民众对移民的看法 …………………………………………（51）
图 5　从种族看美国人口结构变化 ……………………………………（84）
图 6　不同性别的劳动参与率 …………………………………………（90）
图 7　家庭财富分配（1913—2013 年）………………………………（92）
图 8　美国 1989—2013 年不同阶层的收入状况变化…………………（94）
图 9　美国 1989—2013 年不同阶层的财富分配状况变化……………（95）
图 10　美国选民认为的重要选举议题…………………………………（97）
图 11　美国各年龄段总统竞选投票比例变化（1964—2012 年）　…（99）

图 12 美国公众对政府评价的党派差异 ……………………………… (100)
图 13 美国官方失业率（1990—2015 年） ………………………… (106)
图 14 美国 2004—2013 年劳动参与率…………………………………… (107)
图 15 认为自己买不起食品的美国人口比例
(接受调查者的比例) …………………………………………… (111)
图 16 失业率、补充营养援助计划参与率与贫困率的关系 ……… (118)
图 17 全职与兼职获得工作福利的比例差（2015 年 3 月） ……… (122)
图 18 不同规模企业雇员获得工作福利的比例差
(2015 年 3 月) …………………………………………………… (122)

前　言

2016 年的美国总统大选表明，基于新自由主义的政治共识和主流世界观正在坍塌，美国的文化认同也随之陷入危机，并产生了大众民主与精英政治之间的结构性冲突，而这些危机与冲突背后有着深刻的社会与文化原因：阶层矛盾与种族矛盾相交织；经济全球化（普世价值/精英主义）与保护主义（经济民族主义/民粹主义）相对立；美国本土社会治安问题日益恶化、恐怖主义威胁骤然增加、欧洲难民危机的“前车之鉴”等因素与移民、难民等问题交杂在一起；族裔结构的革命性变化和人口构成的变化，带给美国社会和美国文化的冲击……因此，对美国社会和政治基本走势的判断不能简单延续以前的族群分野、红蓝板块、社会阶层等分析方法，而是要在综合考量美国的贫富悬殊、社会分裂、族群结构、政治极化等多重因素的基础上对各种“不确定性”进行判断。

基于上述认识，本书从四个部分对影响美国当下的社会问题进行研究。

第一，种族与移民。围绕着“降旗运动”、移民改革等方面进行探讨，基本判断为美国的种族冲突将进一步加剧，并将影响到美国的移民改革，特朗普移民改革乃为当下国内、国际情势的集中反应，更准确地说是美国资本主义经济、政治、社会运行规律所致。这部分由姬虹和王聪悦负责撰写。

第二，就业与福利。美国作为经济全球化曾经的领头羊，本国遭遇了产业空心化带来的社会分裂、人口结构变化与不平等性交织产生的政治不满等问题，并对美国的工作福利社会制度形成挑战。这部分由魏南枝负责撰写。

第三，法律与秩序。美国的城市犯罪和枪支暴力等是社会舆论焦点，围绕同性婚姻合法化问题的争议也对美国社会产生了多元冲击。当下美国的政治生态，造成民主、共和两党在国会的“恶斗”升级，产生诸多障碍和掣肘因素，无法出台有效的法律措施，致使枪支暴力等社会问题在美国社会愈演愈烈。这部分由高英东和周婧负责撰写。

第四，热点问题研讨。在过去的一年里，我们举行了五次“美国社会文化系列谈”，邀请来自北京大学、清华大学、南京大学、中国现代国际关系研究院、中国人民大学和华东师范大学等学术机构的专家和中国社会科学院美国研究所、室研究人员、博士生等对美国的社会现状进行深入剖析和研究，我们把讨论中的真知灼见用文字形式与读者一起分享。

美国社会是一部过于纷繁复杂的“百科全书”，作为一个典型的移民国家，它汇聚了来自世界各国的多种文化，也存在各种“亚文化群”所构成的社区或社群。本书不过是对 2007 年以来美国这部“百科全书”社会热点问题的几个侧面进行了探讨，对相关问题的研究也主要停留于联邦层面，既不足以对美国各州或各地的社会现状与文化特点进行有区别的具体分析，也并未涵盖美国社会与文化的全貌，因此对我们未来的研究提出了更高的要求。

不积跬步无以至千里，谨以此书作为我们研究团队的阶段性成果，鞭策我们继续更广泛和深入地对美国社会与文化进行全面的研究。

“美国实力变化的社会文化因素”创新工程项目组

首席研究员　姬虹

2018 年 3 月

第一部分

种族与移民

第一章

从“降旗运动”看美国种族问题

姬　虹

2015 年 7 月 10 日，美国南卡罗来纳州降下了在州议会大厦飘扬半个世纪的邦联旗，标志着这场因查尔斯顿黑人教堂伊曼纽尔教堂（Emanuel AME Church）血案引发的“降旗运动”（removal of the Confederate flag）取得了初步的胜利。[①] 众所周知，半个世纪以来，经过不懈的努力与抗争，在美国包括黑人在内的少数族裔在参政、教育和经济等方面的情况有了一定改善，异族通婚也越来越被接受，种族主义言行也被广泛禁止。美国在消除种族歧视方面取得了进步。然而伊曼纽尔教堂血案表明美国社会的种族主义沉渣泛起，随之引发的“降旗运动”则使美国社会的种族主义再次引发世人关注。笔者拟以这次“降旗运动”及 2000 年前后出现的“降旗运动”为例，对美国南方社会结构的变化进行分析，观察美国当今种族主义现状，并追溯其背后的社会和政治根源。

一　两次“降旗运动”及其结果

2015 年 6 月 17 日，美国南卡罗来纳州查尔斯顿黑人教堂伊曼纽尔教堂遭到白人枪手迪伦·鲁夫（Dylann Roof）袭击，造成九名黑人死亡，其中包括该教堂牧师、州参议员克莱门特·平克尼（Clementa Pinckney）。

---

① 按照英文原意，“降旗运动”翻译成“摘旗运动”或“撤旗运动”更贴切，只是“降旗运动”更接近汉语表述。

枪击案震惊全美，乃至全世界。为悼念死者，州议会大厦顶部的美国国旗和南卡罗来纳州旗下半旗致哀，但议会大厦前、紧邻邦联士兵纪念碑悬挂着的南方邦联战旗依旧高高飘扬，这引起了黑人的不满。长期以来，围绕邦联旗是否应该出现在公共场合，美国南方一直争论不休。黑人民权团体认为邦联旗是种族主义和蓄奴制的象征，反对者则认为它只代表对先辈的怀念，是美国南方文化的一种体现。① 伊曼纽尔教堂血案后，查尔斯顿发生了要求降下邦联旗的示威游行，随后从南卡罗来纳州蔓延到南方其他地区甚至全美。示威抗议的内容除了要求降下联邦旗，还涉及一些州旗上的邦联旗图案、邦联军政人物甚至三 K 党首领雕像、带有邦联旗标志的车牌等。由此，伊曼纽尔教堂血案引发了一场席卷美国的“降旗运动”。

对于这场不速而至的“降旗运动”，美国一些州迅速做出了反应，如南卡罗来纳州州长妮基·黑利（Nikki Haley）一改以往对邦联旗的暧昧态度，呼吁降下在州议会外悬挂的邦联旗帜；弗吉尼亚州长特里·麦考立夫（Terry McAuliffe）、田纳西州州长共和党人比尔·哈斯拉姆（Bill Haslam）和北卡罗来纳州州长共和党人帕特·麦克罗里（Pat McCrory）要求取消该州带有邦联标志的车牌；密西西比州州众议院议长共和党人菲利普·冈恩（Philip Gunn）发表谈话，要求去掉州旗上的邦联徽章；亚拉巴马州州长共和党人罗伯特·本特利（Robert Bentley）下令降下了在州议会大厦外广场悬挂的四面邦联旗，田纳西州议会议员要求移走在州参议院会议厅外邦联重要将领、3K 党早期头目内森·福瑞斯特（Nathan Bedford Forrest）的半身像，肯塔基州议员要求移走在州议会大厅里的邦联总统杰弗逊·戴维斯（Jefferson Davis）的雕像。此外，要求将大学里邦联人物的雕像移走，改变以邦联人物姓名命名的街道、公园、大厦的呼声也遍布各州。在“邦联旗应该放进博物馆”的呼声下，南卡罗来纳州议会通过决议，降下在州议会外悬挂的邦联旗。2015 年 7 月 9 日，州长妮基·黑利签署法案，从 1962 年起在议会大厦飘扬了半个世纪的邦联

---

① NAACP, “Chairman Roslyn M. Brock's Address to the 106th NAACP Annual Convention,” July 12, 2015, available at http: //www. naacp. org/press/entry/full – text – chairman – roslyn – m. – brocks – address – to – the – 106th – naacp – annual – conve.

旗被放进了博物馆的陈列室。

2015年的“降旗运动”来得快且迅猛，民众的呼吁和政府的反应一致，甚至两党也不存在分歧。但是，这次“降旗运动”并不是一件单独的事件，如果追根溯源的话，应该是世纪之交“降旗运动”的继续。

“降旗运动”中涉及的旗帜图案是红底、蓝色大叉（圣安德鲁十字架）加13颗白星，这是内战时期南军将领李将军（Robert Edward Lee）统帅的北弗吉尼亚军团的战旗，不是邦联的国旗。这是美国内战的产物，本应随着南北战争的结束而消失。然而，在美国南北战争结束后的150年间，邦联旗仍然以各种形式存在于公共场合之下，甚至成为3K党和其他白人至上团体的标志和象征。据“南方贫困与法律中心”的数据，约有500个极端组织用邦联旗作为它们的象征。20世纪50—60年代，民权运动席卷美国大地，邦联旗成为南方维护种族隔离、抵制种族合校的手段。1956年佐治亚州议会决定“改旗易帜”，将邦联旗图案添进州旗，占了州旗面积的三分之二。时任州长马蒂温·格里芬（Martivin Griffin）声称：“只要我是佐治亚州长，公立学校和大学就不会出现种族合校。”积极支持此举的州众议院议长登马克·格鲁佛（Denmark Groover）认为，带有邦联旗图案的州旗在每个真正南方人心里有着深刻的含义。① 首先脱离联邦并打响内战第一枪的南卡罗来纳州1962年在州议会大厦顶上升起了邦联战旗，与美国国旗、南卡罗来纳州旗一起飘扬。南方有七个州的州旗或多或少有邦联旗的元素，如密西西比州、阿肯色、亚拉巴马等州，其中最突出就是密西西比州。早在1894年，密西西比州的州旗左上角就添加了“红底、蓝色圣安德鲁十字架加13颗白星”图案。② 从20世纪60年代起，邦联旗经常出现在公众场合出现，此外，亚拉巴马等六个南方州有官方“邦联历史月”（Confederate History Month），十个州有“邦联纪念日”（Confederate Memorial Day），各州纪念日时间不同，肯塔基、路易斯安那州的纪念日是邦联总统杰弗逊·戴维斯的生日，弗吉尼亚、佐

---

① Michael Martinez, “The Georgia Flag Dispute,” *The Georgia Historical Quarterly*, Vol. 92, No. 2, Summer 2008, available at http://www.jstor.org/stable/40585055.

② “How the Confederacy Lives on in the Flags of Seven Southern States,” *Washington Post*, June 21, 2015.

治亚、佛罗里达州还设有罗伯特·李将军日等。

图1 引发争议的邦联战旗

20 世纪 90 年代以后，特别是 2000 年前后，邦联旗的存废成为美国全国瞩目的事件，起因是南方多州出现易帜或降旗运动，其中以佐治亚、密西西比、南卡罗来纳州最为激进。①

1992 年 5 月 28 日，佐治亚州州长民主党人泽尔·米勒（Zell Miller）为了使亚特兰大在即将到来的 1994 年全美橄榄球联盟年度冠军赛（超级碗）和 1996 年的奥运会展现出好的形象，请求州议会将州旗改回到 1956 年前的版本。1993 年 1 月 12 日，他在州议会做州情咨文时，再次强调要去掉州旗上的邦联图案，认为这是个正确事情。但此举遭到议员们的强烈反对，包括民主党议员。米勒的动议未成，却付出了极大的政治代价，导致其 1994 年寻求连任未果。七年后，2001 年，在时任州长的民主党人罗伊·巴恩斯（Roy Barnes）推动下，佐治亚议会两院通过决议，去掉州旗上邦联旗图案，代之以州徽。作为妥协，新州旗下部保留了 1956 年版州旗图案，但蓝色十字架被最小化了。随后，巴恩斯在

① 1993 年，亚拉巴马州从议会大厦顶上降下了悬挂 30 年的邦联旗，但议会前广场邦联士兵纪念碑前还悬挂着三面邦联国旗和一面邦联战旗。2001 年，时任佛罗里达州长的杰布·布什（Jeb Bush）下令降下州议会大厦顶部的邦联旗。

2002 年的选举中也出人意料地落选了。对于选败的原因，《纽约时报》一语道破，“一面旧邦联旗撂倒了一位州长”。[①] 巴恩斯的共和党对手桑尼·珀杜（Sonny Perdue）在竞选中允诺，他如当选，将就旗帜问题举行全州公决。结果他成为 130 多年以来佐治亚第一位共和党州长。2004 年 3 月佐治亚全州公投，以 75% 的优势通过，用 1956 年前的州旗替代巴恩斯版州旗。

南卡罗来纳州自 1962 年在议会大厦顶上高悬邦联旗后，也一直争论不断。1996 年 11 月，时任南卡罗来纳州州长的大卫·比斯利（David Beasley，先为民主党，后转为共和党）一改 1994 年竞选州长时坚持高悬邦联旗的观点，要求降下议会大厦顶上的邦联旗，改挂到议会大厦广场上纪念碑旁。州议会没有通过相关动议。此举断送了他的政治生涯，导致其 1998 年落败于民主党人吉姆·霍奇斯（Jim Hodges）。霍奇斯在竞选中答应如当选不再讨论降旗事。

然而，与降旗在政治层面的影响不同，南卡罗来纳州黑人为降旗举行的持续的抗议行动取得了一定的成果。为声援南卡罗来纳州黑人，协进会（National Association for the Advancement of Colored People，NAACP）（以下简称协进会）在 1999 年 7 月 15 日通过了经济抵制的动议。该动议得到了美国的民权组织“南方基督教领导大会”（Southern Christian Leadership Conference，SCLC）的积极响应，其取消了次年在查尔斯顿召开年会的计划。2000 年 1 月 1 日，黑人开始经济抵制，协进会号召团体和个人，只要邦联旗还在议会大厦飘扬，就不去南卡罗来纳州召开会议和旅游。这对于以旅游业作为经济支柱的南卡罗来纳州来说影响很大。2000 年 4 月 12 日和 5 月 10 日，南卡罗来纳州参议院和众议院分别通过决议，达成妥协，将邦联旗移到议会大厦前邦联士兵纪念碑旁。但如果降下该旗，必须经议会投票，三分之二通过方可。2000 年 7 月 1 日邦联旗从议会大厦顶部降下，悬挂到了议会大厦前邦联士兵纪念碑旁。

自 1894 年以来，密西西比州州旗带有邦联旗标志，在当地“全国有

---

① David M. Halbfinger and Jim Yardley, “Vote Solidifies Shift of South to the G. O. P.,” *New York Times*, November 7, 2002.

色人种协进会”分部的推动下，受南方其他州易帜和降旗的影响，2001年1月州议会决定三个月后进行全州公决，在维持1894年版州旗还是接受由一个专门委员会设计的新州旗之间做选择。2001年4月17日，密西西比州约75万人参加公投，投票率为65%，结果是64%的投票赞成保留旧州旗，36%要求易帜，[①] 飘扬了一百多年的密西西比州州旗被保留，成为美国50个州中唯一在州旗上保留邦联旗标志的州。值得注意的是，密西西比州此次公投有着明显的种族印记。该州总人口中61%为白人，36%为黑人。[②] 在登记的投票人中，70%是白人，30%是黑人。[③] 孟菲斯市郊区的迪所托县（Desoto），人口以白人为主，该县的公投结果是，85%的人要求保留旧旗帜。海恩兹县（Hinds）的人口以黑人为主，66%的人要求易帜。可以说，导致密西西比易帜失败的主要原因是白人的抵制。

通过对上述两次“降旗运动”的回顾，我们可以看出，两次“降旗运动”的诉求相同，但引发的原因、过程处理的方式及结果不同。那么，其原因何在？在下面的章节将具体探讨美国人口变化对南方社会和政治的影响。

二 人口变化对南方政治的影响

2015年南卡罗来纳州伊曼纽尔教堂血案引发的降旗运动，发展之快，令人目不暇接。究其原因，人口变化是根本所在。近20年来南方人口构成发生了巨大的变化，这种变化对南方政治与社会都产生了深刻影响。

美国南方的含义，在不同语境下，含义不同。按照美国人口普查局的定义，南部（方）包括16个州和华盛顿特区，16个州是亚拉巴马、阿肯色、特拉华、佛罗里达、佐治亚、肯塔基、路易斯安那、马里兰、密

① Douglas G. Feig, “Race, the ‘New South,’ and the Mississippi Flag Vote,” *Politics & Policy*, Vol. 32, No. 4, December 2004.

② “Mississippi Residents Vote to Keep Old Flag,” Published April 17, 2001, Associated Press.

③ “In Mississippi, Flag Vote Shows Deep Divide, World is Watching’ State Referendum,” *Chicago Tribune*, April 16, 2001.

西西比、北卡罗来纳、俄克拉荷马、南卡罗来纳、田纳西、得克萨斯、弗吉尼亚和西弗吉尼亚。传统意义讲的美国南方，即俗称的“迪克西”（Dixie），一般是指美国南北战争时期，脱离联邦，成立邦联同盟的 11 个州，即亚拉巴马、阿肯色、佛罗里达、佐治亚、路易斯安那、密西西比、北卡罗来纳、南卡罗来纳、田纳西、得克萨斯、弗吉尼亚，上述州在历史与文化、习俗等方面有一致性，因此，南方是个文化意义上的概念，不是地理区划。

长期以来，南方处于人口流失状态，尤其是黑人，据布鲁金斯学会的研究数据，1910 年至 1970 年的 60 年间，约 500 万黑人离开南方，前往北方和西部，1900 年时南方的黑人人数占全国黑人总人数的 90%，1970 年时下降到 53%。[①] 由于民权运动和南方经济发展，尤其是“阳光带”（sunbelt）崛起，美国国内人口向南方和西部流动。根据美国人口普查局 2012 年公布的数据，1970 年至 1975 年南部流动人口净增长（即国内流入大于流出）180 万人，1975 年至 1980 年为 198 万人，1980 年至 1985 年为 179 万人，1985 年至 1990 年为 142 万人，1990 年至 1995 年为 202 万人，1995 年至 2000 年为 180 万人，2000 年至 2005 年 142 万人，2005 年至 2010 年，只有南部流动人口持续净增长，为 110 万人，其他地区均为流出大于流入，南部成为最具有吸引力的地区，详见图 2。[②]

此外，根据人口普查局的数据，在 2014 年 7 月 1 日至 2015 年 7 月 1 日，人口增长较快的十个州中，南方占了五个（得克萨斯、佛罗里达、佐治亚、北卡罗来纳和南卡罗来纳）。北卡罗来纳州表现不俗，平均每天增加 281 人，全州人口跨入一千万人行列，成为全美第九个千万人口州。[③]

---

① William H. Frey, *Diversity Explosion*, *How New Racial Demographics are Remaking America*, Washington, D. C., Brookings Institution Press, 2015, pp. 215 – 216.

② David K. Ihrke and Carol S. Faber, “Geographical Mobility: 2005 to 2010, Population Characteristics,” December 2012, available at http://www.census.gov/newsroom/releases/archives/mobility_of_the_population/cb12 – 240.html.

③ “North Carolina Becomes Ninth State with 10 Million or More People, Census Bureau Reports,” December 22, 2015, available at http://www.census.gov/newsroom/press – releases/2015/cb15 – 215.html.

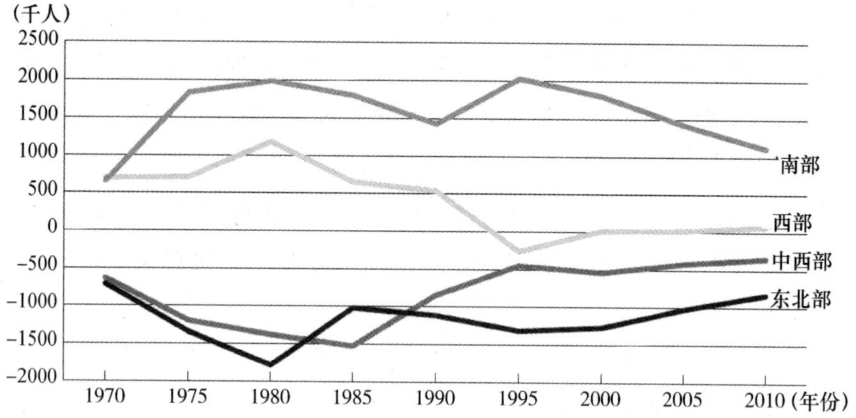

图2 1970—2010年美国南部、西部、中西部和东北部人口净流入

资料来源：David K. Ihrke and Carol S. Faber, " Geographical Mobility: 2005 to 2010, Population Characteristics," December 2012, available at http: //www. census. gov/newsroom/releases/archives/mobility_of_the_population/cb12 - 240. html。

在国内人口流动方面，黑人回流南方具有突出意义。黑人回流始于1975年至1980年，一直持续到现在。2010年人口普查数据显示，南方黑人人数占到全国黑人人数的57%，是50年以来最高的（1960年60%）。2010年时亚特兰大成为继纽约后全国第二大黑人人口最多的城市，黑人人口达170万人。①

如果说黑人回流南方，除了经济动力外，也有寻根的意义。对于新移民来讲，南方是一个"新的目的地"。20世纪末至今，美国经历着大规模的移民潮，此次移民潮的目的地除了传统的地区如加州、纽约、佛罗里达、得克萨斯、伊利诺伊和马萨诸塞外，移民深入了南方腹地。2000年至2009年，全国外来移民人口从3110万人增加到3850万人，14个州外来人口增幅超过49%，这些州集中在南方和中部，如南卡罗来纳、亚拉巴马、田纳西、特拉华、阿肯色、南达科他、内华达、佐治亚、肯塔基、

---

① William H. Frey, *Diversity Explosion*, *How New Racial Demographics are Remaking America*, Washington, D. C. , Brookings Institution Press, 2015, p. 226.

北卡罗来纳、怀俄明、爱荷华、印第安纳和密西西比，[①] 每 11 个外来人口中就有 1 人生活在上述州，而且超过 40% 的移民是 2000 年以后到达的，成为移民的新目的地。根据皮尤研究中心的数据，南方各州 2000 年至 2011 年外来人口增加远远高于全国平均数（29.7%），如得克萨斯 45.7%、佛罗里达 38.8%、佐治亚 63.3%、弗吉尼亚 57.7%、北卡罗来纳 63.8%、田纳西 90.5%、南卡罗来纳 87.6%，路易斯安那 45.6%、阿肯色 73.1%、密西西比 74.2%。[②]

同时南方大都市外来人口增加幅度加快，2000 年至 2007 年外来人口增加前十名中，南方大都市占八个，如南卡罗来纳州的格林维尔、佛罗里达州的莱克兰、田纳西的纳什维尔、阿肯色的小石城等。[③]

移民深入南方，主要是寻求就业机会。以北卡罗来纳州夏洛特市（Charlotte）为例，该市是以纺织业著称，1990 年时人口构成是近三分之二的白人和三分之一的黑人，总人口中只有 3.8% 的人是外来移民，是个典型的南方城市。但 20 世纪末以来，夏洛特市经济转型，科技和金融业取代了传统行业，经济发展速度快，就业机会增多。2000 年该市人口中外来人口的比重增加到 11%，他们基本是 1990 年尤其是 1995 年后才来的。[④] 2010 年时外来人口上升到 15%，人数为 114000 人，七个人中就有一个是移民。[⑤]

自民权运动以后，南方一直在共和党控制之下，由于大量少数族裔人口进入南方，“人口变化必然导致南方政治文化的变化”。[⑥]

首先，选民结构的变化。如上所述，21 世纪以来，南方人口出现了

---

① Aaron Terrazas, “Immigrants in New - Destination States,” February 8, 2011, available at http: //www. migrationpolicy. org/article/immigrants - new - destination - states#top.

② Pew Hispanic Center, Statistical Portrait of the Foreign - born Population in the United States, 2011, available at http: //www. pewhispanic. org/2013/01/29/statistical - portrait - of - the - foreign - born - population - in - the - united - states - 2011.

③ Audrey Singer, “The New Geography of United States Immigration,” July 2009, available at http: //www. brookings. edu/research/papers/2009/07/immigration - geography - singer.

④ Audrey Singer, etc. eds., *Twenty - First Century Gateways, Immigrant Incorporation in Suburban America*, Washington, D. C., Brookings Institution, 2008, p. 282.

⑤ “New Era Needs a New Approach,” *Charlotte Observer*, March 23, 2015.

⑥ Larry Copeland, “Blacks Return to Southern Roots,” *USA Today*, July 1, 2011.

前所未有的变化，种族多样性成为新趋势。人口种族构成的变化，直接影响就是选民种族构成的变化，在选举政治主导的美国社会，意义非凡。人口普查局有关人口预测数据显示，南方十一州少数族裔选民比例在未来半个世纪里将迅速增长，2040 年佐治亚等州少数族裔选民将超过总选民数的 50%。以佐治亚州为例，1980 年白人选民比例 76%，2014 年降到 60%，2040 年只占到选民总数的 40%，黑人等少数族裔选民比例逐步上升，2014 年黑人选民比例是 30%、拉美裔 5%、亚裔 4%，2040 年黑人选民比例上升至 38%、拉美裔上升为 14%、亚裔上升为 9%。

目前南方州中只有得克萨斯 2004 年人口中少数族裔占多数，而且 2019 年将率先在选民人数上进入少数族裔占多数的状况。由于南方人口增长主要靠外来人口进入，而外来人口中非公民和年龄低于 18 岁的比例较高，所以在未来的一二十年里，少数族裔尤其是拉美裔和亚裔选民人数将大大增加。。

其次，由于外来人口的增加，少数族裔选民的增加，共和党在南方占绝对优势的状况将发生变化。但就目前而言，除肯塔基州州众议院由民主党控制外，共和党几乎控制了南方所有的州议会两院。除弗吉尼亚和路易斯安那州外，南方其他的州长全都是共和党籍。在国会，来自“深南部”（Deep South）国会议员共计 47 位，其中民主党只占 8 位，全部为黑人。民主党在南方的势力主要在大城市，在南方 30 个大城市，22 个市长（如休斯敦、达拉斯、亚特兰大、迈阿密、新奥尔良等）是民主党人。

少数族裔倾向民主党，少数族裔选民数量的增加，是否会影响到两党的力量对比，最终改变南方政治的格局？从未来走势来看，应该是有可能，只是存在不确定因素。以北卡罗来纳州为例，2008 年至 2013 年，该州净增加登记选民数为 21 万人，其中黑人选民增加 9.9 万人，拉美裔增加 4.8 万人。但民主党和共和党选民人数并没有增加，相反无党籍（Unaffiliated）选民增加了 30 万人。[①] 其原因是复杂的，但有一点可以肯定，拉美裔的党派意识不是那么强，由于笃信天主教，在一些社会议题

① Democracy North Carolina, “North Carolina Voters: Less White, More Independent,” December 17, 2013, available at http: //nc－democracy. org/downloads/Turnout2014. pdf.

上如堕胎，观点与共和党相近，所以拉美裔也不是铁打的民主党票仓。

最后，随着人口流动加大，南方州一级领导层中有着南方传统的人在减少。例如妮基·黑利，她虽然出生在南卡罗来纳州，但她父母是来自印度的锡克教移民，与美国南方文化传统没有什么关系。黑利在2014年州长竞选时，在是否要降下议会大厦广场上的邦联旗问题上，主张保留该旗，此后一直在邦联旗的问题上有所回避。伊曼纽尔教堂血案发生后，在各方面的压力下，黑利改变态度，呼吁议会批准降下邦联旗，否则她将召集特别会议，强行降旗。黑利态度转变，有积极的一面，但也有投机迎合的因素。南卡罗来纳州人口构成，特别是选民构成的变化，使得像黑利这样的政治人物不愿意为“旧南方”的标志而得罪选民，牺牲政治生涯。

总之，由于人口构成发生的变化而带来的政治层面的变化，对2015年降旗运动产生了直接的影响。

三 影响降旗运动的其他因素

席卷南方的降旗运动，能够取得成果，以下三方面的因素也起了重要的作用。

（一）民意基础

长期以来邦联旗问题主要是困扰美国南方，并不是全国性问题。但2015年南卡罗来纳州伊曼纽尔教堂血案引发的降旗运动，成为全国瞩目的事件，除了该血案造成了九位黑人因为种族歧视而无辜丧命，引起全国震惊，更重要的原因是近年来美国种族矛盾有激化趋势，从弗格森到巴尔的摩，种族骚乱愈演愈烈。在这样的背景下，降旗运动引起民众关注也是情理之中，根据皮尤中心的调查数据，89%的受访者表示知道伊曼纽尔教堂血案引发的降旗运动。[①] 综合皮尤中心和盖洛普的调查数据，

① Pew Research Center, “Across Racial Lines, More Say Nation Needs to Make Changes to Achieve Racial Equality,” August 2015, available at http://www.people-press.org/2015/08/05/across-racial-lines-more-say-nation-needs-to-make-changes-to-achieve-racial-equality/.

可以看出超过半数民众支持南卡罗来纳州的降旗决定。对于事发地南卡罗来纳来说，伊曼纽尔教堂血案产生了直接影响，当地民调显示，2014年61%的南卡罗来纳民众支持保留议会广场上的邦联旗，白人的支持率为71%。2015年6月23日只有35%的人要求保留旗帜，54%的人主张降旗。

此外，商界反应迅速，沃尔玛、亚马逊等商家第一时间将邦联旗及其相关的物品从网站和实体店下架。起源于南方的纳斯卡赛车公司（NASCAR）宣布，在其赛事上，不再允许邦联旗的标志出现。

（二）代际变化

随着时间的推移，顽固坚持种族隔离制度的人逐步淡出历史舞台。他们的后代生活在后民权运动时代，在种族问题上，有着不同的看法。保罗·瑟蒙德（Paul Thurmond）是前南卡罗来纳州州长、前国会参议员斯特罗姆·瑟蒙德（Strom Thurmond）的小儿子，2012年起任南卡罗来纳州参议员。老瑟蒙德1948年作为“迪克西党”候选人竞选总统，是维护种族隔离的著名“旗帜”性人物，伊曼纽尔教堂血案后，小瑟蒙德在南卡罗来纳州州参议院发表演说，支持降旗。他指出，虽然了解自己的文化传统，但这不意味着前人所做的事都是对的。纳斯卡赛车公司的首席执行官比尔·佛朗斯（Bill France）在伊曼纽尔教堂枪击案发生后，不仅下令以后赛事不再出现邦联旗，而且在随即的比赛中，向车迷提供美国国旗，代替以前的邦联旗。他的祖父老佛朗斯（Bill France, Sr.）是此赛事的创始人，1968年为种族主义分子、亚拉巴马州州长乔治·华莱士（George Wallace）竞选出力。南卡罗来纳州众议院在审议是否降旗的议案耗时13个小时，其间共和党籍议员珍妮·霍恩（Jenny Horne）声泪俱下的即席发言，起到了转折作用。她是邦联总统杰弗逊·戴维斯的后裔，土生土长的南卡罗来纳州人。霍恩称邦联旗是仇恨的象征，是将它降下，放进博物馆去的时候了，是向前迈进，做最有利于南卡罗来纳州民众的事情的时候了。事后在接受采访时，她哽咽地说，“作为南卡罗来纳州本地人，我从来没想过有生之年我们会把这面旗子降下来，但我以议会里有勇气投票降旗的同僚为荣。”①

（三）黑人团体的不懈努力

民权运动后，黑人在政治舞台上成为一支重要的力量，黑人在南方乃至全国，投票率已经与白人几乎相同了。黑人担任了总统、国务卿、最高法院大法官、部长，114 届国会中黑人议员有 46 人，是历史上最高的，1965 年时只有 5 名黑人国会议员。

地方民选官员方面，1970 年黑人有 715 名，2002 年达到 5753 名。全国范围内现在超过 1 万名。② 以亚拉巴马和密西西比州为例，1970 年亚拉巴马全州只有 86 名黑人民选官员，没有国会议员，州议会只有 3 名众议员。现在民选官员有 757 名，有一名国会众议员，35 名州议员，40 个城市市长，包括州府伯明翰市。密西西比州在 1965 年《选举权法》通过前，黑人只有 6.7% 的选民登记率，全州 6 名民选官员，没有国会、州议员。现在选民官员 900 人，有 1 名国会众议员，45 名州议员，52 名市长，包括州最大城市杰克逊市。

黑人政治力量的壮大，是推动降旗运动的基础，但黑人的不懈努力是降旗成功的关键，其中“全国有色人种协进会”起了主要作用。在协进会的领导下，黑人首先进行法院诉讼斗争。相关的诉讼如 20 世纪 90 年代的科尔曼诉米勒（Coleman v. Miller）、全国有色人种协进会诉亨特（NAACP v. Hunt），都没有取得成功。于是黑人转入经济抵制和直接抗议斗争阶段，2000 年在协进会领导下，黑人开展了长达 15 年的经济抵制行动，南卡罗来纳分部与有意在南卡罗来纳州投资的公司接触，拜会州长和州议员，要求降旗。在协进会压力下，一系列在南卡罗来纳州举行的体育赛事被取消。此外，自 2000 年起，在每年一月的“马丁·路德·金

① Jenny Horne, “How a Descendant of the President of the Confederacy Helped Vanquish His Flag,” availablt at http://www.washingtonpost.com/news/morning-mix/wp/2015/07/09/south-carolina-rep-jenny-horne-on-her-historic-and-surprisingly-personal-speech-it-needed-to-be-done/.

② Khalilah Brown-Dean, etc., “50 Years of the Voting Rights Act, The State of Race in Politics,” Joint Center for Political and Economic Studies, available at http://jointcenter.org/blog/50-years-voting-rights-act.

纪念日”，南卡罗来纳州协进会分部都会在州议会广场举行示威集会，呼吁降旗。协进会历任主席和一些黑人政要，如时任司法部长的艾瑞克·霍尔德（Eric Holder），都曾参加集会。其中2000年1月17日黑人大游行最有代表性，当时协进会召集了约5万人参加，黑人高喊着“降旗”口号，手挽手穿过南卡罗来纳州议会广场。2015年7月14日，协进会宣布鉴于南卡罗来纳州已经降下了邦联旗，协进会停止对该州进行经济抵制活动。

结 语

人口构成变化、民意所向、代际变化、黑人的不懈斗争等诸多因素共同作用，南卡罗来纳州飘扬了半个多世纪的邦联旗降了下来，南方就邦联旗争论了近30年，终于告一段落了。降旗的含义是什么，对南方社会的影响是什么？

首先，民权运动以后，少数族裔，特别是黑人的政治和经济地位都得到了很大改善。然而，现代的种族问题仍时时刻刻困扰着美国社会。与历史上赤裸裸的种族歧视和种族隔离相比，美国现代社会的种族问题的表现形式更加隐讳。邦联旗就是一个很好例子，公共场合飘扬的邦联旗对黑人心理造成了极大的伤害，黑人在抗议活动中经常举着标语牌是“我的仇恨，你的传统”，这种伤害实际上与民权运动前种族隔离制度对黑人的伤害别无二致。

其次，2015年降旗运动中，南卡罗来纳州的白人和少数族裔显示出了空前一致，很多白人支持降旗。伊曼纽尔教堂血案发生后的第一个周末，在查尔斯顿和州府哥伦布市都出现了抗议活动，参加者有上千人，多为白人，举着“降下邦联旗”标语牌。抗议活动加强了州长黑利降旗决心，而主张降旗在以前被认为是政治自杀行为。与世纪之交的第一次降旗运动相比，结果截然不同，原因是近年来南方人口构成发生变化，大量外来人口与南方文化传统没有关联，对邦联旗也没有什么感情，使亲邦联旗群体逐步失去民众基础。黑人持续不断的抗争，再加上伊曼纽尔教堂血案的影响，使得降旗取得了胜利。

再次，伊曼纽尔教堂血案后，一时间有关降旗的报道遍及美国主流媒体，对此事的关注，远远超出南方，降旗成为全国性事件，运动也蔓延到全国，这与第一次降旗运动不同。原因在于社会环境发生变化。奥巴马作为第一位黑人总统，曾被少数族裔寄予厚望，很多人认为美国进入了后种族时代。然而，奥巴马始终对种族问题持回避和淡化的态度，在种族问题上没有太大作为，对于白人警察枪杀非裔的事件表现出的冷静和理智多于情感。美国的种族问题并没有得到很好的解决，反倒因为白人警察枪杀无辜黑人等事件而恶化了。在这样的背景下，降旗运动被放大了。

最后，随着少数族裔人口的增加，势必会影响到南方政治的变化，此次降旗成功，也是人口构成变化所致，从趋势看，南方少数族裔的飞速增长，不利于共和党，但目前共和党控制南方政治的局面还没有发生变化。

但是，要看到降旗的积极作用，但也不能夸大降旗的作用，毕竟降旗的象征意义大于实际作用，不能解决黑人目前面临的诸多问题，尤其是经济上的弱势。2013 年 8 月，在马丁·路德·金《我有一个梦想》演讲发表 50 周年前夕，美国皮尤研究中心发布的报告《马丁·路德·金未完成的梦想：种族差异依然存在》中提到，45% 的美国人认为美国社会在这 50 年间在实现种族平等方面已经取得了实质性的进步，然而也有 49% 的人认为，黑人与白人之间的差距不仅没有缩小，反而越拉越大，例如在收入、家庭资产等方面。事发地南卡罗来纳 2014 年白人的贫困率是 12%，黑人是 27%；[①] 2011 年至 2012 年高中毕业率白人是 78%，黑人 71%；[②] 在监狱的囚犯人数方面，白人每 10 万人是 433 人，而黑人高达 1996 人。[③]

此外，降旗运动分散了对此次教堂惨案中其他问题的注意力，如枪

---

① Kaiser Family Foundation, “Poverty Rate by Race/Ethnicity, 2014,” available at http://kff.org/other/state - indicator/poverty - rate - by - raceethnicity/.

② available at http://www.governing.com/gov - data/education - data/state - high - school - graduation - rates - by - race - ethnicity.html.

③ available at http://www.prisonpolicy.org/profiles/SC.html.

支问题、仇恨犯罪等。降旗运动中也出现了过激的行为，如南方多座邦联人物雕像被涂鸦，刷上了“黑人的命也是命”（Black Lives Matter）的油漆字。

而且，降旗运动引发的风潮远没有结束，在此后的很长一段时间，在邦联标志物的存废上有过激烈的争论。美国民权团体“南方贫困法律中心”曾做过统计，全美有超过1500个邦联标志物，包括纪念馆、纪念碑、雕像、公立学校、公路和城市名等，如邦联将军罗伯特·李，以他名字命名的公立学校就有50多所。2017年8月12日弗吉尼亚州夏洛茨维尔市发生近年来最严重的种族骚乱，造成多人伤亡，骚乱起因就是该市打算拆除罗伯特·李将军雕像，于是各地白人民族主义者和右翼人士来到夏洛茨维尔市，发起集会，最后酿成暴力冲突，再次把种族问题暴露于世。

第二章

奥巴马政府治下的移民改革

姬　虹

2016年6月24日美国联邦最高法院就奥巴马政府移民改革案进行裁决，结果出现了4比4的僵局，这一结果意味着最高法院将维持下级法院关于“冻结”移民改革的裁决。移民改革是奥巴马就任总统以来的核心任务之一，也是他极力打造的重要政治遗产。由于国内外形势以及移民问题本身的复杂性，奥巴马在移民改革上步履蹒跚，在很长一段时间里没有什么太大作为。2014年中期选举后，奥巴马绕开国会，宣布移民新政，用行政命令的方式，暂缓递解部分非法移民，把移民问题再次推到了风口浪尖上，4比4的僵局使其任内已无望实施移民改革。

移民问题是美国当前最有争议的社会议题之一，是了解美国政治和社会的一个很好的视角。有关奥巴马移民改革的学术研究成果比较少，我们国内对此问题除了新闻报道分析外，研究主要涉及奥巴马移民改革内容和联邦权与州权的冲突。[1] 美国方面的研究成果形式以智库的研究报告为主，内容涉及对奥巴马行政命令解读、移民改革的经济、社会影响

---

① 张业亮：《奥巴马执政以来的美国联邦权和州权冲突》，《美国研究》2015年第5期；黄放：《美国移民问题与奥巴马政府的移民改革》，《国际研究参考》2015年第10期。

等方面。[①] 本章在借鉴上述研究成果基础上，围绕奥巴马任内美国移民问题的争论展开研究，分析奥巴马移民改革的动因，论述其移民改革的主要举措和成效，探讨改革受阻的主要原因以及对美国社会的影响，旨在从移民问题的视角，深化对美国社会和政治的认识。

一 没有兑现的"奥巴马誓言"

2008 年 5 月 28 日，奥巴马接受拉美裔著名主持人乔治·拉莫斯（Jorge Ramos）采访，他保证如果当选，在上任的第一年，将大力支持移民改革，当时拉莫斯称之为"奥巴马的誓言"（La Promesa de Obama）。此后不久，2008 年 6 月 8 日，奥巴马在"拉美裔公民联合会"（the League of United Latin American Citizens）全国大会上，再次表示移民改革将成为他就任总统第一年优先考虑的事情。奥巴马的讲话在拉美裔社区反响很大，他用移民改革作为"拉拢"吸引拉美裔的手段非常有效，2008 年拉美裔 67% 的选票投给了奥巴马，由于拉美裔的支持，奠定了奥巴马在内华达、北卡罗来纳、科罗拉多和新墨西哥州的胜利，对其当选起到了关键的作用。

奥巴马上任后，并没有兑现对拉美裔的承诺，尽快推行移民改革，其第一任期期间，在移民政策上，更多的是延续布什的做法，没有实质的改变，因此媒体批评其移民政策没有新意，[②] 被形容为"现在是奥巴马的任期，却是布什的世界"。他在延续布什移民政策方面主要措施是：

---

① Robert Rector and Jason Richwine, "The Fiscal Cost of Unlawful Immigrants and Amnesty to the U. S. Taxpayer," May 6, 2013, available at http: //www. heritage. org/research/reports/2013/05/the - fiscal - cost - of - unlawful - immigrants - and - amnesty - to - the - us - taxpayer.

American Immigration Council, "A Guide to the Immigration Accountability Executive Action," November 2014, available at http: //www. immigrationpolicy. org/special - reports/guide - immigration - accountability - executive - action.

Randy Capps, etc. , "Deferred Action for Unauthorized Immigrant Parents: Analysis of DAPA's Potential Effects on Families and Children," February 2016, available at http: //www. migrationpolicy. org/research/deferred - action - unauthorized - immigrant - parents - analysis - dapas - potential - effects - families.

② Spencer S. Hsu, "Little New in Obama's Immigration Policy," *Washington Post*, May 20, 2009.

（1）在美墨边境强化管理，对非法移民采取“零容忍政策”（zero - tolerance program），囚禁偷渡客，将偷渡视为刑事犯罪，以“非法入境罪”，判处6个月的监禁。（2）继续修筑耗费80亿美元的虚拟边境隔离墙，安装传感器和摄像头。2010年8月13日奥巴马签署边境安全法案，为国土安全部等机构追加6亿美元资金，用于在美墨边界地区新雇用1500名边界安全人员、购买更多的无人侦察机等设备和新建边界巡逻站。

奥巴马加大驱除非法移民的力度，是其任内备受争议的一个问题，他因此被拉美裔称为“递解总司令”（deporter - in - chief）。这里需要研究的问题是，奥巴马为什么要加大驱除力度，以及什么样的人被驱除和多少人被驱除。

奥巴马为什么要加大驱除非法移民的力度？在奥巴马任期内，递解的移民人数总数增加，被认为对美国社会公共安全造成危害的人在被递解人数中的比例达到历史最高，但是在工作场所逮捕的非法移民数却有下降。

根据国土安全部的数据，从1997财年至2012财年共有430万人被正式递解，人数逐年增加，1997年为7万人，2012年为42万人，奥巴马执政前五年共计遣返了为190万人，基本与布什政府八年的数据持平（布什政府遣返了200万人），① 2012财年后遣返的人数有所下降，2013财年为37万人，2014财年32万人，2015财年24万人。②

对于遣返数据，有着不同的解读。一方认为，奥巴马就任后致力于边境安全为首要的移民政策，投入了大量的人力、物力。2012财政年度，政府在移民执法上花费大约180亿美元，相关的机构包括移民和海关执法局（U. S. Immigration and Customs Enforcement，ICE）、海关和边境保护局（U. S. Customs and Border Protection，CBP）等。移民执法的费用超过了美国联邦调查局等若干局36亿美元的总预算。奥巴马边境安全措施是有

① Marc R. Rosenblum，etc.，“The Deportation Dilemma，Reconciling Touch and Humane Enforcement，” available at http：//www. migrationpolicy. org/research/deportation - dilemma - reconciling - tough - humane - enforcement.

② Immigration and Customs Enforcement，“ICE Enforcement and Removal Operations Report，FY 2015，” December 22，2015，at https：//www. ice. gov/removal - statistics.

效的，边境抓获的非法移民数目下降，递解的人数逐年上升。①

另一方认为，数据有误导性，国土安全部把应该归为就地遣返的人算入了正式递解，造成了数字上的误导，② 以此批评奥巴马边境安全政策不力，并认为新的政策限制了国内执法，导致递解人数减少。

进入 21 世纪后，美国朝野对于移民政策改革，一直有两种声音。一是主张全面改革，包括加强边境安全和给予非法移民合法逗留和工作的机会等，另一种主张改革仅限于加强边境安全。奥巴马从本意来讲，是支持移民政策的全面改革，但他走了一条中间道路，采取强硬手段遣返非法移民，惩罚雇用非法移民的雇主，但并未下令逮捕这些非法移民。同时推行“社区安全”（Secure Communities）计划，将遣返的对象定义为那些危害公众安全而且已经被定罪的刑事犯、多次违反移民法的人。奥巴马以此应对共和党的进攻，在加强边境安全方面做足文章。移民与海关执法局主要负责境内稽查、遣返非法移民的执法工作，奥巴马上任后该局递解人数的增加，就是主要为了做给国会的保守派看，希望能用这方面的努力和成绩说服保守派，推行全面移民改革。

另一方面顾及拉美裔和移民改革团体的呼声，奥巴马政府把主要遣返对象定义为有犯罪记录的人，而非一般非法移民。2009 财年—2012 财年，有犯罪记录的非法移民被遣返人数以每年 18% 的速度增加，2012 财年有犯罪前科的遣返人员占到总数的 48%，③ 2015 财年这个数字达到 59%。④

---

① Marc R. Rosenblum, etc., “The Deportation Dilemma, Reconciling Touch and Humane Enforcement,” available at http: //www. migrationpolicy. org/research/deportation – dilemma – reconciling – tough – humane – enforcement.

② Andrew Stiles, “Obama Administration Inflating Deportation Numbers, Misleading Classifications Make it Look Like Traditional Deportations are Up. They're not,” February 10, 2014, *National Review Online*, available at http: //www. nationalreview. com/article/370784/obama – administration – inflating – deportation – numbers – andrew – stiles.

③ Marc R. Rosenblum, etc., “The Deportation Dilemma, Reconciling Touch and Humane Enforcement,” at available at http: //www. migrationpolicy. org/research/deportation – dilemma – reconciling – tough – humane – enforcement.

④ Immigration and Customs Enforcement, “ICE Enforcement and Removal Operations Report, FY 2015,” December 22, 2015, available at https: //www. ice. gov/removal – statistics.

奥巴马两面下注的结果，使得双方都没有满意。共和党认为他是变相大赦，对已经在国内的非法移民熟视无睹。移民团体则指责他拆散非法移民家庭，使骨肉分离。乔治·拉莫斯在所写的书中认为，他和数百万拉美裔人相信了奥巴马，但奥巴马食言了。①

二 奥巴马移民政策改革主要举措

非法移民是美国社会近年来面临的棘手问题，涉及面广，解决难度大。从20世纪末开始，非法移民人数居高不下，2007年达到峰值，为1220万人。随后由于金融危机，人数一度下降，2015年的数据是1130万人左右。② 非法移民问题成为烫手山芋，是最近几届政府不得不解决的问题，也是移民改革的焦点。奥巴马在非法移民问题上的立场是，通过改革，最终给予非法移民公民权。

回顾奥巴马当政八年以来，在移民问题上，奥巴马主要有以下两个方面的重要举措。

（一）极力推动移民政策的全面改革

2013年1月29日奥巴马第二任期开始仅一周后，他在内华达州拉斯维加斯市德尔索尔高中（Del Sol High School）发表讲话，呼吁国会采取行动，进行全面移民政策改革，解决美国境内大约1100万非法移民的问题，并提出移民改革的框架，除了继续加强边境安全外，给予非法移民以最终公民权的途径、改革移民政策体系，以适应21世纪新环境是奥巴马版改革的亮点。③

---

① Jorge Ramos, *A Country for All*: *An Immigrant Manifesto*, New York: Random House Inc., 2010.

② Jeffrey S. Passel and D'Vera Cohn, "Unauthorized Immigrant Population Stable for Half a Decade," July 22, 2015, available at http://www.pewresearch.org/fact-tank/2015/07/22/unauthorized-immigrant-population-stable-for-half-a-decade/.

③ "Remarks by the President on Comprehensive Immigration Reform," January 29, 2013, available at http://www.whitehouse.gov/the-press-office/2013/01/29/remarks-president-comprehensive-immigration-reform.

奥巴马之所以在第二任期一开始就提出移民改革的设想，原因有两点，一是兑现对拉美裔许下的诺言。如前所述，奥巴马在第一任期对移民问题没有过多涉及，反而因加大驱除非法移民遭到拉美裔的反感，在力求连任的竞选中，拉美裔的选票将起到重要作用，有舆论认为，“拉美裔选票决定奥巴马的生死”。[①] 2012 年 4 月 14 日奥巴马在哥伦比亚参加美洲峰会时开出竞选支票，承诺将在连任后第一年，即推动全面移民改革，通过重大移民法案。同年 6 月又下令暂缓驱除年轻非法移民，得到拉美裔的欢迎。再打移民牌，确保了奥巴马的连任，这也是奥巴马选择在内华达州发表其移民改革设想的原因，2012 年奥巴马在内华达州以 6.7 个百分点取胜，得益于拉美裔 70% 的支持率，内华达在以往大选中都是超强的摇摆州，奥巴马两度取胜（2008 年高出对手 12.5%），2000 年拉美裔人口占全州人口的 19.7%，十年后为 26.5%，选民占了总选民的 18%。[②] 内华达州是美国拉美裔人口激增的一个缩影和典型代表，2012 年拉美裔选民占到全国选民总数的 10% 左右，成为两党都不敢轻视的力量。

第二点原因是共和党方面因大选失利，反思其移民政策，似乎出现了两党一致要求改革的契机。2012 年大选后不久，共和党意识到，失去拉美裔的支持是大选失利原因之一，症结就在移民政策改革。有民调显示，如果共和党支持移民改革，估计就能得到 42% 的拉美裔支持，那么在奥巴马对阵罗姆尼的选举中，将会是另一番结果。[③] 来自佛罗里达的共和党众议员迪亚兹·巴拉特（Mario Diaz – Balart）认为，长期以来，两党就移民问题争论不止，现在是该两党坐下来，寻求解决的时候了。[④] 极力

---

① Alex Koppelman, “Obama’s Immigration Shift: Good Policy, Better Politics,” *New Yorker*, June 15, 2012.

② Mark Lopez, etc., “Latino Voters in the 2012 Election,” November 7, 2012, available at http://www.pewhispanic.org/2012/11/07/latino – voters – in – the – 2012 – election/. Ruy Teixeira, etc. “The Obama Coalition in the 2012 Election and Beyond,” December 2012, at available at http://www.americanprogress.org/issues/progressive – movement/report/2012/12/04/46664/the – obama – coalition – in – the – 2012 – election – and – beyond/.

③ Brian Bennett, “Poll: GOP Can Woo Latino Voters with Shift on Immigration,” *Los Angeles Times*, January 23, 2013.

④ Brian Bennett, “Some Republicans Call on Party to Embrace Immigration Reform,” *Los Angeles Times*, November 17, 2012.

推进移民改革的共和党参议员约翰·麦凯恩（John McCain）认为导致这种变化的原因就一个词，就是“选举”。[①] 与2007年布什版移民改革不同，此次亲共和党的美国商会、宗教保守派（如福音派，福音派的15%成员是拉美裔）、大公司（脸书和谷歌等多家科技公司合作成立了一个政治权益组织，致力于推动移民法改革），都表示了支持。

从2013年1月起，来自参议院两党的各四位议员（媒体称为“八人帮”）就对改革细节进行讨论，最终于4月16日提出了《2013年边境安全、经济机会、移民现代化法案》（Economic Opportunity, and Immigration Modernization Act of 2013），该法案的主要内容：（1）有关合法移民制度。在亲属移民方面，法案生效实施18个月之后取消美国公民为其外籍兄弟姐妹申请移民的类别，最终取消绿卡抽签制度。对于高科技特殊人才、杰出教授和研究人士、跨国公司高级主管和经理等移民申请没有名额限制，为想在美国开公司的外籍人士设立一个新的企业家类别签证。此外H－1B签证的数量被提高到每年11万个，有美国硕士博士学位的留学生签证提高到2.5万个。H－1B签证数量上限可以根据经济发展和失业率降低，最高可上调到18万个。同时设置三年期的W签证，允许那些低技能工人进入美国工作。W签证将从2015年4月1日开始实施，签证数目开始为2万个，然后升至每年3.5万个，5.5万个和7.5万个，此后根据经济需求进行调整，上限为20万个，下限为2万个。（2）非法移民通过登记为临时移民身份走向合法化之路。但必须符合以下条件：2011年12月31日之前在美国居住，而且没有离开过美国；每位成年人须支付500美元罚款并交税或补税；没有犯罪记录，没有不得进入美国的问题，如危害国家安全、公共卫生、刑事犯罪等。临时移民身份有效期为6年，只要没有违法犯罪，再交500美元申请费后，可以申请延期。10年后，拿到临时移民身份的人可以在美国工作，也可以到美国之外旅行。并具备下面情况即可一直在美国居住：支付临时身份期间所有的税款，在美国有工作，掌握英文；缴纳一千美元罚款，可以申请绿卡。（3）加强边境

① Michael A. Memoli, “Bipartisan Group Sees Change in Politics on Immigration Reform,” *Los Angeles Time*, January 28, 2013.

安全。为边境安全投入巨额资金，包括新增 3500 名边境巡逻执法人员，完成 700 英里的边境隔离网以及无人机和电子监控设备的使用，旨在对美墨边境地区进行有效控制，对 90% 的非法入境者进行逮捕。①

从以上草案可以看出，改革内容面面俱到，是各方妥协的结果，除了给予非法移民最终公民身份外，吸引高科技人才是此次改革的亮点，在这方面，两党没有分歧。2013 年 6 月 27 日参议院以 68 票对 32 票的表决结果通过移民改革法案，基本上是遵循上述草案，只是在加强美墨边境安全方面，追加了 460 亿美元的资金用于应对边境的非法越境，也提出了使现在美国的非法移民通过 13 年最终成为合法公民的路径。

尽管移民法案在参议院获得通过，但其在共和党人占多数的众议院受到抵制，全面改革移民改革的努力失败。2012 年 9 月 20 日，奥巴马再次接受乔治·拉莫斯采访时，当拉莫斯提到他没有兑现移民改革的承诺时，奥巴马认为，他在支持全面移民改革上从未动摇过，也致力于推动加强边境安全、惩罚雇用非法移民的雇主、为辛勤工作寻求家庭团聚的数百万非法移民提供留下的途径，但奥巴马表示了无奈，认为没有多方的合作，什么事也办不成。②

（二）用行政命令的方式暂缓递解部分非法移民

奥巴马任内两次暂缓递解非法移民。第一次是 2012 年 6 月 15 日，决定停止遣返儿童时期进入美国的年轻非法移民，并向他们发放工作许可证，具体条件是在 2012 年 6 月 15 日该政策宣布时不满 31 岁，并在 16 岁之前就进入美国。此外，他们必须已在美国连续居住 5 年以上，正在上学或已取得高中以上文凭，或在美军中服过役，没有重罪记录，不被认为对国家安全或公共安全构成威胁。获得两年工作许可后，还可延期。同日奥巴马宣布“儿童暂缓递解”（Deferred Action for Childhood Arrivals，DACA）政策，“不是大赦，也不是豁免，不通向绿卡和公民身份”，只是

---

① available at https：//www. congress. gov/bill/113th – congress/senate – bill/744.

② “Remarks by the President at Univision Town Hall with Jorge Ramos and Maria Elena Salinas，” September 20，2012，available at http：//www. whitehouse. gov/the – press – office/2012/09/20/remarks – president – univision – town – hall – jorge – ramos – and – maria – elena – salina.

"暂缓递解"。[①]

就内容而言，这实际上是被国会搁置多年的《梦想法案》的一部分，2007 年 10 月《梦想法案》首次在参议院作为单独提案提出，拟给予部分非法移民的子女绿卡，受益者可以申请助学贷款和享受本州居民优惠学费等，最终获得公民权，条件是这些人 16 岁以前移民，在美国已经居住 5 年以上，高中毕业，上完两年制大学或服过兵役，当时估计人数在 10 万人左右。该法案是 2007 版移民法案的一部分，被认为是争议最少的部分，但还是被否决。

根据皮尤中心的预估，奥巴马"儿童暂缓递解"的措施，使约 170 万人受益，其中 85% 的人是拉美裔。[②] 在 2012 年大选不足半年的时候，奥巴马此举用意明显，就是吸引拉美裔选民的选票，从后来的结果来看，效果不错，在战场州又一次奠定了奥巴马的胜利。

2014 年中期选举后不久，奥巴马宣布再次暂缓递解非法移民，当时正值民主党惨败，失去了国会两院的控制权。11 月 20 日，奥巴马绕开国会，高调宣布移民新政，该新政涉及面广，如加强边境安全、为高科技人才、高校毕业生、投资移民提供签证方便等，其中最有争议是有关非法移民部分，政府将暂时不遣返作为美国公民或永久居民父母的非法移民（Deferred Action for Parental Accountability，DAPA），这些人必须是在 2010 年 1 月 1 日之前在美国居住，没有严重犯罪记录，得到批准的人将可以合法在美居留 3 年，不与公民权和绿卡挂钩。同时将 2012 年暂缓递解项目受益者的年龄限制取消，将受益者范围从 2007 年以前抵达美国扩大到 2010 年抵达美国的年轻人，据测算，在这两个暂缓递解项目下，约有 500 万非法移民受益。[③]

---

① "Remarks by the President on Immigration," June 15, 2012, available at http://www.whitehouse.gov/the－press－office/2012/06/15/remarks－president－immigration.

② "Up to 1.7 Million Unauthorized Immigrant Youth May Benefit from New Deportation Rules," August 14, 2012, available at http://www.pewhispanic.org/2012/08/14/up－to－1－7－million－unauthorized－immigrant－youth－may－benefit－from－new－deportation－rules/.

③ American Immigration Council, "A Guide to the Immigration Accountability Executive Action," December 22, 2014, available at http://immigrationpolicy.org/special－reports/guide－immigration－accountability－executive－action.

奥巴马此时推出移民新政，首先，2014 年中期选举后共和党控制了国会两院，在余下的两年任期内，指望国会推行移民改革将非常困难，甚至不可能。其次，2014 年夏季出现边境危机时，[①] 奥巴马一度打算单独行动，用行政命令的方式，解决非法移民问题，但出于中期选举的考虑，最终放弃了。中期选举后，奥巴马成为所谓的“跛脚”总统，在这种情况下，奥巴马推行移民新政，更多的是为了给自己留下政治遗产。

三 奥巴马移民改革的成效

奥巴马主张全面移民改革，而且付之于行动。由于共和党强烈反对移民改革，以得克萨斯州为首的 26 个州起诉奥巴马移民改革违宪，即得克萨斯诉美国案（Texas v. United States），奥巴马力推的暂缓递解非法移民的行政令被地区法院冻结，最后陷入联邦最高法院 4∶4 的判决僵局，在其任内已无法回转，也是说“奥巴马的誓言”将没有兑现的机会了，但这并不能代表奥巴马移民改革没有取得任何成效。

首先，得克萨斯诉美国案只涉及 2014 年的暂缓递解令，2012 年的暂缓递解令没有受影响。该项目 2012 年 8 月开始实施，到 2015 年 3 月 31 日，共有 75 万人受益，尽管与 1130 万非法移民人数相比，75 万的暂缓递解受益者只是微不足道的一部分人，但对于个人而言，暂缓递解是人生中的转折点，在受访的受益者中，有 60% 的人保住了目前的工作，57% 的人拿到了驾照，49% 的人第一次拥有了银行账户。[②]

其次，催生了州层面的移民改革。以加州为例，加州有非法移民 260 万，根据加州州法，非法移民可以申请州内公立大学优惠学费、专业执照（如会计）、19 岁以下孩子申请州健保系统（Medi – Cal）时，不问移

① 2014 年夏季美墨边境出现了大规模的儿童偷渡潮，其中 6 月就有 10620 名儿童“闯关”。这些儿童只身而来，没有父母陪伴，主要来自三个国家，即洪都拉斯、萨尔瓦多和危地马拉，该事件引发了美国国内对边境安全和移民问题再关注。

② Jeanne Batalova, “DACA at the Two Year Mark,” August 2014, available at http: //migrationpolicy. org/research/daca – two – year – mark – national – and – state – profile – youth – eligible – and – applying – deferred – action.

民身份，也就是说非法移民也可以享受到本州福利。加州还在考虑推出本州的“客工计划”，主要针对本州急需的高科技人才和农业工人，加州州长杰瑞·布朗（Jerry Brown）声称，华盛顿还在为移民改革扯皮时，加州可等不了。此外，截至2015年7月，共有14个州、华盛顿特区和波多黎各允许非法移民申请驾照。有20个州允许符合一定要求的非法移民学生，享受州内学费优惠，在这20个州中，享受的待遇也不同，其中有多个州仅享受在州内公立学校优惠学费，不允许此类学生申请由州政府提供的助学金或财政资助等。州层面上改革相对比较宽松，利于非法移民，是未来一段时间内，移民改革的主要方向，但各州情况也不尽相同，各自为政的状况比较突出。

最后，制止了2014年夏天美墨边境的儿童偷渡潮。偷渡儿童问题引发的边境危机，在美国产生了不小的政治地震，边境安全和移民问题再次成为民众关注的问题，对移民问题的关注度从2014年初的3%上升到7月的17%。奥巴马面对边境危机，一方面向国会申请37亿美元紧急拨款，加大边境执法力度，以应对“边境人道主义危机”。另一方面奥巴马在会见洪都拉斯、萨尔瓦多和危地马拉三国总统时表示对偷渡儿童怀有“极大的同情”，与三国协商，通过提供援助的方式，在源头上阻止非法移民。2015年12月，美国国会批准对上述三国给予7.5亿美元援助，协助他们减少社会暴力和改善经济，希望以此遏制移民潮。

如果以成败论英雄的话，奥巴马确实没有实现誓言。但在移民问题上总统的行政授权有限，没有国会的批准，他不能让美国的1130万非法移民合法化，能做的只有通过行政命令的方式，暂缓递解部分非法移民。近30年来，有两位共和党的总统，即里根和老布什，用行政命令的方式，扩大了“非法移民赦免范围”，将不符合《1986年移民法》（Immigration Reform and Control Act of 1986）“赦免”条件的非法移民家属纳入其中。里根当政时期，1987年当时的移民与归化局宣布，已经获得“赦免”的非法移民的未成年子女可以“暂缓遣返”。第二次是在老布什时期，通过“家庭团聚”（Family Unity）政策，将“暂缓遣返”范围扩大至符合条件的非法移民的家属。据相关研究成果，约有150万非法移民在这两次赦免中受益，占当时非法移民总数的40%。[①]

四 影响移民政策改革进程的因素

尽管有上述成效，但还是与奥巴马当初的誓言相去甚远，而且在推行移民新政的过程中相当艰难，甚至是举步维艰，影响奥巴马移民改革进程的因素有以下四点。

第一，非法移民问题的复杂性。

从20世纪末开始，有关非法移民问题的争论一直充斥着美国社会，人们对非法移民的担忧主要自来三个方面。首先，非法移民给美国社会带来了经济负担。其次，非法移民造成了文化分裂，使美国成了两种文化、两种语言的国家，这种观点以亨廷顿的著作《我们是谁》为突出代表。最后，"9·11"事件后，非法移民问题与国土安全联系在一起，认为非法移民滋生恐怖主义。

对于非法移民，美国民众表现出了复杂的态度。根据民调，72%的人认为只要符合一定条件，应该给予非法移民合法逗留美国的途径，但如果分党派、种族和年龄的话，态度不尽相同。80%的民主党受访者赞同给予合法居住的途径，共和党是56%，独立人士是76%。86%的拉美裔受访者支持给予合法居住的途径，黑人是72%，白人是69%。81%的年轻人（低于30岁）受访者持支持态度。[②] 从总体看，民调似乎对非法移民持同情态度，但如果非法移民问题直接影响到自己生活时，态度就复杂了。如2014年夏季美国美墨边境爆发大规模儿童偷渡潮时，民调中70%的受访者认为如递解回国有危险，应该给予偷渡儿童以难民待遇留

---

① American Immigration Council, "A Guide to the Immigration Accountability Executive Action," November 30, 2014, available at https: //www. americanimmigrationcouncil. org/research/guide – immigration – accountability – executive – action.

② Pew Research Center, "Broad Public Support for Legal Status for Undocumented Immigrants," June 4, 2015, available at http: //www. people – press. org/2015/06/04/broad – public – support – for – legal – status – for – undocumented – immigrants/.

在美国。[①] 这次偷渡潮主要集中在得克萨斯州的格兰德河流域（Rio Grande Valley），当地的收容所能力有限，一些偷渡者被转运到其他州的收容所，引发当地的抗议活动。抗议的原因主要是，一方面民众对偷渡儿童表示同情，但另一方面又害怕引发更强烈的偷渡潮，害怕移民带来传染病以及引起治安问题，将加重地方公共财政开支。2014 年 7 月 1 日在加州莫瑞塔市（Murrieta），抗议者拦截了两辆满载来自中美洲非法移民的汽车，这些人由得克萨斯州转运至加州圣地亚哥边境巡逻站，抗议者举着“滚回老家”的牌子。边境危机发生后，2014 年 9 月根据全国广播公司/《华尔街日报》民调，对于移民政策改革，与 2013 年 8 月相比，强烈反对给予非法移民以公民权的比例上升了，强烈支持给予公民权的比例下降了，更多的人认同共和党提出的边境安全是移民改革前提的观点。民众心理发生变化的原因，主要是担心移民改革会引发更大的非法移民潮，产生社会危机。2014 年 7 月路透社的民调显示，70% 的人认为非法移民威胁美国传统的信念和习俗，63% 的人相信非法移民对美国经济是负担。[②] 民众对于非法移民一直持有矛盾心理，在社会生活中离不开非法移民，但又害怕非法移民挤占社会公共资源，遇到突发事件（如偷渡儿童潮）影响，反对非法移民就会出现了情绪性的增长，拦截运输非法移民的汽车就是这种心理的表现。

民众心理的变化，多少影响了奥巴马移民改革的进程，尤其是当 2014 年中期选举迫近，奥巴马会避免因大力推进移民改革而把选民推向共和党。

第二，党派之争严重影响了移民改革的实施。

在对待非法移民问题上，民主党和共和党有着截然不同的观点和政策取向，非法移民以什么样的身份留在美国是两党交锋的焦点所在。民主党主张通过一定的方式，最终给予非法移民公民权，而共和党极力反对，认为这是变相大赦，是对违法者的奖赏。2014 年夏天边境危机时，

---

① Gallup, “One in Six Say Immigration Most Important U. S. Problem,” July 16, 2014, available at http: //www. gallup. com/poll/173306/one – six – say – immigration – important – problem. aspx.

② “Americans Worry that Illegal Migrants Threaten Way of Life, Economy,” *Reuters News*, August 7, 2014, available at http: //www. reuters. com/article/2014/08/07/us – usa – immigration.

奥巴马政府向国会申请37亿美元紧急拨款，以应对危机，国会共和党议员指责奥巴马的移民政策是导致未成年非法移民骤增的重要原因，暂缓递解政策错让中美洲的妇女和儿童认为，他们会被允许待在美国。共和党参议员泰德·克鲁兹（Ted Cruz）提出，应立刻停止对暂缓递解项目的拨款，而且拟以滥用权力为由弹劾总统，将边境危机转化成了党派之争。8月1日晚，在国会例行的夏季休会前，众议院以223票同意、189票反对的表决结果通过了一项6.94亿美元的紧急拨款议案，以处理边境移民问题，这与奥巴马此前提出的37亿美元财政要求相差甚远。

2014年中期选举后，奥巴马宣布移民新政，用行政命令的方式，绕开了国会单独行动，受到共和党猛烈的攻击和阻止。奥巴马被指责滥用权力，共和党认为总统无权单方面通过总统行政命令来强推移民改革，奥巴马也被冠以“奥巴马皇帝”的称号。

面对奥巴马移民改革的举措，共和党利用对国会的控制，用拒绝为国土安全部拨款的方式，表示自己的态度。当时国土安全部的拨款只能用到2015年2月27日，如果新一轮的预算没有及时到位的话，国土安全部将面临关门的威胁，10多万雇员将处于停薪状态。共和党为了对奥巴马移民新政表示不满，坚决抵制国土安全部的预算，负责边境安全、移民事务的国土安全部成为这场争斗的“牺牲品”。2015年1月14日，众议院通过国土安全部拨款法案，总额为400亿美元，但拒绝为与移民新政有关事项提供拨款，而参议院由于民主党的抵制，连续四次没有通过相应法案，自此开启了两个多月的国土安全部关门之争。尽管国土安全部最终度过了预算危机，免于关门，但国土部面临关门之时，正值反恐形势严峻（《查理周刊》遇袭事件），恐怖分子扬言要袭击美国的购物中心，共和党此种做法引起争议。

第三，冗长的法律程序拖垮了奥巴马移民新政。

法国思想家托克维尔曾指出，在美国所有的政治问题最终都会转化为法律问题。当然移民问题也不例外，2014年12月3日，以得克萨斯州为首的17个州（后增至26个州）起诉奥巴马政府，称奥巴马的行政命令违反了宪法中限制总统权力的条款，即总统“负责使法律被切实执行”，但不能改写法律。2015年2月16日得州地区法官哈宁（Andrew

Hanen）作出裁决，下令暂停执行奥巴马移民改革新政的行政命令，理由是奥巴马“越权”。按照这个临时禁令，2月17日国土安全部部长约翰逊（Jeh C. Johnson）宣布暂停原计划次日（2月18日）开始接受暂缓递解年青非法移民（DACA）的申请，暂停5月19日开始暂缓递解美国公民和绿卡持有者的非法移民父母（DAPA）的受理。[①] 司法部向第五巡回法院提出紧急动议，要求取消哈宁禁令，至少也将禁令限制在得州实施，5月26日第五巡回法院维持地区法院关于暂停实施总统奥巴马移民改革行政命令的裁决，并于11月9日最后判决，支持地方法院的判决，奥巴马移民新政搁浅，11月20日司法部上诉至联邦最高法院，请求推翻巡回法院的判决，这场官司（得克萨斯诉美国案）最终打到了联邦最高法院。由于最高法院大法官斯安东宁·斯卡利亚（Antonin Scalia）2016年2月突然去世，最高法院仅有8位法官，4名保守派和4名自由派，出现4比4的僵局判决也在意料之中，但这种僵局彻底粉碎了奥巴马移民改革的梦想。

第四，州和联邦政府之间的纷争，使得移民改革困难重重。

从2012年的亚利桑那诉美国案（Arizona v. United States）到2015年的得克萨斯诉美国案，其核心就是联邦与州立法权力的平衡问题。移民法是属于国家政策，州无权“僭越”，还是当联邦政府失职时，州政府有责任和权力确保边界安全，出台地方性的法令？持续不断的法律纷争，严重影响了移民改革的进程。另外，对于配合联邦政府移民执法方面，州和联邦政府也存在着分歧。奥巴马任内推行“安全社区”计划，目的是加大驱逐非法移民出境的力度。根据该计划，地方警察有责任向联邦移民当局提供嫌疑人的指纹等资讯，以便移民局与国土安全部数据库中的出入境记录进行比对，如果发现非法移民，移民局将决定是否发出拘捕令、遣返令，或者要求地方警察对其实施监控等。加利福尼亚、科罗拉多、康涅狄格、佛罗里达、马萨诸塞和华盛顿等州相继通过州法，限制地方警察参与“社区安全”项目或干脆停止与移民局在这方面的合作，

---

① “Statement by Secretary Jeh C. Johnson Concerning the District Court's Ruling Concerning DAPA and DACA,” February 17, 2015, available at http://www.dhs.gov/news/2015/02/17/statement - secretary - jeh - c - johnson - concerning - district - courts - ruling - concerning - dapa.

原因是影响地方警民关系，妨碍地方警察保护服务居民的职责的行使，而且无形中增加了州的经济负担。2013 年加州通过《信任法案》（Trust Act，AB4），规定除非嫌犯涉嫌重大暴力或严重犯罪或有相关前科，今后地方警察可以不配合移民与海关执法局调查非法移民身份。联邦政府和州在移民改革上的博弈，也多少影响了改革的进程。

结 语

特朗普在竞选中表示一旦执政，就会废除奥巴马的移民改革。但他上台后并没有马上废除奥巴马行政令，在逐梦者问题上态度有所软化，表示希望能够找到解决的方法。之所以这样做，有经济和政治两方面的考虑，如果将逐梦者驱除，未来十年的经济损失达四千亿美元，因为他们是职场和学校的主力。从政治角度看，他们中的绝大多数是拉美裔，驱除的结果是把拉美裔进一步推向民主党。国会共和党参议员林赛·格雷厄姆（Lindsey Graham）和民主党参议员理查德·杜宾（Richard Durbin）联名提出《桥梁法案》（Bridge Act），主要内容是首先废除奥巴马暂缓遣返令，但给予逐梦者三年的工作许可和暂缓遣返。这种办法既保全了特朗普的面子，废除了奥巴马暂缓递解令，又放了 75 万逐梦者一条生路，属于两全其美的做法。由于存在争议，逐梦者的问题一直没有解决，2017 年 9 月 5 日特朗普政府宣布废除奥巴马暂缓遣返令，但有六个月的缓冲期，以便国会出台替代方案，时至今日，替代方案还是悬而未决。

第 三 章

特朗普的移民改革走向与时代困局

王聪悦

鉴于美国兼具“移民国家”（a nation of immigrants）与“严守边界国家”（a gatekeeping nation）的双重身份，有关秉承何种心态看待移民以及如何架构起合“情”合“理”的移民政策体系始终是历任总统不可规避的难题。[①] 自竞选之日便开始大打“移民牌”的政坛新人特朗普也不例外。虽然他大肆宣扬反移民立场却最终入主白宫令人大跌眼镜，[②] 但若欲全面把握此次移民改革走向，则应拨开看似新奇多变的政治卖点和噱头，坚持客观评估从形式、内容到实践的成败得失，同时站在历史和全球的高度审视其时代必然性。由是，本章欲系统解读特朗普上任以来的移民改革动向，探究变化趋势及同国内外情势之间的相关性，并说明本土主义强势复归反过来或将对其内政、外交进程产生哪些消极影响。

一　移民改革举措：从“真墙”到“心墙”

尽管特朗普任职尚短且屡屡不按常理出牌，我们无法准确预测其庞大“移民改革”构想背后究竟涵盖哪些具体步骤，流于书面或口头的

---

① Hidetaka Hirota, “The Moment of Transition: State Officials, the Federal Government, and the Formation of American Immigration Policy,” *The Journal of American History*, Vol. 99, No. 4, 2013, p. 1108.

② Peter Spiro, “Citizenship after Trumps,” *Center for Migration Studies*, April 5, 2017, available at http: //cmsny. org/publications/spiro – citizenship – after – trump/ (accessed on 2017 – 8 – 10) .

“豪言壮语”会在多大程度上付诸实践，但因循当下风格，大体能够把握两点：首先，“美国第一”是其调整移民政策的根本信条，这种“美国主义”而非全球主义的指导方针致力于使美国工人和美国家庭受益。其次，他试图用种族主义、民族主义的立场击败共和党内建制派，用反经济全球化的逻辑压制民主党建制派，最终凭借“文明冲突论”的范式为其极具“本土主义”色彩的移民管控制方案做注。① 着眼现实，特朗普颁布的移民行政令数量之多、密度之大十分引人注目（见表1），而这些不过是其雄心勃勃的移民改革计划的冰山一角。②

表1　　特朗普上台以来的移民限令（2017年）

	文件	签署时间	标题	主要内容	是否落实
	行政令13767	1.25	改善边境安全及移民执行③	西南边境建隔离墙，责成墨西哥付费 雇用五千名边境巡逻队员 终止“捉了又放”（catch – and – release）④，快速递解非法移民 重启“安全社区和287（g）”计划，临时授予警察执行移民官的部分权力，参与遣返	/

① Todd Scribner, “You are Not Welcome Here Anymore: Restoring Support for Refugee Resettlement in the Age of Trump,” *Journal on Migration and Human Security*, Vol. 5, No. 2, 2017, p. 263.

② Remarks by President Trump, Senator Tom Cotton, and Senator David Perdue on the RAISE Act and Green Card Reform, The White House, August 2, 2017.

③ Executive Order: Border Security and Immigration Enforcement Improvements, January 25, 2017, The White House, available at https: //www. whitehouse. gov/the – press – office/2017/01/25/executive – order – border – security – and – immigration – enforcement – improvements (accessed on 2017 – 8 – 19).

④ “捉了就放”政策是美国的移民执法机构约定俗成的行事原则，意味着被逮捕的非法移民在等候遣返听证裁决期间会被释放，暂缓递解，导致许多人重新入境。小布什、奥巴马任内均曾援引此原则。参见“‘The Catch and Release’ Immigration Enforcement Policy,” National Center for Policy Analysis, July 14, 2015, available at http: //www. ncpa. org/sub/dpd/index. php? Article_ID = 1966（登录时间：2017年8月10日）。

续表

	文件	签署时间	标题	主要内容	是否落实
	行政令13768	1.25	加强境内公共安全①	七类非法移民优先遣返 尽速增聘1万名移民执法人员 停止给“庇护城市”（Sanctuary Cities）经费 授权州政府官员行使联邦移民官权力，包括调查、逮捕或拘留非法移民	/
入境限令1.0	行政令13759	1.27	阻止外国恐怖分子入境②	对新申请入境者实施极端审查③ 未来90天内，禁止伊朗、伊拉克、利比亚、索马里、苏丹、叙利亚、也门七国公民入境 暂停接收难民120天 无限期禁止叙利亚难民 2017财年接纳难民数五万封顶	遭冻结
入境限令2.0	行政令13780	3.6	阻止外国恐怖分子入境（修订版）④	不再无限期禁止叙利亚难民入境 未来90天内，禁止苏丹、叙利亚、也门、伊朗、索马里和利比亚六国公民入境	从冻结到暂时和部分通过

① Executive Order: Enhancing Public Safety in the Interior of the United States, January 25, 2017, The White House, available at https://www.whitehouse.gov/the-press-office/2017/01/25/presidential-executive-order-enhancing-public-safety-interior-united (accessed on 2017-8-19).

② Protecting the Nation from Foreign Terrorist Entry into the United States, January 27, 2017, The White House, available at https://www.whitehouse.gov/the-press-office/2017/01/27/executive-order-protecting-nation-foreign-terrorist-entry-united-states (accessed on 2017-8-19).

③ 有关旅客入境时，或被强制要求提供手机通讯录名单、社交媒体密码和金融资料等。

④ Protecting the Nation from Foreign Terrorist Entry into the United States, March 6, 2017, The White House, available at https://www.whitehouse.gov/the-press-office/2017/03/06/executive-order-protecting-nation-foreign-terrorist-entry-united-states (accessed on 2017-8-11).

续表

	文件	签署时间	标题	主要内容	是否落实
	行政令13788	4.18	买美国货雇美国人①	紧缩H1B工作签证，严打滥用或钻漏洞行为，确保仅发放给外国高级专业人才	/
入境限令3.0	总统公告	9.24	加强和完善对试图进入美国的恐怖分子或其他威胁公共安全势力的审查能力和程序②	禁止乍得、伊朗、利比亚、朝鲜、叙利亚、也门、索马里和部分委内瑞拉的官员入境美国	最高法院7：2允许限令“全面生效”

资料来源：笔者自行整理，参见白宫网站，avalable at https：//www. whitehouse. gov/briefing - room/presidential - actions/executive - orders。

归纳起来，特朗普处理移民事务的特点有三：改革推进方式以行政令为主，简单粗暴。特朗普的治国理政延续了家族企业领导人风格，决策过程以自我意志为中心，选择性忽视可能构成施政阻力的机构、框架或规则。早在竞选时便被列为“靶向”整改目标的移民议题更不例外。特朗普不顾国内有关融入主义/多元主义的激烈争论以及对移民普遍怀有

① Buy American, Hire American, April 18, 2017, The White House, available at https：//www. whitehouse. gov/the - press - office/2017/04/18/presidential - executive - order - buy - american - and - hire - american (accessed on 2017 - 8 - 11).

② Donald J. Trump, Presidential Proclamation：Vetting Capabilities and Processed for Detecting Attempt Entry into the United States by Terrorists or Other Public - Safety Threats, September 24, 2017, available at https：//www. whitehouse. gov/presidential - actions/presidential - proclamation - enhancing - vetting - capabilities - processes - detecting - attempted - entry - united - states - terrorists - public - safety - threats/ (accessed on 2017 - 8 - 13).

的爱恨交织情愫（love - hate relationship），[①] 为了绕过国会复杂耗时的审查程序，避免其拖延甚至阻碍政令付诸实施，他主要通过颁布行政令启动改革。当然此举并非空穴来风，而是有明确的法律依据可循。《美国移民和国籍法》规定："总统假使发现任何外国个人或团体的进入有害于美国利益，有权在任何的时间拒绝任何的外国个人或集团，无论所持的是移民签证或非移民签证。或者认为是理由适当，即有权颁布拒绝外国人入境命令。"[②] 更重要的是法条、判例均未对"危害美国利益"作出清晰界分：（1）判断外来人口是否危及美国时需考虑哪些因素；（2）暂停或禁止入境的公告应在何时以何种方式发布；（3）哪些因素是裁夺某类限制是否妥当时的必要考量；（4）限令有效期多长为宜。据此可做出一项基本推断，即被评价为"搅动美国社会和政治，昭示着更严重分裂"的第 13759、13780 号行政令基本具备"形式正义"。特朗普无疑在甄别入境人员时拥有自由裁量权，加之相关法律仍有盲点，他自主把握发布行政令的频度、力度和主旨大体无可厚非。对此，芝加哥大学法学院教授波斯纳（Eric Posner）表示"行政权力天生暗含强力分配资源之意，可以诟病当局的移民行政令欠缺明智，但称其违宪不甚妥当"。[③] 无独有偶，美国司法部移民局前专员丁景安（Jan C. Ting）附议称："任何种类的入境禁令都不违宪，政府可凭任意理由禁止外国人入境。"[④] 所以，单看政策发布方式，我们有理由认为其简单粗暴，失之仓促，却并未超出国会授权与宪法规约之外。

---

① Angelica Quintero, "America's Love - Hate Relationship with Immigrants," *Los Angeles Times*, Augest 2, 2017, available at http: //www. latimes. com/projects/la - na - immigration - trends/ (accessed on 2017 - 8 - 11).

② Kate M. Manuel, Executive Authority to Exclude Aliens: In Brief, Congressional Research Service Report, No. R44743, January 23, 2017, p. 1.

③ Eric Posner, "The Constitutional Authority for Executive Orders on Immigration is Clear," *New York Times*, December 16, 2014, available at https: //www. nytimes. com/roomfordebate/2014/11/18/constitutional - limits - of - presidential - action - on - immigration - 12/the - constitutional - authority - for - executive - orders - on - immigration - is - clear (accessed on 2017 - 8 - 1).

④ F. Peter Brown, "2 Big Time Law Professors Make Announcement about Trump's Muslim Plan That'll Drop Jaws," *Western Journalism*, available at http: //www. westernjournalism. com/2 - big - time - law - professors - make - announcement - about - trumps - muslim - plan - thatll - drop - jaws/ (accessed on 2017 - 8 - 10).

改革基本内容，“堵”过于“疏”，趋于严厉。这轮“反移民”新政的坐标大体落在侧重管控、减轻安置负担的“强力”区间，并从四个方面得以贯彻：（1）细化跨国流动人口入境标准。从针对穆斯林到暂停接收难民，再到圈出八个所谓“在身份管理、信息共享方面存在缺陷”的国家，一步步设置筛查入境人口的“壁垒”。①（2）边境安全治理与境内执法。一则修建“边境墙”，物理隔离企图入境的墨西哥非法移民。二则部署“执法链”。众议院通过了《凯特法》（Kate's Law）提案，“提升对再次非法入境者处罚强度与非移民罪行制裁力度”。② 另外，他呼吁废除“美国公民父母暂缓遣返”（DAPA）、“童年入境暂缓遣返”（DACA）等奥巴马大赦无证移民的行政令；增加移民执法和相关授权，责成地方配合联邦政府开展行动。同时力促《禁止庇护罪犯法》（No Sanctuary for Criminals Act）进入立法程序，对“庇护城市”停止资助、合法问责。③（3）削减移民可享受的社会福利。就合法移民而言，特朗普力争使“新移民五年内不享受任何福利”载入法律，凭绿卡领救济的经历或将一去不复返。（4）压缩移民用工，腾挪就业岗位。例如“买美国货、雇美国人”行政令和《改革美国移民与提振就业法案》（Reforming American Immigration for Strong Employment Act，RAISE）分别提及了调整 H1B 签证和绿卡发放总量及方式、设立向高素质（merit – based）人才倾斜的积分制度以取代现行的永久居留权申请程序之于遏制本国就业流失的必要性。④ 由此不难推断，特朗普政府必将时时回应竞选之初所倡导的三原则——“保边境、重法治、谋民生”。⑤ 加之其移民改革计划重堵截、轻疏导，

---

① Donald Kerwin, "Moving Beyond Comprehensive Immigration Reform and Trump: Principles, Interests, and Policies to Guide Long – Term Reform of the US Immigration System," *Journal on Migration and Human Security*, Vol. 5, No. 3, 2017, p. 553.

② H. R. 3004 – Kate's Law, available at https://www.congress.gov/bill/115th – congress/house – bill/3004 (accessed on 2017 – 8 – 10).

③ "H. R. 3003 – 115th Congress: No Sanctuary for Criminals Act," August 11, 2017, available at https://www.govtrack.us/congress/bills/115/hr3003 (accessed on 2017 – 8 – 10).

④ Emma Talkoff, "Here's how the White House Would Cut Legal Immigration in Half," *Time*, August 3, 2017.

⑤ Donald Trump, "Immigration Reform that will Make America Great Again," Donald J. Trump Presidential Positions, 2016.

“强力严苛”底色展露无遗。

改革推行屡遭质疑、生机尚存。特朗普的大多数移民改革方针一经公布往往“一石激起千层浪”，不过涉及边境管控、境内执法、职业移民的部分纵然因政党、公众价值判断或利益诉求不同而引发争议，却仍在缓慢推进中。而涉嫌宗教偏见、难掩歧视的旅行禁令则因“实质正义”偏差陷入绵延的诉讼旋涡。对其指摘包括：（1）以全面禁绝穆斯林的理由阻断以国家为单位的入境，有违宪法第一修正案中“公平与宗教自由”原则；（2）与第十四修正案中“平等保护条款”冲突；（3）辱没了1965年联邦移民法所标榜的“纠正移民事务中种族偏见”之功能；（4）若不加以制衡，一味遵照谢弗林原则①任由行政分支膨胀，则特朗普未来很可能不止针对穆斯林，包括墨西哥裔、华裔等其他群体恐难幸免。截至目前，鉴于与美国的民权、法治走向系统化、定性化之趋势背道而驰，在实践层面难以剔除诸多伦理和政策性障碍，且社会上对此番改革“可能损害国会的权威，破坏美国宪政三权分立的体制，造成更严重的宪法危机”的忧虑与日俱增，此次移民改革步履维艰。但从美国社会“撕裂”的整体国内局势和恐怖主义升温的国际形势来看，集物理屏障、数据共享、人肉情报网和其他边境管控措施于一体的改革方案②仍具备超越争议、获取公众信任的可能性及加紧实施的助推力。③ 2017年9月第三版移民限令出台且于12月在最高法院投票通过便是最好的证明。

总之，于“理”而言，特朗普试图推进的反移民新政形式上差强人意，但内容部分僭越社会常理、国际伦理，有些表述甚至没能充分回应美国既有的宪法和法律。于“情”而言，筑造边境高墙之举颇具象征意义，表面看来直指墨西哥非法移民，实则将深植于美国社会的种族主义、本土主义一并触发，在此基础上加强边境管控和境内执法恰如竖起一面

① 1984年，美国联邦最高法院通过判例确立了谢弗林原则（Chevron Doctrine），规定当法律自身存在模糊不清、模棱两可之状时，只要行政机关给予合理解释，则应获得必要的司法尊重。参见 Curtis A. Bradley, “Chevron Deference and Foreign Affairs,” *Virginia Law Review*, Vol. 86, No. 4, 2000, p. 668。

② Kori Schake, Republican Foreign Policy after Trump, *Survival*, Vol. 58, No. 5, 2016, p. 33.

③《综述：移民改革草案在美国社会引发争议》，新华社，2017年8月4日。

无形“心墙”，一方面给上述不利于美国繁荣的理念提供了传播渠道，固化了社会上部分人的偏狭立场；另一方面也动摇美国社会赖以立国和领导世界的移民文化与多元主义传统。

二 促使政策收紧的国内气候与国际环境

特朗普的治国之道与个人性格特点、身世背景、世界观和行事风格密切相关不假，不过在美国倡导民主、强调权力制衡的格局下，即便是“克里斯玛”式的领袖，所做决策也须同他深处的国内政治气候、国际环境及民众期待寻求调和或呼应。① 故而归根结底，特朗普的移民改革乃为当下美国国内、国际情势的集中反应，更准确地说是美国资本主义经济、政治、社会运行规律所致。

（一）国内因素

只消短暂回顾美国历史便可理解如今移民政策收紧的两个前提：其一，美国精英层与公民社会有关移民和公民身份的激烈论争由来已久。其二，特朗普时代趋于严苛的移民改革在美国历史上并非毫无先例。通过与20世纪20年代前后的国内反移民浪潮相比对，能够在诸多惊人相似性中把握一个周期性规律，即当美国陷入经济疲软甚至严重萧条、移民数量阶段性激增、治安情况趋于动荡时，移民政策会出现排外、紧缩、严厉的特点。②

首先，移民数量经历了爆炸性增长，“多数的恐惧”心理与民族认同危机有所升级。③ 南北战争结束到19世纪末被称为美国的“镀金时代”，工业化、城市化大发展的社会转型期在无数移民看来蕴藏着大把机遇和

---

① James David Barber, “The Presidential Character,” Englewood Cliffs, Prentice－Hall, 1972, p. 281.

② Jeffrey M. Timberlake, et al., “Who ‘They’ are Matters: Immigrant Stereotypes and Assessments of the Impact of Immigration,” *The Sociological Quarterly*, Volume 56, Issue 2, 2015, p. 267.

③ David Martin, Peter Schuck, *Immigration Law Stories*, West Academic, 2005, p. 95.

财富，从而引发了美国历史上最大的一次移民潮。截至 1924 年“约翰逊·里德”法案出台，赴美移民人口总数达到 2000 多万，他们的母国集中于东、南欧地区且分别信奉天主教、东正教和犹太教，逐步挑战了美国新教徒“一统天下”的绝对优势地位，土生白人和新教徒的矛盾心理由此而生：一面骄傲于美国为世人心向往之的避难所，一面疑惧大量涌入的外来移民，要求在接纳过程中加以选择、限制。回看今朝，据统计，到 2015 年，外来移民已占全美人口总数的 13.5%，虽与 1920 年前后的 14.7% 仍有差距，但已再创 1965 年移民法颁布后的新高（见图 3）。[①] 照此趋势，预计到 2044 年外来少数族裔将晋升美国人口构成中的多数。[②] 于是乎，美国社会再度落入极端强调“民族认同”和格外恐惧“外来他者”的死循环。两个时段为数不多的差异仅在于集中排挤的移民群体之母国从南欧、东欧、亚洲（特别是中国、日本）以及墨西哥替换为拉美、中东、非洲；且出现了因循本土主义立场制定移民政策，从而同时煽动美国社会民族主义与民粹主义的总统。[③]

其次，经济危机周期性爆发，有关移民挤占国家资源的负面批驳占据主导。“咆哮的二十年代”（Roaring Twenties）正是镀金时代（gilded age）和大萧条之间的“过渡期”，虽然从柯立芝到胡佛任内表面看来经济空前繁荣，却忽视了过剩产能与购买力不足之间的矛盾。加上信贷结构不合理以及过分依赖建筑业、汽车业而难以在 20 年代末基础产业走向下滑时迅速找到替代品等弊病，此间“虚假”繁荣背后潜伏着巨大的不确定性和危机前兆。[④] 人们对市场的信心渐遭侵蚀时，不满和怨气在被视为“鸠占鹊巢”的移民群体上得到了释放。相较而言，肇始于 2008 年的国际金融海啸是大萧条以来最为严重的经济危机，同样存在着经济比例

---

① Jie Zong and Jeanne Batalova, “Frequently Requested Statistics on Immigrants and Immigration in the United States,” MPI's Migration Data Hub, March 8, 2017.

② Sandra L. Colby and Jennifer M. Ortman, *Projections of the Size and Composition of the U. S. Population: 2014 – 2060*, U. S. Census Bureau, March 2015, p. 9.

③ Julia G. Young, “Making America 1920 again – Nativism and US Immigration, Past and Present,” *Journal on Migration and Human Security*, Vol. 5, No. 1, 2017, p. 228.

④ William Manchester, *The Glory and the Dream: A Narrative History of America, 1932 – 1972*, Rosetta Books, 2013, p. 68.

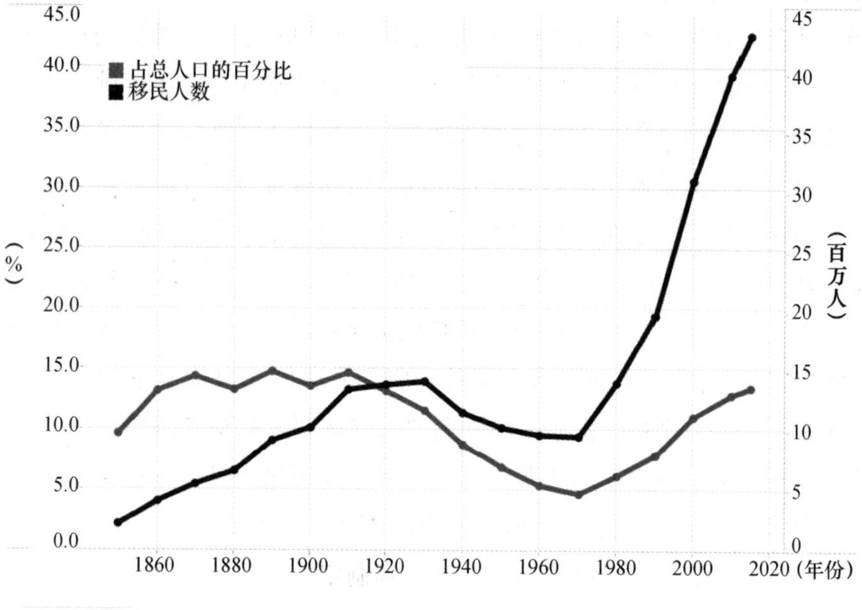

图3 1850—2015年移民人数与占美国人口总数的百分比

资料来源：Migration Policy Institute（MPI）Data Hub，available at http：//migrationpolicy. org/programs/data – hub。

失衡、贫富分化、房市泡沫膨胀、政府采取扩张性经济政策等深层隐患。理论上，斯卡克（Kori Schake）①、伊巴拉（Vickie D. Ybarra）②、汀布莱克（Jeffrey M. Timberlake）③ 等多位学者论证了不景气与移民政策收紧之间的相关性。现实中，政治现象从来都是经济指标的滞后反应，于是乎当美国经济略见起色的今天，精英层和民众因危机而生的心态失衡则进一步在特朗普的移民新政中折射出来。逾百年后，美国社会指责非法移民的论调甚至都与历史上如出一辙，称他们抢占本土人口的就业机会、

① Kori Schake，"Republican Foreign Policy after Trump，" *Survival*，Vol. 58，No. 5，2016，p. 51.

② Vickie D. Ybarra，"Anti – immigrant Anxieties in State Policy：The Great Recession and Punitive Immigration Policy in the American States，2005 – 2012，" *State Politics & Policy Quarterly*，Vol. 16，No. 3，2016，p. 338.

③ Jeffrey M. Timberlake，et al.，"Who 'They' are Matters：Immigrant Stereotypes and Assessments of the Impact of Immigration，" *The Sociological Quarterly*，Vol. 56，Issue 2，2015，p. 267.

拉低地区平均工资水平、偷税漏税且不合理地占用政府资源。

最后，安全隐患丛生，族群距离致使特定地区或国家的移民被怀疑为不安全来源。步入 20 世纪后，美国的犯罪率高得惊人。仅以芝加哥为例，1916 年该城市人口刚过 200 万而登记在册的谋杀案数量却高达 198 起，是人口达到其 3 倍的伦敦谋杀案数量的 4 倍有余。① 随着同期数百万移民登陆美国，信奉保守主义的美国人开始不由自主地将外来“他者”等同于“城市事端的祸根”，相信他们是贫困、犯罪和政治腐化等问题的根源，威胁了社会制度的存在与发展。② 将视线拉回 21 世纪，“9·11”事件及随后数十年间爆发于本土或海外的形形色色暴恐袭击令美国人患上了“伊斯兰恐惧症”。③ 再加上 2015 年 25 个城市犯罪率显著增长，达到 1990 年以来最大值，全美 100 个大城市共发生 6700 件谋杀案，较前年增长 950 件，特朗普据此断言“美国的犯罪现象已经失控”④。尽管调查显示，拥有更多移民人口的庇护城市犯罪率低于全美平均值的 15%，⑤ 但人们不出意外地再次把视线锁定于那些与美国文化、宗教传统、语言或多或少存在出入的移民身上。特朗普宣布成立“移民暴力活动受害者办公室 Victims of Immigration Customs crime Enforcement Office（VOICE）”协助因非法移民犯罪而受害的人们进行维权，且公开表示准备建立“在美穆斯林数据库”，严加防范该群体可能带来的安全威胁。以上做法等于变相支持了本土主义者有关“非法移民涉嫌犯罪、穆斯林给国内主体人群带来内部威胁”的判断，有关如何看待和处理移民问题的争论伴随着极端民族主义的叫嚣由此迅速升温。⑥

---

① Raymond Blaine Fosdick, *American Police Systems*, Century Company, 1920, p. 312.

② 梁茂信：《1860—1920 年外来移民对美国城市化的影响》，《东北师范大学学报》（哲学社会科学版）1997 年第 5 期，第 32 页。

③ Peter Gottschalk and Gabriel Greenberg, *Islamophobia: Making Muslims the Enemy*, Rowman & Littlefield, 2008, p. 48.

④ Haeyoun Park and Josh Katz, "Murder Rates Rose in a Quarter of the Nation's 100 Largest Cities," *The New York Times*, Sept. 8, 2016.

⑤ Christopher Ingraham, "Trump Says Sanctuary Cities are Hotbeds of Crime. Data Say the Opposite," *The Washington Post*, Jan. 27, 2017.

⑥ Tal Kopan, "What is Voice? Trump Highlights Crimes by Undocumented Immigrants," CNN, March 1, 2017, available at http://edition.cnn.com/2017/02/28/politics/donald-trump-voice-victim-reporting/index.html (accessed on 2017-8-15).

（二）国际因素

当然，因循时间脉络借助历史理解当下移民改革动向的同时，不能否认美国在广泛参与国际关系互动过程中，一些非主观因素对确立移民改革方针所发挥的催化作用：其一，美国的国际地位相对下降致使其有选择性地回避国际义务与责任。随着经济全球化深入发展，跨国人员流动日趋频繁，移民既是国内公共事务的构成要件，更成为全球治理的重要议题，然而一来面对纷繁的国际事务难题，力争领导世界的美国迟迟拿不出有效解决方案；二来深陷伊拉克、阿富汗战争泥潭“透支”了美国的政治威望；三来同盟体系整体支持力逐步减弱；四来国内政治、经济困境掣肘其国际行为能力。[①] 又因为新兴经济体国家总体实力上升速度快、幅度大，即便美国世界第一的地位目前尚未遭到实质性撼动，却无疑步入相对衰落的“快车道”。源于历史记忆与宗教情怀的“山巅之城”心态同美国在国际舞台上的地位相对下降构成鲜明反差，弥合张力之心加上特朗普重视成本收益核算的交易思维使其视移民为福利国家制度的沉重负担，扬言“自今日起，美国边境由自己做主”。[②]

其二，随着主要西方国家普遍面临中产阶级萎缩、贫富差距拉大、社会流动性缓慢等问题，带有民粹色彩的民族主义应运而生，大有异化为种族主义、排外主义的倾向，总体反感移民且有针对性地抵制特定移民群体恰是题中应有之意。为了控制移民和人口自由流动，2015 年修建边境墙跃升至全球热点议题，奥地利、保加利亚、爱沙尼亚、匈牙利、肯尼亚、沙特阿拉伯、突尼斯等多国宣布或开始着手动工。2016 年“建墙运动”方兴未艾，英国向法国加来边境墙提供资金，挪威—俄罗斯、巴基斯坦—阿富汗仍有墙体在建，保、匈、奥等中东欧国家选

---

① 刘建飞：《四处插手反而留下烂摊子：目标与现实之间存在差距》，《人民日报》2016 年 10 月 16 日，第 5 版。

② Michael A. Memoli, “Trump Says the U. S. ‘Gets Back Control of Its Borders’,” *Los Angeles Times*, Jan. 25, 2017, available at http://www.latimes.com/politics/washington/la-na-trailguide-updates-with-orders-trump-says-u-s-gets-back-1485376020-htmlstory.html (accessed on 2017-8-7).

择扩建现有边境安全基础设施。[1] 很难说他国频频呈现出的加强边境管控行为对特朗普全无影响，至少某种程度上坚定了他于西南边境筑起1300英里实体屏障的决心。该计划从2018年开始动工，全部完成大约耗时15年，纵使耗时耗力、“劳民伤财”，美国仍在所不惜，高墙阻隔之下不断发酵的排外主义和种族主义情绪可见一斑。

其三，反全球化浪潮席卷全球的当口，特朗普把自己打造成践行该意识形态及世界运动的“急先锋”意味着其任内移民政策总体收紧的可能性很大。原因有三：一来理论上“全球化”意味着自由贸易、资本流动和人口迁徙，三者相辅相成、不可分割。萨森就此断言“对任何主权国家而言，自由贸易政策和限制性移民政策不可能同时实现，必须有意识地调和开放的经济政策与抵制移民的边境管控政策，使二者随时保持一致”[2]，言下之意即特朗普旗帜鲜明地喊出“反全球化”口号，甚至通过对外退出TPP、重谈NAFTA，对内呼吁“买美国货、雇美国人”等举措积极限制自由贸易时，控制劳动力自由流动、收紧移民政策只是时间和程度问题。二来“反全球化”思潮本身也是“全球化”的产物。当全球化和后工业化诱发的变迁不同程度地削弱了国家凝聚力、刺激各国执念于政治认同和公民身份时，质疑和抗拒情愫在世界范围内迅速蔓延，各国开始对全球化的“副作用”如经济—社会发展步调失衡、环境恶化、本国传统和文化流失，特别是业已沦为为“众矢之的”的跨国移民数量激增忧心忡忡，改革显得迫在眉睫。三来在特朗普、勒庞、佩特里、法拉奇、格里罗、奥尔班等一批借“反全球化”主张施展个人抱负的政客话语中，移民不仅“有百害而无一利”，更同选举政治运作和国家未来政策走向密切挂钩。回看特朗普，他在畅想“让美国再次伟大”时最受选

---

① Reece Jones, *Borders and Walls: Do Barriers Deter Unauthorized Migration?* October 5, 2016, available at http://www.migrationpolicy.org/article/borders-and-walls-do-barriers-deter-unauthorized-migration (accessed on 2017-8-15).

② S. Sassen, *Losing Control? Sovereignty in an Age of Globalization*, New York: Columbia University Press, 1996, p. 87.

民和媒体关注的内容无外乎收紧移民政策和同中国打贸易战,[①] 上台后出于维护政府公信力考虑，尽力落实胜选筹码是其必要姿态。然而打“中国牌”难度大、胜算低，商人出身的特朗普宁愿渔利其中而非断然出击，因此拿移民做“替罪羊”，为短期内无法有效缓解国内经济、社会矛盾开脱罪责，堵住悠悠之口成为其稳定人心的上上之选。[②] 桑切斯对此曾给出了精准判断，称“那些机会主义的政治精英从长存于美国社会的‘移民、外来者恐惧症’中捞足了好处、赚够了选票”[③]。

总结起来，特朗普关于移民看似不着边际的疯狂言论和举动背后存在深层的国内、国际诱因。移民增生、经济萧条、安全形势不稳等消极因素的积累效应促使美国社会陷入“周期性紧张”，这种趋势恰恰同基层民众的“激进”“求变”心理形成呼应，并在移民问题上获得了政策空间。从国际大环境来看，目前美国综合国力的绝对优势和“霸主”心态尚存，却因相对优势今非昔比而迫切希望抛开外界“包袱”，于移民新政中恪守“美国优先”原则。加上世界范围内极端民族主义沉渣泛起、反全球化呼声潜滋暗长均为特朗普的移民新政提供了必备土壤。

三 “移民新政”的多米诺效应：内政与外交投射

通常而言，出于安全、经济等因素考虑突然收紧移民政策将使相关国家患上严重的“不适应症”。[④] 此番移民改革计划触及大规模遣返、调

---

① 范勇鹏:《特朗普胜选：阶级政治的回归与没落》，观察者网，2017 年 1 月 13 日。available at http://www.guancha.cn/FanYongPeng/2017_01_13_389183_s.shtml（登录时间：2017 年 8 月 15 日）。

② Vickie D. Ybarra, “Anti – immigrant Anxieties in State Policy: The Great Recession and Punitive Immigration Policy in the American States, 2005 – 2012,” *State Politics & Policy Quarterly*, Vol. 16, Issue 3, 2016, p. 318.

③ George J. Sanchez, “Face the Nation: Race, Immigration, and the Rise of Nativism in the Late Twentieth Century,” *International Migration Review*, Vol. 31, No. 4, 1997, p. 1013.

④ Sara McElmurry, Juliana Kerr, “Balancing Priorities: Immigration, National Security, and Public Safety,” *The Chicago Council on Global Affairs*, available at https://bipartisanpolicy.org/library/balancing – priorities – immigration – national – security – public – safety/ (accessed on 2017 – 8 – 16).

整签证发放和收容难民标准及尺度等一系列大动作，一方面同国内秩序与公民情感直接关联，另一方面事关对外关系与外交决策，稍有不慎便会引发“多米诺骨牌”效应。轻则给移民家庭、经济和社会结构蒙上阴影，重则致使当前美国的多项重大国家利益，如涉及接纳移民和与移民母国关系的战略及安全利益、国家经济利益、意识形态优势（如人权立国）等受到损害。[①] 考察“移民新政”投射至美国内政、外交的负面效应可分别从国内、国际两个维度入手。

（一）国内维度

短期内强力收紧移民政策的主要负面影响在于加剧美国社会的分裂。

一则行政、立法、司法分支之争愈演愈烈。按照常理，总统负责设定有关移民政策的议程和发布行政令，但在此过程中若无国会配合，他将寸步难行。此外，特朗普的旅行禁令先后两次被地方法院抵制并遭最高法院冻结，明确反对特朗普有针对性地排斥特定国家公民和断绝庇护城市经费的意图。即便当前高院宣布部分解冻，但未来的边境管控与移民执法实践中，如修建边境墙等，都需要通过国会拨款。而在预算吃紧和冲突尚存的情况下，立法分支依然可以站在特朗普的对立面，制衡行政权力、阻断其贸然之举。

二则联邦、州和地方政府对特朗普的改革动议看法不一。出于追求社会正义或认为毫无理由的驱逐移民是违法之举等各种原因，美国目前有 4 个州、364 个县、39 个城市以本地意愿为重，延续“庇护”职能，拒绝参与移民及海关执法局（Immigration and Customs Enforcement）的审查、抓捕、遣返移民行动。地方政府的拒绝配合与特朗普要求地方加大打击非法移民力度、停止联邦对庇护城市的拨款之间摩擦不断。与此同时，加强地方执法并非一纸空谈，需要大量的财力、人力支持，如何实现资金、人员的再分配对中央和地方而言都是难题。

三则政策与公众舆论之间的裂痕持续加深。先前佛里曼、麦克拉伦

---

① Michael S. Teitelbaum, “Immigration, Refugees, and Foreign Policy,” *International Organization*, Vol. 38, No. 3, 1984, p. 443.

等多位学者论证了美国移民议题中“政见—政策”鸿沟（opinion - policy gap）的存在,[①] 尽管特朗普落实移民改革部分动机在于回馈白人蓝领中下层利益，使后者在经济等层面的意愿得到满足，从而减少暴力冲突,[②] 但皮尤研究中心民调结果表明公众对移民的看法总体积极（见图 4）。当然，公众舆论从来都不是铁板一块。大多数人对新移民和潜在移民表示反感，但对既有移民态度宽容，希望政策能保护他们的存在。[③] 另外，对具有不同历史、文化、族群特性的多个移民群体，公众的接纳程度不甚相同，换言之“他者是谁”十分关键。[④] 鉴于目前来自墨西哥的西班牙裔仍为境内第一大外来移民群体，中东北非地区的伊斯兰国家仍是美国人惯常认知中的恐怖主义来源，故而公众对这两个群体好感度相对偏低。特朗普的移民政策仅直观反映了公众对移民来源的偏好，却在如何对待现有移民的问题上同民众意愿背道而驰。

四则“极化”对美国社会的撕裂作用不降反增。一方面，民主、共和两党就移民政策“谈不拢”由来已久。非常讽刺的现象是往往共和党总统上台后，民主党便会对其滥用行政自由裁量权扼腕叹息，反过来民主党总统执政后，共和党亦因相同原因而怨声载道。[⑤] 恰恰由于两党很难在移民立法方面达成共识，所以总统的相关改革动议只能寻求通过行政令的方式实现。有鉴于此，特朗普的几条行政令一经公布就引得民主党立法者一片哗然。加州民主党资深国会参议员黛安·范士丹（Dianne Feinstein）批评道：“行政令毫无意义，来自七个伊斯兰国家和其他 150

---

① Laura Morales, et al. , “The Gap between Public Preferences and Policies on Immigration: A Comparative Examination of the Effect of Politicisation on Policy Congruence,” *Journal of Ethnic and Migration Studies*, Vol. 41, No. 9, 2015, p. 1495.

② 《集会变冲突：美国族裔问题“旧伤”的必然复发》，新华网，2017 年 8 月 15 日。available at http: //news. xinhuanet. com/world/2017 - 08/15/c_129681249. htm（登录时间：2017 年 8 月 17 日）。

③ Christopher P. Muste, “The Polls—Trends the Dynamics of Immigration Opinion in the United States, 1992 - 2012,” *Public Opinion Quarterly*, Vol. 77, No. 1, 2013, p. 413.

④ Jeffrey M. Timberlake, et al. , “Who ‘They’ are Matters: Immigrant Stereotypes and Assessments of the Impactof Immigration,” *The Sociological Quarterly*, Vol. 56, Issue 2, 2015, p. 291.

⑤ Robert H. Wood, “The Crushing of a Dream: DACA, DAPA and the Politics of Immigration Law under President Obama,” *Barry Law Review*, Vol. 22, Issue 1, 2017, p. 27.

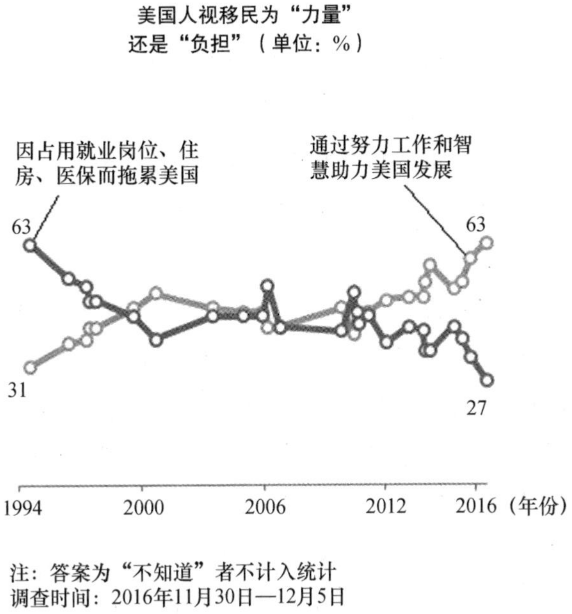

图4　美国民众对移民的看法

资料来源：Gustavo Lopez, Kristen Bialik, Key Findings about U. S. Immigrants, Pew Research Center, May 3, 2017, available at http://www. pewresearch. org/fact – tank/2017/05/03/key – findings – about – u – s – immigrants/。

个国家的人们早已经过全面筛查了。”① 参议院民主党领袖舒默（Charles Schumer）则表示：“特朗普似乎希望人们相信所有移民都是恐怖分子或罪犯，事实上接触这些移民才知道，哪里是什么恐怖分子，他们看起来跟我们自己的家人没什么区别。”② 另一方面，特朗普的反移民倾向加剧极化也反映在美国的社会生活中，原本令美国人引以为傲的共有身份认同、人与人之间长久的相互信任以及丰富的社区文化遭到侵蚀，“公民身份”的工具化特征明显，人们申请或保留美国公民身份并非源于归属感，

① “Should Congress Support the Executive Order on Immigration?” *Congressional Digest*, March 2017, p. 13.

② Ibid., p. 19.

而是看中了它所能带来的诸如福利等实际好处，特朗普的移民改革恰恰助长了这一趋势。①

五则极端民族主义和反移民倾向可以说是根植于美国社会当中的族群矛盾“外部化”的结果。特朗普力挺前者等于变相助长了底层白人的被剥夺感，给白人至上主义和种族偏见从阴暗处走向前台提供了可乘之机。爆发于弗吉尼亚周夏洛茨维尔市的暴力冲突恰恰折射出美国族裔问题“旧伤复发”且来势汹汹。

除社会分裂程度可能因不恰当的移民改革方案而持续提升外，“快刀斩乱麻”式的移民改革策略还会使美国陷入风险丛生的境地。一则给税收和劳动力市场带来风险。作为典型的移民国家，美国在“消化”移民带来的风险和负担时，也更多地得益于他们为美国制造业、创新产业保持高竞争力做出的巨大贡献。如果特朗普确如所言驱逐 200 万—300 万非法移民，不难做出如下估算，当驱逐在美外籍劳工的比例为 10% 时，那么仅 2017 年一年就将损失约 160 亿美元的税收收入，若比例上升至 30%，税收相应减少 480 亿美元。与此同时，大规模限制移民还将导致诸多行业面临“用工荒”，国民经济遭遇高通货膨胀的风险。② 二则不仅未能如期“防范恐怖主义”，反倒大大增加了美国沦为恐袭“风暴中心”的可能性。事实上新总统混淆了恐怖主义受害国及输出国的概念。他在旅行禁令中圈出的国家的确都或多或少为恐怖势力所扰，但从“9·11”事件算起，美国遭受的圣战威胁多来自本土，没有任何一个在美国境内死于恐怖袭击的人是被来自七国的移民所杀，恰恰相反这些逃离恐怖主义魔爪的人比谁都更了解其可怖和危害。③ 可是特朗普的禁令既不包括作为

---

① Peter Spiro, “Citizenship after Trumps,” *Center for Migration Studies*, April 5, 2017, available at http: //cmsny. org/publications/spiro – citizenship – after – trump/ (accessed on 2017 – 8 – 10).

② 《特朗普“移民新政”再掀波澜拟签署一系列行政令》，新华网，2017 年 1 月 26 日。available at http: //news. xinhuanet. com/world/2017 – 01/26/c_129461350. htm（登录时间：2017 年 8 月 15 日）。

③ Scott Shane, “Immigration Ban is Unlikely to Reduce Terrorist Threat, Experts Say,” *The New York Times*, Jan. 28, 2017, available at https: //www. nytimes. com/2017/01/28/us/politics/a – sweeping – order – unlikely – to – reduce – terrorist – threat. html? mcubz = 0 (accessed on 2017 – 8 – 16).

基地组织和诸多圣战组织老巢的沙特、埃及，也将有对美输出圣战士“黑历史”的巴基斯坦、阿富汗排除在外，还不涉及与美国保持密切经济往来的伊斯兰国家。鉴于无法论证被限制对象“危害美国”，该行政令的合法性大打折扣。另外，该做法可以说向本土和世界各地的穆斯林传达了一则讯息，即“美国不欢迎你们!”众所周知，恐怖组织大肆宣扬美国即将向伊斯兰世界宣战，反美是他们壮大势力、凝聚人心的利器，奥巴马任内通过一系列努力表明美国的打击目标只在于少数恐怖分子，且有意愿和能力同广大伊斯兰国家建立互信、共享繁荣。特朗普的移民改革计划不仅令其前功尽弃，更让圣战主义者宣扬的“两大文明必有一战”言之凿凿。虽然伊斯兰国尚未表态，不过特朗普的言行举措无疑给恐怖组织招募人员留下口实，帮助他们吸引更多处在“灰色地带”的人们（温和派穆斯林）且把蔓延于中东社会中的仇美心态成倍放大，为在必要时刻于美国本土“大开杀戒”做足准备。①

当然，当前世界各国的相互依赖前所未有，虽然推进过程并非一帆风顺，甚至偶有倒退迹象，但从长远来看，经济全球化深入发展的大趋势不会动摇。有鉴于此，学者们越来越意识到人为改变国内人口构成将作用于美国的世界观与外交图景，国内移民政策对外交事务的影响力不可小觑。② 特朗普缺乏充足理由、断然阻止特定国家移民前往或留在美国，强力遣返大量移民的做法或将对美国的外交局面产生如下负面效应。

第一，在美国与移民来源国关系中制造裂痕。美墨关系在特朗普抛出部分移民改革计划后首当其冲。墨外长路易斯·比德加赖（Luis Videgaray）对向墨西哥大规模递解无证移民的计划极为愤慨，称“不会接受，因为没有这个必要。墨西哥政府和人民严正拒绝他国政府单边强加的任何举措。要通过联合国等渠道替有强遭遣返的移民们讨回公道”。

---

① Daniel L. Byman, “Why Trump’s Policies will Increase Terrorism—and Why Trump Might Benefit as a Result,” *Brookings*, January 30, 2017, available at https://www.brookings.edu/blog/markaz/2017/01/30/why-trumps-policies-will-increase-terrorism-and-why-trump-might-benefit-as-a-result/ (accessed on 2017-8-16).

② Amit Gupta, “Demographic Changes and US Foreign Policy,” *Orbis*, Vol. 60, No. 3, 2016, p. 353.

与此同时，近些年美国在墨西哥民众心目中的形象从“楷模”（paragon）到“恶魔”（pariah），可谓一落千丈，特朗普上台后双边关系骤降至数十年来最低点，除了向美国移民显著减少之外，旅游、教育等行业相应受损。民调显示对美国持负面看法的墨西哥人数量翻了三番，仇美之余对俄罗斯、委内瑞拉的好感度显著上升。[①] 美国外交关系协会高级拉丁美洲研究的高级研究员尼尔（Shannon O'Neil）认为美墨之间来之不易的互信遭到破坏，不易修复；墨西哥国内政治生态亦随之显著改变，恰逢2018年墨国大选，这股民族主义热潮不仅左右着总统人选和政策走向，也使与美国寻求和解难上加难。[②] 另外，旅行禁令也让正同美军在打击伊斯兰国第一线并肩作战的伊拉克大为光火，甚至威胁对入境美国人采取同样的管制措施。以上两例均揭示了特朗普未能恰到好处地利用移民作为来源国和目标国之间“纽带”和“友好使者”的积极作用，造成相关国家间紧张和冲突。

第二，推卸国际责任，导致盟友失和。特朗普的移民改革方案一方面严重有违国际准则、推卸大国应尽责任，致使美国的领导力和所谓“移民国家”或“自由国度”的国际形象受损。另一方面恰逢欧盟主要国家协力应对难民危机的多事之秋，让本就为“是否接纳”“配额分摊”等事宜焦头烂额的欧洲盟友倍感困扰，甚至有评论认为“此类行政令是对欧洲国家利益和价值观的侵犯”[③]。荷兰外交部与德国外交部发布联合声明，反对美国总统公布的移民（难民）政策。德国总理默克尔相信反恐决心十分必要但不意味着武断怀疑来自某些国家或持不同信仰的人群。荷兰首相吕特也发声道“依据公约，难民不问出处、不论信仰均有权获得庇护，反恐势在必行但特朗普的禁令着实不可取”。连“铁瓷盟友”英国都表示“不同意”“不效仿”这类政策。可以想见，两厢龃龉轻则导致

---

① Shannon K. O'Neil, "The Mexican Standoff: Trump and the Art of the Workaround," *Foreign Affairs*, Vol. 96, No. 5, September/October 2017.

② Julian Borger, David Agren, "Mexico Will not Accept Trump's Immigration Plans, Says Foreign Minister," *The Guardian*, February 23, 2017.

③ "How the EU Should Respond to Trump's Immigration Order," *European Council on Foreign Relations*, February 3, 2017, available at http: //www. ecfr. eu/article/commentary_how_the_eu_should_respond_to_trumps_immigration_order (accessed on 2017 - 8 - 16).

德法等接纳难民的国家对美国陡增嫌隙，持既斗争又合作的态度；重则对美国移民采取类似的报复性抵制，无论如何，特朗普前期的移民改计划绝对不是跨大西洋伙伴关系的“黏合剂”或加分项。

第三，本土主义的移民政策不仅与全球性极右翼思潮相互裹挟，彼此助推，且通过反全球化的经济政策和保守主义主导的霸权主义重塑美国的外交政策，若不加合理疏导和有效抑制，或可冲击国际体系的和平稳定与可持续发展。佩蒂格鲁将随着移民改革计划逐一出台而迅速唤起世界各地极右翼势力共鸣的“特朗普现象”抽象为五种社会心理特点：(1) 威权主义 (Authoritarianism)；(2) 高水平社会支配倾向 (Social Dominance Orientation)；(3) 偏见 (Prejudice)；(4) 群体间缺乏交流 (Intergroup Contact)；(5) 相对剥夺感 (Relative Deprivation)。[①] 这些社会心理一方面表现为反对群体平等、宣扬优势群体的支配性和劣势群体的较低地位、赞同维持等级差异；另一方面则是各国推进平权的缓慢过程中，优势群体相信实则等量的“自我”丧失超过“他者”获得。[②] 不论产生偏见还是强调丧失，显然都将同步阻碍国内—国际社会平等的进程，不利于“平等互信、包容互鉴、合作共赢”精神在国际关系中进一步实现。

结 语

本文剖析了特朗普“移民新政”到目前为止的方针和措施，并将此次移民改革的缺陷归纳为“3 个 C”。(1) 破坏政策连贯性 (Consistency)。近则与奥巴马任内相对宽容的政策基调划清界限，远则偏离了美国一以贯之的多元、包容移民文化轨迹。(2) 决策层缺乏一致性 (Coherence)。无论立法、司法分支之间，两党之间还是共和党内部不同派系之间就此改革方案均莫衷一是，怨声载道，这样的改革缺乏内生性活力，难以达

---

① Thomas F. Pettigrew, “Social Psychological Perspectives on Trump Supporters,” *Journal of Social and Political Psychology*, Vol. 5, No. 1, 2017, p. 107.

② 李琼、郭永玉：《社会支配倾向研究评述》，《心理科学进展》2008 年第 4 期，第 645 页。

到政策预期，甚至会产生反作用力。（3）政策从制定到执行所涉及的机构、官员之间难言协调性（Coordination）。地方立法机关从中掣肘，庇护城市拒绝配合、严正抗议等情势不断与特朗普饱满的改革热忱相向而行，两厢拉锯不仅凸显了政策不得人心，更透支了新政府的公信力。

更重要的是，透过那些颇具争议的改革文件，可以看到整体改革方案难掩三重“困局”。

第一，特朗普及其团队均为“移民限制主义”的信徒，对美国的移民现状存在天然误解或偏见，进而陷入“认知困境”。从来源看，美国现有的非法移民内占最大比重的其实是“合法入境延期滞留”的情况，违反者中加拿大人居多。[①] 从人口素质看，过去五年内进入美国的移民中，超过41%的人拥有本科学历，其中来自中、南美洲的移民受教育水平相对偏低，然而2003—2013年已然大幅度减少。[②] 另外，研究表明“以挽救制造业和底层工人”为由控制移民的论断并不成立，大量劳工涌入短期内是会扰动劳动力市场，但若将观察周期拉长到十年则对本土工人薪资水平的影响微乎其微，恰恰相反还有助于激发生产力及经济增长。[③] 加之当前美国为了阻断潜在威胁入境已经制定了十分严格、充分的筛查程序，可见特朗普及其团队的改革方针并未建立在客观全面的了解美国移民和边境管控现状基础之上，相较于移民禁令，合法入境渠道畅通和有效执法或许是抑制潜在危机更为可靠的办法。

第二，特朗普的移民改革源自时代“困局”。此次改革“极端”至此与美国当前所处的“新镀金时代”及“全球化新时代”不无关联：“新镀金时代”（New Gilded Age）是“政治腐败、贫富差距拉大、社会流动

---

① Kori Schake, “Republican Foreign Policy after Trump,” *Survival*, Vol. 58, No. 5, 2016, p. 33.

② Richard Fry, “Today's Newly Arrived Immigrants are the Best - Educated Ever,” October 5, 2015, available at http://www.pewresearch.org/fact - tank/2015/10/05/todays - newly - arrived - immigrants - are - the - best - educated - ever/ (accessed on 2017 - 8 - 17).

③ “Trump Embraces a Senseless Immigration Proposal,” *The New York Times*, August 7, 2017, available at https://www.nytimes.com/2017/08/07/opinion/trump - legal - immigration - senseless.html? mcubz = 0 (accessed on 2017 - 8 - 17).

性减弱、权贵精英对社会整体控制力扩张”的代名词。[①] 在经济疲软、社会治安不良、移民带来的未知和不安全感增生等氛围中，限制主义、本土主义的移民政策并不稀奇。与此同时，“全球化新时代”预示着向全球化约等于“美国化”的时期挥手作别，西方大国集体面临“失去的时代”，国内心理失衡助长了“极端民族主义”“民粹主义”“反全球化”等思潮，把处在国内—国际事务交叉区域的移民政策推向了更为保守的边缘。

第三，当前改革计划给美国自身发展和引领全球设下了新的“困局”。特朗普未来将继续挪动“移民”棋子，尝试走活“危机复苏期”这盘大棋局，而短期内快速收紧移民政策看似干脆利落，实则等于破坏了国内—国际社会自我维持的稳态，不仅可能促使国内外趋于极端的意识形态思潮变本加厉，进而对美国引以为傲的软实力产生反噬，更令立足于“安全”的改革措施成为美国本土和海外安全利益陷入高危境地的重要动因。

总而言之，上述改革措施预示着美国的移民政策步入一个从“欢迎世界各国人民加入”到“本土人口害怕移民，而移民生活在恐惧中”的特殊阶段。或许美国国父华盛顿的话在特朗普时代读起来分外讽刺：“美利坚的博大胸怀在于不仅接纳诸多值得尊敬的外来人，更乐于拥抱来自各国、信仰不同宗教的遭受压迫或迫害的人们，对他们，美国将赋予他们作为美国公民的全部权利和特权。”[②]

---

① ［美］保罗·克鲁格曼著：《美国进入“新镀金时代”》，赵纪萍译，《社会科学报》第1411期第7版。

② Philip Martin, Elizabeth Midgley, “Immigration: Shapingand Reshaping America,” *Population Bulletin*, Vol. 58, No. 2, 2003, p. 5.

第二部分

就业与福利

第四章

全球化、产业空心化与社会分裂

魏南枝

早在2008年金融危机爆发之前就业已存在的美国经济结构的深刻变化，例如机器替代工人、资本全球流动带走工作机会以及越来越严重的财富与收入的贫富悬殊等，不仅使得美国工人陷入困境，而且导致美国中产阶级失去安全感——哪怕他们在经济复苏过程中找到了工作。[①] 特朗普阵营准确把握了美国中下阶层民众，特别是传统美国白人的严重社会不满情绪。这种社会不满的来源很复杂多元，主要体现为：贫富悬殊日益扩大带来的经济不安全感、（金融）资本和政治精英集合体把持权力带来的政治不安全感、文化多元主义垄断政治正确性带来的文化不安全感、种族冲突和社会治安日益恶化带来的社会不安全感……这些社会不满经历了来自左翼的桑德斯和右翼的特朗普的放大性描述之后，形成合力，构成了大众对建制派（资本和政治精英集合体）的严重不满。

冷战结束后，全球化时代下的世界各地被全球化网络不断吸纳的同时，也帮助美国得以对世界任何"陷入麻烦的地区"进行迅速的干预。[②] 但是，随着单边秩序的结束，全球化的力量既以巨大的吸力将各国的经济、社会和政治利益越来越紧密地连接在一起，也导致全球社会不平等

---

① United States Government Printing Office, *Economic Report of the President 2016*, pp. 3 - 6.

② Chalmers Johnson, *The Sorrows of Empire: Militarism, Secrecy, and the End of the Republic* (New York: Henry Holt, Metropolitan Books, 2004). 冷战结束后，出现美国主导世界的单极世界格局。美国主导全球化，以实现对全球的干预，约翰逊将这种全球干预视为单极时代国际政治的一个突出特点。

性的加剧，因而遭到了包括美国自身在内的反全球化社会力量的巨大反作用力。

经济全球化带来了资本和就业机会的大量自由“移民”，随着新兴国家的崛起，这些国家开始进入世界产业链的中高端环节①，给以美国为代表的发达国家所设计和主导的国际经济秩序带来冲击。进入21世纪，美国面临不断恶化的社会不平等问题，严重的失业和社会不平等引发了各种社会不满。经济衰退、社会冲突和政治困境等因素的结合，一定程度上给美国政府的政治正当性形成了挑战。本章围绕美国内部的社会不平等、不充分就业及其对美国政府的政治正当性所产生的影响进行探讨，从社会的角度对美国目前面临的国内挑战进行分析。

一 自由主义传统与新自由主义

美国具有浓厚的自由主义传统，以个人主义为核心，鼓励追求个人自由和物质财富。在强调财产自由权的同时，美国社会也强调平等性。然而，美国传统上的平等不是结果平等，而主要指机会平等②，强调法律面前的平等性，赋予“机会平等”以绝对的道德至上性与政治正确性，突出“勤奋劳动”对形成贫富差距和阶层差异的决定性意义。基于这种平等理念，美国社会本质上是一个工作社会。③ 同时，美国强调经济和社会的向上流动性，通过众多类似富兰克林这样的“平民到富翁到政治家”的成功范例，将较高的社会流动性作为美国社会正确性的重要基础，以此证明精英地位的来源正当性。因此，机会平等性和社会流动性二者共

① Michael Spence, "The Impact of Globalization on Income and Employment," *Foreign Affairs*, 00157120, Jul./Aug. 2011, Vol. 90, Issue 4.

② 在最早的欧洲清教徒移民看来，新大陆充满了希望和挑战，其吸引力在于有机会成为统治者，这构成了美国精英梦的雏形：在竞争机会平等的条件下，作为少数的成功者应当享有更多奖励；而作为多数的失败者如若对这种差距进行抱怨，就缺乏公平性基础。这种思想也直接影响到美国对于平等性和公平性的定义，使之倾向于机会平等，而不是结果平等。

③ 贝里克认为美国社会的一个区别于其他西方社会的重要特征是对工作的高度崇拜。J. Duerr Berrick, *Faces of Poverty: Portraits of Women and Children on Welfare* (Oxford: Oxford University Press, 1995).

同构成理想的美国社会模式所具有的意义、正确性和信心的基石。[①]

美国社会模式强调经济自立，具有对“贫穷文化”的批判传统，穷人的行为、态度和价值等被认为因自身原因而陷入“贫困陷阱”。[②] 这种批判态度与美国的建国历程和自然资源丰沛等不无关系。早在美国独立战争之前和美国建国早期，由于美国拥有充足的土地和丰富的自然资源，美国人相信所有人通过辛勤劳动都会占有土地和拥有财富，普遍的土地所有权被杰斐逊视为美国政治和经济力量的一个源泉。针对19世纪的美国社会，德国学者桑巴特认为，美国资本主义为工人提供了丰厚的物质报酬，美国社会具有较高的社会流动性，加上美国普选制等政治制度对公民可以进行有效整合，使美国“没有社会主义”。[③]

19世纪晚期，美国社会出现贫富悬殊加剧。经历了进步主义时代的大调整，政府对经济的干预逐渐为美国社会所接受。20世纪上半叶，美国左派学者萨姆森对美国的资本主义作了进一步阐述，他认为美国无疑是一个资本主义国家，但美国对资本主义的定义实际上是资本主义的社会主义形式，“美国精神在意识形态上替代了社会主义”。[④] 长期以来，美国社会普遍认为，“所有阶层的公民”与精英阶层之间的利益博弈可以通过自由市场经济得以规范、调整和正当化，因而，美国的政党政治和劳工运动、工会之间的联系等先天不足。

追求个人自由、资本自由和促进社会团结之间存在潜在的冲突，社会普通民众与部分精英之间的利益博弈也不可避免。依据美国的民主政治制度，美国民众有权通过大众民主制度要求政府干预市场，或者推动政府改变社会政策以实现对社会利益的保护。不过，基于美国自由主义

---

① ［德］维尔纳·桑巴特：《为什么美国没有社会主义》，赖海榕译，社会科学文献出版社2002年版。

② Sara Chamberlain, "Gender, Race, and the 'Underclass': The Truth behind the American Dream," *Gender and Development*, Vol. 5, No. 3 (Nov., 1997), pp. 18–25.

③ ［德］维尔纳·桑巴特：《为什么美国没有社会主义》，赖海榕译，社会科学文献出版社2002年版，第106—214页。桑巴特认为丰富的物质报酬使工人阶级丧失革命激进主义动力，社会流动性抑制了工人阶级的阶级意识的发展，而美国的政党制度可以有效地提升公民整合度。

④ Leon Samson, *Toward a United Front: A Philosophy for American Workers* (New York: Farrar & Rinehart, INC., 1935), p. 17.

政治文化传统，特别是在自由主义传统对社会政策选择倾向的长期影响之下，美国精神认为自决高于保障，并不认可政治国家对实现社会与经济的结果平等负有义务，甚至对政府干预经济和提供大量公共服务存在不信任感，因此美国民众要求美国政府干预市场的意愿和能力是有限度的。

自进步主义时代以来，美国政府在多重压力之下开始干预经济，并采取多种措施增强社会平等性。[①] 但这种经济干预的核心任务是保持经济稳定和促进充分就业，以确保市场主导的福利提供模式的顺利运行。即使经历了20世纪的大衰退，罗斯福新政所通过的1935年美国社会保障法案，也并未建立起欧洲式的全民社会保险制度，而是深受美国长期奉行的自由放任主义和英国济贫法传统的影响，遵循补足原则、提供具有资格审查性质（means - test）的公共服务，对社会保险和公共救助进行了严格区分：前者主要指基于缴费的养老保险和失业保险等，后者主要针对老年人、盲人、需要抚养孩子的贫困家庭等提供的公共救助。虽然该法案将社会保障视为政府的神圣职责，但是，社会福利计划“仅仅针对值得救助的人群”。也就是说，有限的“值得救助的人群”才有从政府获得救助的法定权利[②]，用于社会政策的公共支出水平较低，市场仍被视为个人福利的主要提供者和经济安全的保障者。

第二次世界大战后到20世纪60年代末，奉行凯恩斯主义的美国政府对经济进行较积极的干预以促进充分就业，促进了第二次世界大战后美国经济的迅速恢复。[③] 特别在约翰逊总统推行“伟大社会”政策之后，进行了大规模的联邦反贫困立法，公共救助的覆盖面和程度都有所提高，

---

① 19世纪的美国有一句著名的话形容当时国家与个人的关系，即“国家与社会什么都不是，个人就是一切”（the state and society were nothing, the individual was everything）。这种理念自进步主义时代开始发生变化，Faith Jaycox, *The Progressive Era* (New York: Facts on File, Inc.), pp. iv - x。

② T. Skocpol, "The Limits of the New Deal System and the Roots of Contemporary Welfare Dilemmas," *The Politics of Social Policy in the United States*, eds. M. Weir, A. S. Orloff and T. Skocpol (Princeton, NJ: Princeton University Press, 1988), p. 296.

③ Eric Rauchway, *The Great Depression and the New Deal: A Very Short Introduction* (New York: Oxford University Press, 2008), p. 6.

建立了联邦医疗保险（Medicare）、医疗补助计划（Medicaid）和食品券（Food Stamps）等制度。美国政府通过提高穷人的教育水平和工作机会而降低贫困率，20 世纪初严重的贫富差距问题得到了相当程度的缓解。

无论是罗斯福新政还是第二次世界大战后的美国社会福利制度建设时期，美国政府对美国经济具有相当的调控能力，因而能够在经济政策和社会政策之间保持一定的平衡。但是，这一阶段美国扶贫减贫的社会政策并没有有效地和经济政策联系起来，美国政府逐渐陷入严重的财政赤字。20 世纪 70 年代，美国经济进一步陷入滞胀，反凯恩斯主义思想在美国盛行。以默里等为代表的新自由主义者认为社会收入转移支付降低了个人进取动机，构成了经济发展停滞的原因。[①] 尽管当时也有研究表明这种降低的实际程度非常有限[②]，但强调个人责任的美国基本价值观在预算赤字的刺激下与社会福利思想之间发生了强烈的碰撞，新自由主义思潮迅速风靡美国。

20 世纪 80 年代，在第二次世界大战后建立的国际经济秩序基础上，美国以新自由主义（里根新保守主义）的理念和方式，对国际国内经济秩序进行重构，也对其社会政策进行了重新定位：确立了金融资本对工业资本的支配地位，通过不断减少政府干预，瓦解有组织的劳工力量，实现收入分配从劳动向资本的倾斜。20 世纪 90 年代，克林顿施行以支持开放市场和自由贸易为前提的“第三条道路”福利改革，继续自里根政府以来的社会保障私有化，用促进就业代替公共救助，对扶贫减贫政策进行了迅速缩减以避免所谓“福利陷阱”。例如，1996 年《个人责任和工作机会协调法案》建立了贫困家庭临时援助（TANF）项目，取代了被广泛批评为过于慷慨的针对有子女抚养家庭的补助计划（AFDC）。[③]

---

① Charles Murray, *Losing Ground*: *American Social Policy 1950 - 1980* (New York: Basic Books, 1984).

② 在 20 世纪 80 年代，有研究表明，美国所有的福利项目仅减少了经济部门总工作时间的 4.8%。Sheldon Daniziger, Robert Haveman, and Robert Plotnick, “How Income Transfer Programs Affect Work, Savings, and the Income Distribution: A Critical Review,” *Journal of Economic Literature*, No. 19, 1981, pp. 975 - 1028.

③ 罗云力：《浅论克林顿第三条道路对西欧社会民主主义的影响》，《世界经济与政治》2000 年第 1 期。

自此，市场力量的统治地位打破了第二次世界大战后美国政治国家与市场经济之间的平衡。除了提倡自由贸易，美国将私有化、资本的自由流动、撤销管制措施、减税、废除补贴等各种措施相结合，将自由市场经济奉为推动经济增长和繁荣的唯一正确路径。新自由主义经济发展模式将美国的政治利益与资本利益直接结合在一起。与欧洲国家相比，美国政府更倾向于以市场为导向，较少对市场进行规制。这种市场导向和政府规制的相对"缺位"，使美国的社会利益与经济利益之间易于产生直接冲突。在这种直接冲突之下，新自由主义通过对市场力量所具有的政治正确性的肯定，确保了美国精英阶层特权地位的政治正当性，一方面促进了统治阶层的团结，另一方面削弱了大众社会力量对抗市场力量的能力。①

对外政策方面，美国着力于推动华盛顿共识，强调以美式民主等为核心的普世价值衡量标准的单一性和自我主导性。一方面给国际货币基金组织（IMF）等国际金融机构施压，使其接受并遵循新自由主义的信条；另一方面，按照新自由主义理念，对财政上依赖国际金融组织的发展中国家进行政治改造，利用政治、经济、文化和军事等方面的优势地位，推广美式民主，以此作为被改造国家的政权获得其政治正当性的基础。② 与此同时，以跨国公司和私人金融机构为代表的资本力量本能地支持和推动新自由主义，使其赢得全球性的霸权地位。③ 美国政府和跨国资本力量共同推动了新自由主义的霸权地位以及该思潮统治下全球资本主义市场的形成与发展。④

---

① G. William Domhoff, "The Class - Domination Theory of Power," April 2005, available at http://whorulesamerica.net/power/class_domination.html.

② David Harvey, *A Brief History of Neoliberalism* (Oxford: Oxford University Press, 2005), pp. 39 - 86.

③ 政府所代表的政治国家可以对市场的力量进行规制，所以，仅有市场的力量，即使有强大的跨国资本力量施压，也无力实现新自由主义在世界的统治地位。但是，在美国的里根主义和英国的撒切尔主义的推动下，政治力量与资本力量二者相结合。通过政治上推行美式民主、经济上奉行新自由主义，在华盛顿共识形成之后，新自由主义在世界上大部分国家获得了政治正确性，迅速占据统治地位。

④ James L. Richardson, *Contending Liberalisms in World Politics: Ideology and Power* (Boulder: Lynne Rienner, 2001), pp. 155 - 163.

在各种生产要素日益全球化的背景下，新自由主义将市场自由化和经济效率优先的价值凌驾于社会团结之上，影响着世界各地的商品价格、工作方式和劳动收入等。过去30多年里，美国的资本主义经济特别是金融资本主义获得了高速发展。但在世界经济秩序中，美国并不能完全控制哪怕经济上依赖美国援助的其他国家的经济政策，也不能在贸易争端经贸谈判中总是处于优势地位。[①] 尽管美国政府和资本力量二者进行合作，推动了经济全球化；但是，资本自身可以在不同国家之间自由流动，美国政府对此难以进行有效控制，国际货币基金组织等国际金融机构也无法完全对其进行掌控。

基于国际国内格局的双重改变，在美国的大众社会力量不断削弱的情况下，美国的劳动力市场状况不断恶化，社会不平等程度不断扩大。虽然对底层人民的基本物质需求没有进行绝对的剥夺[②]，但是越来越多的中产阶级家庭陷入贫困[③]，中产阶级规模趋于萎缩，相对剥夺的情况日益严重，使美国的社会问题日益凸显。

二　就业、社会平等与社会流动性

按照新自由主义理论，利润与财富向少数人的集中能够促进投资的效率，因此可以为整个社会创造更多的就业机会和促进经济繁荣。然而，全球化浪潮中的美国经济结构发生了转型，随着以制造业为核心的实体经济不断萎缩，生产环节不再占据重要位置，劳动密集型产业在美国趋向消亡，也就是说，美国制造业吸纳就业的能力下降。金融业务取代了制造业的地位，成为美国经济的核心部门。金融市场提供了大量进行金融投资的机会，财富迅速向少部分人积聚，也刺激了短暂的经济繁荣，

① Michael Mann, *The Incoherent Empire* (London: Verso, 2003), pp. 49 – 79.

② 以3个家庭成员的家庭为例，2012年北美大陆的48个州的贫困指导线为1.909万美元。*Federal Register*, Vol. 77, No. 17, January 26, 2012, pp. 4034 – 4035. 按照布鲁金斯学会的统计，有20%的美国孩子生活在贫困线以下，13%的美国居民生活在贫困线以下，available at http://www.brookings.edu/research/topics/u – s – poverty。

③ 2010年，美国处于贫困线以下的人口数量为4620万人，为52年来的最高值。Sabrina Tavernise, "Poverty Rate Soars to Highest Level since 1993," *New York Times*, September 14, 2011, p. A1.

但大部分的利润并未投资用于扩张以及升级制造业系统，也未能创造更多就业机会。

与此同时，以中国为代表的新兴市场在这一轮经济全球化浪潮中高速发展，全球劳动力市场规模迅速膨胀，制造业等实体经济大量向新兴国家转移，对美国国内劳动力市场不可避免地形成了冲击。在国内经济结构的变化和经济全球化的冲击之下，美国的国内劳动力市场状况逐年发生结构性的变化，主要体现在如下两个方面。

一方面，劳动力不得不适应新自由主义逻辑下的雇佣、劳动契约和工作方式，主要特点为灵活就业和缺乏监管。[①] 自 20 世纪 90 年代以来，虽然技术创新使美国经济得到了高速发展；但是，随着每周平均工作时间持续下降[②]，兼职工作的比重上升已经不是周期性的现象，而是变为结构性发展趋势。美国劳工部的统计显示，2016 年 11 月因经济原因选择兼职的人数为 570 万人。[③] 美国的劳动力市场越来越具有高度的灵活性，签订稳定的长期劳动合同的工作机会被临时性工作机会所替代，全职工作机会被兼职工作机会所取代，稳定的中产阶级职位正在萎缩。此外，灵活就业导致工薪阶层整体工资收入水平的降低，并且缺乏相应的社会保障。该社会保障主要指基于稳定工作而获得的与缴纳收入所得税的工作岗位相关联的各种社会保险、退休计划和带薪假期等[④]，具有缴费性、非财产审查性的特点，这种与工作相关联的社会保障的私有化将劳资利益捆绑在了一起。从兼职工作获得的直接劳动收入偏低，又缺乏从社会保障机制获得的间接收入（转移支付收入），这就使“工作穷人”的比重不

---

① Didimo Castillo Fernandez and Martha Otis, “Hegemony and the U. S. Labor Model,” *Latin American Perspectives*, Vol. 34, No. 1, *The Crisis of U. S. Hegemony in the Twenty – First Century* (Jan. 2007), pp. 64 – 72.

② Steven Kroll, *The Decline in Work Hours during the 2007 – 09 Rrecession*, available at http://www. bls. gov/opub/mlr/2011/04/art10full. pdf.

③ The Employment Situation: November 2016, available at http://www. bls. gov/news. release/archives/empsit_12022016. pdf.

④ Ulrich Beck, *Un nuevo mundo feliz: La precarizacion del trabajo en la era de la globalizacion* (Buenos Aires: Paidos, 2000), p. 39, cited from Didimo Castillo Fernandez and Martha Otis, “Hegemony and the U. S. Labor Model,” *Latin American Perspectives*, Vol. 34, No. 1, *The Crisis of U. S. Hegemony in the Twenty – First Century* (Jan. , 2007), p. 69.

断攀升。

低收入灵活性工作岗位比重的上升和日益扩大的收入差距等使美国社会的工作人口从劳动收入和社会保障所获得的转移支付收入的购买力进一步萎缩，不利于刺激美国经济复苏。同时，由于非正式就业人口增加和产业工人比重减少，参加工会组织的工人比例很低①，工人组织的力量也处于迅速衰退之中②，这就使美国工会组织的影响力和对抗资本力量的能力进一步下降，美国劳工阶级的力量在不断被分割和削弱。对此，弗里曼认为，工人的真实收入和其实际创造的产值之间的差距日益扩大，既体现了资方管理者在设定劳动条件方面居于强势地位，也表明劳动者对其劳动收入进行集体协商的能力有限。“过去20—30年间，绝大多数的生产增长所创造的价值最终进入了少数最富有的美国人的口袋里。”③

另一方面，以信息科学为代表的新生产方式与精益生产等新管理方式的结合，使生产环节得以不再集中于发达国家。资本天然的排斥对社会责任的承担，因此，美国大企业大量采用外包的形式：首先，外包有利于稳固其不可转移的核心业务；其次，将其他业务分散到劳动力价格更低、劳动市场管制更宽松的发展中国家中的高度专门化企业，例如中国和印度的工厂，有利于其尽可能降低生产管理成本。④ 在大量吸纳以外包业务为主体的外资投入的基础上，这些发展中国家的经济迅速发展，成为跨国企业链条中的供应者，反过来增加了美国的进口压力。⑤

---

① 2011年，美国参加工会组织的工人比例为11.8%，公营部门就业人员加入工会的比例为37%，而在私营部门就业的劳动力加入工会的比例已经下降到7%以下，这是1932年以来的最低纪录，available at http：//www. bls. gov/news. release/union2. nr0. htm。

② Robert E. Baldwin, *The Decline of US Labor Unions and the Role of Trade* (Washington, D. C.: Institute for International Economics, 2003).

③ Richard B. Freeman, *America Works – The Exceptional U. S. Labor Market* (New York: Russell Sage Foundation, 2007), p. 40.

④ 对于资本而言，这种外包业务的战略具有明显的优势：降低成本、减少税负、降低雇主责任、弱化工会力量等，有利于资本尽可能获取更大利益。

⑤ 但也有学者否定这种观点，穆迪认为进口竞争和外包都不能完全解释美国制造业就业岗位迅速萎缩的原因。他认为，自1990年以来，在生产力下降、来自日本等地的全球性竞争加剧、宽松的货币政策和通货膨胀等因素推动下，美国的制造业转向新技术产业，导致就业吸纳能力下降。Kim Moody, *U. S. Labor in Trouble and Transition* (London: Verso, 2007), cited by Horst Brand, "U. S. Workers Confront Growing Insecurity," *Dissent*, Fall 2009, p. 50.

近30年来，美国本土经济的增长高度依赖不可持续的信贷消费和资产价格泡沫[①]，但在产业技术升级和生产自动化的推动下，美国制造业产出总值仍然保持了增长。美国劳工部的统计数据表明，制造业提供的工作岗位自1996年到2006年减少了300多万，也就是下降了18%；但美国制造业的产出仍在不断上升，该期间美国制造业的产出上升了15%。[②] 特别是美国领头的大公司资本项开支自2009年以来保持快速增长，说明销售数据也表现良好。然而值得注意的是，截止到2016年10月，所有美国境内的工业产值指数（Industrial Production Index，IPI）显示，美国第一次自经济危机以来该指数没有恢复到经济危机前的水平。历史上，在经济危机后的第60—100个月之内，该指数都达到了经济危机前的1.2倍甚至1.6倍（1953年数据），而美国的该指数是2007年12月经济危机开始时的90%左右。[③] 美联储的数据显示，从经济危机后的水平来看，近年来美国全行业产能利用率基本处于1967年以来的历史最低点，目前在75.3%左右，远低于1972—2015年全行业产能利用率大致为80%的平均水平。[④] 从上述数据可以判断，美国的大企业经营生产在恢复，销售业绩资本项支出都持续增加，但在这次资本转移的过程中，持续有工厂和工作离开了美国本土。即使在美国本土的工厂也在通过加速自动化，也就是以机器取代人和降低人员使用来提升生产效率，对于靠普通制造业生活的一般技能工人的就业形成根本性打击。因此，美国大企业依靠宽松的信贷环境、全球化的资源配置和工业自动化技术的应用得到了生产力以及效益的提高，但是普通美国中产阶级中相当一部分劳动者永远失去了竞争力。

1989—2010年，美国的劳动生产率增长了62.5%，而工人人均小时报酬却只增长了12%，劳动生产率与工资增长率之间的缺口不断扩大。[⑤]

---

① 参阅崔学东《新自由主义导致全球劳资关系不断恶化》，《红旗文摘》2012年第20期，第18页。

② Horst Brand, "U. S. Workers Confront Growing Insecurity," *Dissent* (Fall 2009), pp. 49 – 50.

③ 详情参见 available at https://fred.stlouisfed.org/series/INDPRO。

④ Available at https://www.federalreserve.gov/releases/g17/Current/default.htm.

⑤ 崔学东：《新自由主义导致全球劳资关系不断恶化》，《红旗文摘》2012年第20期，第18页。

与劳动力市场状况恶化同时存在的是，官方数据显示的失业率一路走低，例如美国劳工部劳工统计局公布的2016年11月就业形势报告显示，该月美国失业率为4.6%。[①] 但是，按照美国企业研究所的分析，这个官方失业统计数据并不全面，因为没有确切统计那些长期失业的人，也没有统计自2008年金融危机以来就业失败的数百万工人。[②] 美国劳工部劳工统计局的官方统计将年满16周岁以上的自由平民（Civilian noninstitutional population）[③] 分为平民劳动力（Civilian labor force）和非劳动人口（not in labor force）[④] 两大类，计算失业率的基数仅覆盖平民劳动力。为何在16周岁以上的自由平民人数增加的情况下，失业人口减少的数量会高于非农就业岗位增加数量？为何非农就业岗位增加数量高于实际新增就业人口量？为何失业率还出现了下降？原因就是平民劳动力人数也在下降，流动到了不被官方失业率作为统计基数的非劳动人口这一类别之中了，而非劳动人口中有就业要求的人也并未有效地被新增工作岗位所吸纳。

2016年11月的官方数据也明确指出，不纳入失业率统计基数的待就业人口数（persons were marginally attached to the labor force）[⑤] 为193.2万，其中有59.1万人已经不再积极寻找工作（discouraged workers）[⑥]。这些数字游戏的背后是，2016年11月，美国不工作或找不到工作的劳动力总数为9505.5万人，其中想找工作的人口数为682.1万人。[⑦] 长期的高失业率会进一步打击这些长期失业人群和待就业人群寻找工作的积极性

---

① available at http：//www. bls. gov/news. release/archives/empsit_12022016. pdf.

② available at http：//www. aei. org/topic/jobs#0.

③ 美国劳工统计局的统计数据表明，2016年11月，美国年满16周岁以上的自由平民人口数为2.545亿，其中在就业市场（Civilian labor force）的人口数为1.595亿。年满16周岁以上的自由平民是指在美国居住的16周岁以上的非现役军人，而且没有被关在监狱、限制在精神病院或其他监禁设施内的人。Available at http：//www. bls. gov/news. release/archives/empsit_12022016. pdf.

④ 非劳动人口包括被就业市场抛弃的劳动力，也包括老年人、职业家庭妇女、在校学生等人群。available at http：//www. bls. gov/news. release/archives/empsit_12022016. pdf.

⑤ 待就业人口是指没有被纳入劳动力统计但想工作也能够工作并且已经在过去12个月里面寻找工作。而他们未被纳入失业人口是因为他们在官方统计前的四个星期没有找工作。

⑥ 不再积极寻找工作人口是指因为认为自己无法得到工作机会而在近期不再寻找工作的人。

⑦ available at http：//www. bls. gov/news. release/archives/empsit_12022016. pdf.

和可能性，有相当多劳动力因为放弃寻找工作而脱离就业大军，使美国有效劳动力人口实际上在不断减少，整体实际失业率并未好转。

新自由主义统治下的美国劳动模式和世界经济的全球化导致美国劳动力市场的状况恶化、失业严重，原本有希望通过工作脱贫的贫困人群缺乏足够的机会。然而，就业人口内部的贫富悬殊也在日益加大，失业和收入不足共同构成了美国收入贫困的主要原因。

美国产业结构的空心化和生产过程的自动化导致工人内部少量受到良好教育的技术工人的收入得到了增长，而其他大部分工人，特别是缺乏技术的低报酬工人，由于中等收入的制造业工作岗位减少，低收入的服务业岗位大量增加，劳动实际收入的增长也陷入停滞甚至下降。①

个人的收入来源主要可以分为三类：财产收入（资本收益）、劳动收入和转移支付收入（社会保障）。在失业严重和收入不足的双重作用下，2010 年美国的官方基尼系数为 0.469②，收入不平等情况达到自 1967 年对家庭收入进行统计以来的最高点。然而，美国普查局的统计方法仅针对家庭的货币收入，包括工资、利息、社会保障收入等各种现金收入，但排除了在国民收入中实际比重不断上升的资本收益。对此，有批评认为，美国最富裕的家庭的投资获益很大，而美国普查局没有将资本收益统计在内，这说明美国的实际收入不平等情况比官方数据要严重得多。③

上述对就业市场状况和社会贫困状况的分析表明，美国政府对经济放松监管的结果是放任甚至帮助强势群体对弱势群体的掠夺，导致社会不平等问题日益突出。④ 这种社会不平等不仅体现为收入的不平等（结果不平等），还体现为严重的机会不平等。根据一项跨国社会调查显示，美国社会更具有精英管理社会的特点，无论向上流动还是向下流动的可能

---

① Richard B. Freeman, *America Works: The Exceptional U. S. Labor Market* (New York: Russell Sage Foundation Publications, 2008).

② available at http://www.census.gov/prod/2012pubs/acsbr10 - 18.pdf.

③ available at http://inequality.org/unequal - americas - income - distribution/.

④ 蓝志勇：《公共政策的缺失与当前世界性经济危机》，《公共管理学报》2009 年第 6 卷第 1 期，第 27 页。

性都低于其他西方发达国家。

从这一调查结果来看，父亲收入（家庭收入）处在全美收入最低的五分之一的孩子，比家庭排在全美收入最高的五分之一的孩子以较好成绩从高中毕业的机会更低，并且更有可能在就学年龄阶段就成为未婚父母或者因犯罪被监禁。美国国家卫生统计中心公布数据表明，近年来美国的未婚生育率仍然较高[①]，这就使传统家庭结构面临分崩离析危险的同时，越来越多的儿童因为处于单亲家庭而处于贫困状态，直接进一步导致儿童前途的两极分化。

而与这种贫富阶级之间的机会不平等同时存在的是，非常明显的族群之间的不平等。上述不平等就使得对相当比例的底层人群，特别是底层黑人和拉美裔族群而言，贫困不再是暂时现象，长期贫困变得越来越普遍。

2016 年 11 月，在美国平均失业率为 4.6% 的情况下，黑人失业率为 8.1%，拉美裔失业率为 5.7%。美国年轻人失业率居高不下的问题难以得到缓解，而 16—19 周岁在就业市场的年轻劳动力失业率为 25.1%，其中白人青年的失业率为 15.2%，黑人青年的失业率高达 26.6%。除了族群之间的就业差距，不同学历人群的就业差距也很明显，未获得高中毕业文凭以下的人群失业率为 7.9%，随着学历的提高、失业率不断降低，学士学位以上的人群失业率仅为 2.3%。[②] 也就是说，越早进入就业市场的劳动力其学历越低，其失业的可能性越大，而很早进入就业市场的劳动力中黑人与拉美裔的比重明显高于白人。

这种高比重的主要原因之一就是美国的高监禁率和高监禁率背后的种族差异。美国司法统计局 2012 年 12 月公布的美国 2011 年监禁情况报告数据显示，2011 年被宣判入监的人员中 93% 为男性，61% 为 39 周岁以下的人群，其中非拉美裔男性黑人与拉美裔男性比白人男性的犯罪率更高，而且犯罪年龄更低。白人男性的被监禁率为 0.5%，拉美裔男性的被监禁率为 1.2%，而非拉美裔男性黑人的被监禁率为 3.0%。在 18—19 周

① available at http://www.cdc.gov/nchs/data/nvsr/nvsr61/nvsr61_01.pdf#table12.

② available at http://www.bls.gov/news.release/archives/empsit_12022016.pdf.

岁的年龄段中，每10万美国居民中有1544名黑人男性被监禁，而白人男性为166人，前者是后者的9倍。[①] 大量有监禁前科的黑人与拉美裔青年因此而中学辍学，很早进入就业市场，但又在就业市场竞争中处于劣势，其中相当比例的人就逐渐固化为全美收入最低的人群。

美国经济复苏并未改变资本与劳动力的相对议价能力，也未提高美国普通民众的实际收入水平，相反，贫富差距仍呈现扩大化趋势，中产阶级规模仍趋于萎缩，各种社会不平等情况仍在恶化。当今美国已经不再能确保美国政治传统所期待的高社会流动性：一方面美国劳动力市场的吸纳能力在萎缩，另一方面美国大多数本土和移民人群的上升渠道已经被精英统治所缩减甚至垄断。尽管美国政府按照其政治传统没有确保结果平等的政治义务，但贫富差距的加大，客观上正在使美国社会趋向分裂。[②] 机会平等性和社会流动性二者所受到的严重冲击使美国社会模式的正确性遭遇质疑，也导致美国社会趋向分裂。

三 社会分裂挑战政治正当性

劳动力市场状况恶化、失业严重、社会流动性下降、社会贫富悬殊巨大化……这种社会不平等性对曾经发挥替代社会主义功能的美国精神构成了挑战。美国政治国家的借贷和赤字畸形膨胀，美国的中下阶层不仅要分担国家赤字等债务，还是美国经济危机恶果的主要承受者。在金融危机打击下，美国国内民众消费支出从2008年开始下降，至2011年逐渐缓慢回升，但仍未恢复到2008年的消费支出水平。[③]

美国社会深受传统自由经济和小政府思想的影响，这种思想传统和现实社会问题之间的冲突，就直接体现为2009年开始兴起的“茶党”运动和2011年开始的“占领华尔街”运动的对立。无论茶党还是占领华尔街运动都宣称“与草根阶层站到一起”，两场运动的对立势必进一步加剧美国民主、共和两党之间的分裂，最终体现为美国社会不同利益群体之

---

① available at http：//www. bjs. gov/content/pub/pdf/p11. pdf.

② 参阅陶文钊《如何看待美国实力地位》，《当代世界》2012年第1期，第34页。

③ available at http：//www. bls. gov/cex/csxann11. pdf.

间的分裂和对立的加剧，美国民主政治体制的公民整合度下降，美国政治极化的趋势日趋明显，这就给美国政府的政治正当性提出了新的挑战。①

当代西方世界，民主性已经成为政治正当性的试金石②，而自由主义是美国的建国之本。资本主义发展史已经多次证明，自由市场机制会导致贫富悬殊的加大，不受控制的市场力量对社会具有破坏性，并且自由市场经济的可持续性有赖于具有基本正当性和公平性的社会秩序的正常运行。为了确保这种可持续性，美国政府应当在美国宪政框架内，提供一个有利于社会融合和社会团结的安全网或者安全机制。③ 也就是说，美国政府应当对市场进行适当干预、对社会进行一定程度上的保护、维持基本公平的社会秩序，以最终实现对自由市场的保护、实现经济自由和政治民主的共赢。但是，是否应当干预和如何进行干预，应当植根于美国社会对政府干预行为的政策倾向性。

美国社会政策的基础在于：工作年龄阶段的个人，其主要收入来源应当是其从市场中获得的劳动报酬（或资本收益）；社会政策的目标在于救助“值得救助的”低收入者，而不是纯粹的给予救济。但是，美国产业向空心化发展、美国经济部门无法提供足够的工作岗位、美国普通民

---

① 参阅周琪、王欢《值得关注的美国政治“极化”趋势》，《当代世界》2011 年第 4 期，第 25—26 页；James A. Dorn, “The Scope of Government in a Free Society,” *Cato Journal*, Vol. 32, No. 3 (Fall 2012), p. 638；周琪、沈鹏《“占领华尔街”运动再思考》，《世界经济与政治》2012 年第 9 期，第 73—92 页。

② 托克维尔在其著名的《论美国的民主》一书中认为，美国的例外之处在于美国没有贵族统治。但是，沙姆斯·可汗认为托克维尔对美国的形容已经不适合美国，不仅某种形式的贵族统治已经明显存在于今天的美国，在过去不同历史阶段，也曾经出现过不同形式的贵族统治。并且，当前美国社会形成的“新精英阶层”，这个阶层具有种族包容性，但是财富和政治精英联合起来以后，共同控制各种社会资源，并且排斥其他人进入这一特权阶层。Pauline Peretz, “The Making of an American Aristocracy. An Interview with Shamus Khan,” *Books & Ideas*, 4 May 2011. ISSN: 2114 - 074X. URL: available at http: //www. booksandideas. net/The - Making - of - an - American. html.

③ M. Bordo and H. James, “The Economic Challenge,” Paper prepared for the conference on “The Economic Challenge: Fiscal, Monetary and Financial Sustainability, Entrepreneurship and the Common Good,” December 5 - 6, 2011, at Princeton University, sponsored by the Witherspoon Institute, p. 5.

众缺乏充分的机会使其得以通过努力工作达到自我实现，深受清教徒思想影响的美国式社会契约伦理，亦即通过辛勤工作就人人获得成功的美国精神，其现实基础正在经受严峻考验。[①] 随着劳动力市场的恶化，工作收入，特别是普通民众的劳动报酬，已经不再能够为工作的个人及其家庭提供抵御社会风险的足够保护。在这种缺乏充足的就业机会和劳动收入不合理的情况下，美国社会要求缓解日益突出的社会不平等问题。

然而，对于应当采用何种方式促进社会平等，是否主要依赖再分配机制促进社会平等，美国社会对此存在意见分裂。从美国社会政策的历史来看，金融危机、经济衰退和社会政策发展之间存在紧密的联系。目前，美国面临经济大衰退，对美国的社会政策走向，主要有两种观点：第一种观点认为美国社会不关注结果平等，但关注机会平等，市场机制是强调平等基础上的契约经济，所以日益严重的社会不平等不会导致美国政府社会政策的根本性变化[②]，该种观点占据美国舆论界的主导地位；另一种观点认为，不平等的加剧会导致对政府的收入再分配机制的需求上升，或者说社会支出的增长有利于经济复苏等[③]。

另有调查研究表明，对于如何解决恶化的社会不平等性，美国民众的意见不确定，也缺乏对此的充分了解，因而，随着不同意识形态的媒体、政客和学者等的辩论，其政策选择趋向也处于不断摇摆之中。该调查发现，美国民众更倾向于扩大教育支出以解决不平等问题，也就是说，美国民众依旧认为机会平等比收入再分配机制（结果平等）更适合

---

① Anne Daguerre, "US Social Policy in the 21st Century: The Difficulties of Comprehensive Social Reform," *Social Policy & Administration*, Vol. 45, No. 4 (August 2011), pp. 389 – 407.

② 支持该观点的人数众多，例如 Lawrence Mead, "The Great Passivity," *Perspectives on Politics*, Vol. 2, No. 4 (2004), pp. 671 – 675 和 Alberto Alesina, Rafael Di Tella and Robert MacCulloch, "Inequality and Happiness: Are Europeans and Americans Different?" *Journal of Public Economics*, 88 (2004), pp. 2009 – 2042 等。

③ Jacob S. Hacker, "Privatizing Risk without Privatizing the Welfare State: The Hidden Politics of Social Policy Retrenchment in the United States," *American Political Science Review*, Vol. 98, No. 2 (May 2004), pp. 243 – 260. Daniel Y. Kono, "Insuring Free Trade: Unemployment Insurance and Trade Policy," *Business and Politics*, Vol. 13, Iss. 3 (2011), Article 3.

美国。[1]

所以，面对美国社会普遍存在的经济安全感缺乏，美国人尽管在进行深刻的自我反思，对资本霸权以及资本与政治的利益结合体对公共空间的侵蚀提出了抗议，但并不会从根本上否定其长期凝聚美国社会的价值观，其政治主流无论左右派本质上信奉的是同一套价值体系。[2] 为了维护其政治正当性，美国政府的当务之急应当是将社会政策和经济政策相结合，一方面提供更多就业机会，另一方面保护与促进机会平等。这些政策的合理制定、顺利通过和有效实施等，都有赖于政治国家具有强大的能力。

但是，最富有的10%的美国人掌握了美国经济超过50%的财富，财富被高度集中在相对少数人群。[3] 这些掌握巨大财富的少数人群通过其掌控的资本在全球进行广泛投资和自由流动，垄断资本的全球化使其获取越来越大的利润，由其所组成的全球资本网络已经突破了美国作为政治国家的掌控范畴，正在一定程度上改变和限制着美国政府的经济调控能力。

经济全球化使主权政治国家之间的较量进一步复杂化：廉价的进口产品有利于稳定美国国内市场价格，增加了普通美国家庭的可支配收入。为了增加本国就业机会，美国商务部计划不断扩大对外出口，美国未来必将继续与其他经济体加强经贸领域的合作。但是，美国国内劳动力市场客观上仍在受到国际劳动力市场特别是新兴国家的冲击。

同时，经济全球化条件下，随着资本自由度的上升和营利性的增强，包括美国在内的主权政治国家能力已经被资本的力量所局限。庞大的跨国金融系统已经成为一个巨大的食利集团，全球金融资本主义和分布于全世界的新通讯与网络技术的结合，产生了巨大的冲击力，使国家主权、

---

① Leslie McCall & Lane Kenworthy, "Americans' Social Policy Preferences in the Era of Rising Inequality," *Perspectives on Politics*, No. 3 (September 2009), pp. 459 - 484.

② 参见王缉思《美国政治变革与这场金融危机》，《国际经济评论》2009 年第 3 期，第 11—12 页。

③ Edward N. Wolff, "Recent Trends in Household Wealth in the United States: Rising Debt and the Middle - Class Squeeze - an Update to 2007," *The Distribution of Income and Wealth*, March 2010, available at http: //www. levyinstitute. org/files/download. php? file = wp_589. pdf&pubid = 1235.

基于民族国家的公民权、对经济进行规制的机构例如央行和货币政策……这些基本制度安排都难于有效地发挥其原有作用，甚至被迫产生转型。[①] 也就是说，政府的基本治理行为和现代国家的责任机制已经被重构，当下全球社会经济秩序更多体现为全球性资本主义和现代国家制度之间的较量。

美国国内政治机制受资本力量和自身制度设计的掣肘难于推动全面的改革以实现对机会平等的保护，使政治民主和经济自由二者事实上形成了冲突。这种改革所面临的困难主要体现为如下三个方面。

首先，美国社会已经变成一个极度不平等的社会，社会机会基本成为寡头政治的特权。特别是2010年美国最高法院判决取消《联邦竞选财务法》,[②] 被批评为使美国政治陷入困境之中，不可靠和无法追溯来源的政治捐金将控制美国的选举,[③] 埋葬美国代议制民主的完整性，对美国各州和联邦政府的选举产生消极影响。[④] 美国社会和政治的现实表明，政治和经济寡头们对政策制定者的实际影响力已经远远超过中产阶级，美国的各政治机构对商业利益和富人利益的回应性也远高于对普通民众利益主张的回应性,[⑤] 这使得美国政府缺乏足够动力进行改革以推动机会平等。

其次，美国复杂的立法和司法程序对总统权限有着各种限制，并且，

---

① Saskia Sassen, *Losing Control?: Sovereignty in an Age of Globalization* (New York: Columbia University Press, 1996), pp. xi - xii.

② 2010年1月21日，美国联邦最高法院做出重大判决，以五票赞成、四票反对，取消已实行63年的《竞选财务法》，即解除对企业和工会在美国政治竞选中提供资金的限制，对公司和工会在初选前30天或大选前60天禁止播放竞选广告的禁令，也同时取消。Supreme Court of the United States, Citizens United V. Federal Election Commission, Appeal from the United States District Court for the District of Columbia, No. 08 - 205. Argued March 24, 2009—Reargued September 9, 2009—Decided January 21, 2010.

③ Garrett Epps, "Money Changes Everything," *American Prospect*, Vol. 23 Issue 4 (May 1, 2012), pp. 32 - 37.

④ Breanne Gilpatric, "Romoving Corporate Campaign Finance Restrictions in Citizens United v. Federal Election Commission, 130s. CT. 876 (2010)," *Harvard Journal of Law & Public Policy*, Vol. 34, Jan. 1, 2011, pp. 405 - 420.

⑤ J. A. Winters & B. I. Page, "Oligarchy in the United States? " *Perspectives on Politics*, No. 7 (2009), pp. 731 - 751.

美国政治极化的趋势日益明显。[①] 如福山所批评的，否决政治制度使美国政治易于陷入瘫痪。[②] 这种制度性限制和政治极化使美国政府为促进机会平等的各种改革努力面临各种困难和阻力。例如，全民医疗保险制度的制定与通过历程、2012 年联邦最高法院对医疗保险的裁决等充分说明美国保守派政治人物和部分美国民众对社会福利制度的排斥。[③] 奥巴马在 2012 年的选举中曾表示，其连任后的首要任务是改革美国现有的金融体制；但连任后，为解决国会的两党政治僵局下的“财政悬崖”危机，奥巴马又表示自己“对作出妥协持开放态度”。实际上，自 2008 年当选总统以来，为了实现自己的内政改革目标，奥巴马一直处于谈判、妥协和政策调整的艰难过程之中。[④]

最后，美国现行福利制度的碎片化、隐匿性和边缘化，使得推动社会政策改革举步维艰，也使得福利制度本身对促进机会平等的作用有限。美国的社会福利制度不是普惠的、统一的和一致的。联邦政府和各州甚至各地政府的不同社会福利制度之间存在重合、缺乏统一的制度设计，而这种多重性进一步增加了美国社会政策的复杂性。此外，大量的社会福利支出以减免税的形式出现，不像社会保障等直接社会支出那样易于让受益者感知。因此，美国社会政策被批评为“损害了政策受益者对其的支持度”。[⑤]

---

① 参阅周琪、王欢《值得关注的美国政治“极化”趋势》，《当代世界》2011 年第 4 期，第 24—27 页。

② Francis Fukuyama, "American Political Dysfunction," *The American Interest*, Vol. 7, No. 2 (November/December 2011), pp. 125 - 127.

③ 2012 年 6 月 28 日，美国联邦最高法院裁定美国总统奥巴马的医疗保险改革大部分条款合乎宪法，最具争议的奥巴马医疗保险改革法案的核心条款——联邦政府有权强制个人购买医疗保险，未投保者将被罚款——被裁定没有违宪，得以保留。

④ Theda Skocpol & Lawrence R. Jacobs, *Reaching for a New Deal: Ambitious Governance, Economic Meltdown, and Polarized Politics in Obama's First Two Years* (New York: Russell Sage Foundation, 2011).

⑤ Suzanne Mettler, "Reconstituting the Submerged State: The Challenge of Social Policy Reform in the Obama Era," *Perspectives on Politics*, Vol. 8, No. 3 (2010), p. 809.

结 语

资本倾向于管理经济危机，而不是解决经济危机。将个人利益的最大化等同于公共利益的最大化，近30多年来，这种新自由主义思想的长期垄断导致美国公共伦理精神的缺失。目前美国所面临的危机，严格意义上不是单纯的资本主义经济危机，而是政治国家能力被资本权力所限制、社会力量对资本霸权进行抵制而形成的多重挑战。在这种多元危机之下，随着失业率居高不下、社会不平等性的加剧和社会流动性下降，美国社会分裂的趋势日趋明显。资本主义全球化特别是金融资本主义全球化发展的时代背景之下，由于受到国际国内各种因素的掣肘，美国政府迄今仍未有效解决上述种种社会矛盾，其政治极化的社会基础因而可能日益固化。尽管目前为止的各种社会冲突和社会运动并未对美国民主政治的合法性与正当性提出根本性质疑，但是如果失业、社会不平等与社会流动性下降等社会问题迟迟难以得到解决，如果政治权力与资本权力的结合使大众社会利益长期遭受剥夺或损害，最终将对美国政府的政治正当性构成挑战。

第五章

美国的人口结构变化与不平等性

魏南枝

平等？什么平等？作为资本主义立国的国家，财产权与政治权力之间的关系是美国二百多年来影响乃至决定政治冲突的发生与走向的主轴，因为对财产权的保护是美国一切制度设计的出发点与归宿。为了追求最高的利润、最低的成本和最少的监管，资本天然地要求自由。然而，自由的内涵并不明确，因为每个人的理解都不同。在凯尔森看来，自由必须是平等的自由否则就不是自由。自由是以尊重他人的自由为前提的，这本身就限制了个人的任意妄为，所以自由并不是没有边界的，这个边界使得人人权利平等成为可能。

权利的平等性不等于经济的平等性，形式意义的平等与实质意义的平等显然存在差异性。孟德斯鸠的"三权分立"制度设计不以权利的平等性作为前提，而是以权力制衡为目标。当提及权利平等，首先是权利所有者应当是公民，区别于以前的奴隶和今天的非法移民，由公民共同构成政治共同体来进行权力分配与制衡。但是，随着普选权的实现，公民不再是有产者的代名词；随着产业空心化与贫富悬殊加大，机会平等不再具有坚实的现实土壤。公民权与机会平等之间的张力在凸显，这就使得如何在一个通过权力分割与权力制衡机制来规制权力，但公民的政治权利又期待实现平等的社会里面，实现制度实践与价值追求的互洽存在困难。美国的人口结构在年龄构成和族群构成两个方面的变化，加剧了上述困难，使财产自由与社会平等之间的矛盾不断激化，正在改变美国的社会结构，也正在影响美国的政治进程。

一 不平等与人口结构转型

据美国人口普查局2015年12月30日公布的人口数据显示，2016年12月1日美国的总人口数将达到325268303人。[①] 2015年3月发布的《当前人口报告：2014年》（下文简称《人口报告》）认为，自2014年到2060年的美国人口变化呈现低生育率、老龄化和种族多样性变化（多数族群变为少数族群）三个要素相结合的特点。[②]

美国人口增长速度将低于过去，从中长期看，约束经济增速的主要威胁来自人口的缓慢增长。由于“土生人口”（native born）出生率持续下降，到2060年将有18.8%的美国人是“外国出生人口”（foreign born）。据《人口报告》预测，在2014年到2060年美国新出生人口的母亲，按照其出生地进行区分，20.3%为“外国出生人口”，79.7%为“土生人口”；此外还需要有6410万新移民进入才能保证美国总人口的基本稳定增长。

这种实际“外国出生人口”比重持续增长的趋势，除了被称为美国经济与社会的“活化剂”，有利于推动美国经济繁荣；其占人口比重变化和构成变化等，将不可避免地给美国本土文化和心理带来冲击，甚至有一些反移民主义者担心，新移民将造成未来美国“在语言和精神上的分裂”[③]，而今天西班牙语日益成为美国的常用语言、拉美裔美国人在大选中的重要性凸显等从某个侧面似乎在佐证这种“分裂”。

随着“婴儿潮”一代进入退休年龄，到2030年20%左右的美国人口将是65周岁以上的老人，这个数字2060年将达到24%，详见表2。

---

① available at http：//www.census.gov/popest/data/national/totals/2015/index.html.

② Sandra L. Colby & Jennifer M. Ortman, “Projections of the Size and Composition of the U.S. Population: 2014 to 2060,” *Current Population Reports*, 2015.

③ Peter Duignan & L. H. Gann, *The Debate in the United States over Immigration*, Stanford, California: Hoover Institution Press, 1998, p. 37.

表 2　　从出生地和年龄结构看美国人口结构变化　　单位：千人

出生地与年龄组	人口数						变化 2014—2060 年	
	2014 年	2020 年	2030 年	2040 年	2050 年	2060 年	数量	比例
总数　所有年龄	**318748**	**334503**	**359402**	**380219**	**398328**	**416795**	**98047**	**30.8**
18 周岁以下	73591	74128	76273	78185	79888	82309	8718	11.8
18—44 周岁	115426	120073	126588	128669	132371	136310	20884	18.1
45—64 周岁	83477	83861	82434	91021	98074	100013	16536	19.8
65 周岁及以上	46255	56447	74107	82344	87996	98164	51909	112.2
本土出生　所有年龄	**276398**	**286611**	**302545**	**315103**	**326030**	**338564**	**62166**	**87.5**
18 周岁以下	71083	71683	73486	75189	76735	79055	7972	8.4
18—44 周岁	95441	99369	105145	106053	108433	111141	15699	22.5
45—64 周岁	69717	67196	62302	68986	74761	75493	5776	14.4
65 周岁及以上	40157	48362	61612	64876	66101	72876	32719	77.3
外国出生　所有年龄	**42350**	**47892**	**56857**	**65116**	**72299**	**78230**	**35881**	**84.7**
18 周岁以下	2508	2445	2787	2996	3153	3254	746	29.8
18—44 周岁	19984	20704	21443	22616	23937	25169	5185	25.9
45—64 周岁	13760	16665	20132	22035	23313	24520	10760	78.2
65 周岁及以上	6098	8079	12495	17469	21895	25288	19190	314.7

资料来源：美国人口普查局：《当前人口报告》，available at http：//www. census. gov/content/dam/Census/library/publications/2015/demo/p25 - 1143. pdf。

从表 2 可以发现，18 周岁以下年龄组占人口总数的比重在持续下降，尽管没有西欧和日本严重，美国将迎来人口老龄化问题，并且这一问题在“外国出生人口”群体中更为突出。无论是从产出要素，还是从需求方面来说，劳动年龄人口数的下降都会对美国经济增长构成消极因素，也不利于增强美国的社会活力。美国人口的种族与人种多样性处于进一步多元进程之中，详见图 5。

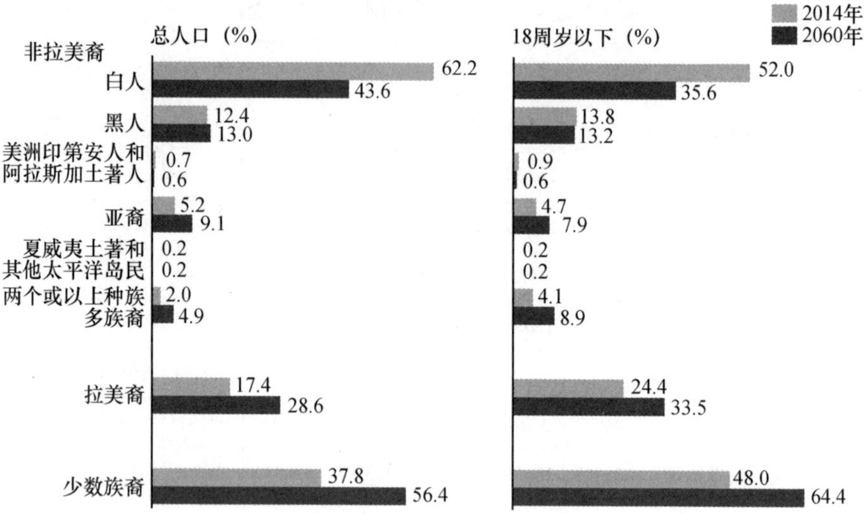

图5 从种族看美国人口结构变化

资料来源：美国人口普查局：《当前人口报告》，available at http：//www. census. gov/content/dam/Census/library/publications/2015/demo/p25 – 1143. pdf。

根据图5显示数据，从单一族群的对比来看，尽管欧洲裔白人目前仍占据美国总人口的半数，但到了2060年其所占人口比重将仅占35.6%。根据《人口报告》预测，欧洲裔白人将于2044年从多数族群变为“主要的少数族群”。此后，欧洲裔白人仍将是最大的单一族群，但美国将处于没有任一族群超过总人口半数的多元人口结构之中。未来人口增长最快的三个族群分别为：多族裔、亚裔和拉美裔，其中拉美裔到2060年将占据美国总人口的四分之一。此外，18周岁以下的人口变化现状及趋势表明，欧洲裔白人在这一年龄组的现有比例（52%）和未来趋势（2060年为35.6%）都很低，也就是说，在这一年龄组，美国的欧洲裔白人孩子已经接近成为“主要的少数族群”。

上述“土生人口”与“外国出生人口”的不同发展趋势、人口老龄化，以及欧洲裔白人主体地位的逐渐丧失等因素彼此融合，导致了美国人口特征的结构性变化，对于一个由欧洲白人首先建立政府，经历持续种族斗争，甚至近两年还爆发种族冲突和激烈的限制移民争论的国家来说，这是一个里程碑式的标志事件。

事实上，美国的人口结构正在经历“从几乎是白色婴儿潮文化到全球化多民族国家的转型”。18 周岁以下年轻一代美国人生于一个“多数变少数”和“少数变多数”互为因果的年代，对于美国的经济、政治生活及其身份认同感都具有广泛的影响。但美国族群之间的贫富悬殊等并未对这种人口结构变化进行有效回应，例如，美国的少数族裔青少年教育存在较为突出的问题，和欧洲裔白人相比，黑人和拉丁裔美国人的教育水平远远落后。

根据《2016 年美国总统经济报告》，2015 年美国创造了 265 万个非农就业岗位，就业市场表现为 1999 年以来最好的年份之一。官方失业率在 2015 年 12 月达到 2008 年经济危机以来的最低点 5% 后，依旧将维持下行态势，预计在 2016 年下滑至 4.7%，2017 年将再下滑 0.2 个百分点，至 4.5%。当下 5% 的失业率标志着美国目前已达到经济学家普遍认为的“充分就业”状态，该失业率比 2009 年金融危机期间的 10% 失业率已经下降了一半。[①] 但是，经济复苏特别是就业官方数据的良好表现并未有效改善美国各族群之间的不平等问题。

美国商业部于 2016 年 9 月公布的《美国收入和贫穷报告：2015 年》（下文简称《收入报告》）显示 2015 年美国实际家庭收入中位数（56516 美元）比 2014 年（53718 美元）增加了 5.2%，是 2007 年以来的首次增长。但是比 2007 年的中位数低 1.6%，更与该中位数的历史最高值，即 1999 年的数据（57843 美元）相比下降了 2.4%。同 2014 年相比，美国各族裔实际家庭收入中位数实现了普遍增长：欧洲裔白人的实际家庭收入中位数（62950 美元）增加了 4.4%，黑人（36898 美元）增加了 4.1%，拉美裔（45148 美元）增加了 6.1%，亚裔虽位列榜首（77166 美元），但没有显著增加。亚裔的上一次年度增长是在 1999 年。尽管美国经济处于复苏之中，但是 CPI 指数从 1970 年的 63.9 上涨至 2015 年的 348.2。如此大幅度的 CPI 指数上涨，意味着货币购买能力下降，人们手中的钱贬值缩水严重。2015 年美国的基尼系数仍高达 0.479，[②] 考虑到通货膨胀等因素，收入看似增长了，实际生活水平却大打折扣。

---

① United States Government Printing Office, *Economic Report of the President 2016*.

② Bernadette D. Proctor& Jessica L. Semega & Melissa A. Kollar, *Income and Poverty in the United States*: *2015*, *Current Population Reports*, September 2016.

2015 年，美国官方贫困率为 13.5%，有 4310 万美国人处于贫困线以下，比 2014 年下降了 1.2%，但比 2007 年的贫困率仍然高出 1%。贫困率地区差异明显，密西西比州（22%）、亚拉巴马州、阿肯色州、肯塔基州等贫困率居高不下，呈现东西两侧海岸线地区整体富裕、内陆和北部地区偏贫穷，金融业和高科技产业地区整体富裕、传统工业区和农业区偏贫穷的格局。[①] 根据美国有线电视新闻网（CNN）2016 年 10 月 13 日的报道，有 66% 的底特律人无法偿付其债务，而在美国 35% 的美国人处于被追债的困境中，这意味着这些债务至少已经逾期了 180 天。[②] 根据非营利组织 World Hunger Education Service（世界饥饿问题教育服务中心）的统计，2014 年，美国有 14% 的家庭（1750 万个家庭）未能解决温饱问题，重要原因在于美国的政治、经济和社会政策让穷者更穷。[③] 美国农业部 2016 年 9 月公布的美国各州 2013—2015 年的家庭食物保障报告（Household Food Security in the United States in 2015）显示，美国全国食物不足（food insecurity）的家庭比例为 13.7%，而食物严重不足（very low food insecurity）的家庭比例为 5.4%。

各族群之间和族群内部获得教育、健康和居住等基本资源的机会不平等性在扩大，美国黑人占全国人口的 12%—13%，但在监狱人口中黑人却占将近 40%；[④] 不同族群之间工作机会的数量和质量差异明显，在相同的教育背景和资历的情况下，不同族群的劳工薪资差距持续扩大，拉美裔和黑人的平均收入显著低于传统白人与亚裔，并且这种差异性还在持续扩大；[⑤] 过去 30 年里，白人家庭的财富增长速度是拉美裔家庭的 1.2 倍左右，是黑人家庭的 3 倍左右。[⑥]

---

① available at http://www.census.gov/newsroom/press-releases/2016/cb16-159.html.

② available at http://money.cnn.com/2016/10/13/pf/detroit-debt/.

③ available at http://www.worldhunger.org/hunger-in-america-2015-united-states-hunger-and-poverty-facts/.

④ available at http://www.theatlantic.com/magazine/archive/2015/10/the-black-family-in-the-age-of-mass-incarceration/403246.

⑤ available at http://www.pewresearch.org/fact-tank/2014/12/12/racial-wealth-gaps-great-recession/.

⑥ Dedrick Asante-Muhammad, Chuck Collins, Josh Hoxie & Emanuel Nieves, *The Ever-Growing Gap: Without Change, African-American and Latino Families Won't Match White Wealth for Centuries*, The Institute for Policy Studies, 2016.

广义上的种族隔离并没有消失，因种族问题导致的集中贫困问题在不断恶化却被主流媒体选择性忽视，政治不正确的种族歧视掩盖了事实上的歧视和社会分化所导致的一系列问题……其结果是2007年爆发的经济大衰退加剧了美国的资源稀缺性和分配不公正性，仅仅依靠“政治正确性”共识已经不足以阻止美国种族冲突再度恶化，这种恶化本质上是阶层矛盾与种族矛盾交替而生的产物。

占美国总人口61.4%的欧洲裔白人的贫困率为9.1%，低于其他族群，但其占总贫困人口的比例为41.2%，有1778万欧洲裔白人处于贫困线以下，这批贫困人口主要是美国传统白人工人阶级，并且主要分布在传统工业区，也就是现在被称为“铁锈带”的俄亥俄州、路易斯安纳州等地。如霍克希尔德所发现的：“路易斯安纳州的工人们辛勤工作，却面临随着年龄增长、收入不断下降的窘境……而且他们越来越被排除在就业市场之外的同时，其他人却在‘插队’：例如女性、黑人、新移民、难民等等。”这些白人工人阶级相信自由市场能够维护辛勤工作良好公民的利益，却发现因为全球分工和自由贸易等，不但大量工作机会被转移到外国了，即使在美国的生产线也希望用机器替代美国工人来降低成本。跨国企业的权势越大，它们所受到的政府和工会的监管就越少，因此企业给予资本和高级管理人员的利益分配就更高，给予工人的工资比重就越低。[①]

亚裔2015年度的贫困率为11.4%，有207万亚裔处于贫困线以下。亚裔的家庭收入中位数是各族群中最高的，但是贫困率却高于欧洲裔白人，说明亚裔内部的贫富悬殊程度高于欧洲裔白人。拉美裔美国人在2015年度的贫困率是21.4%，有1213万拉美裔处于贫困线以下；而黑人在2015年的贫困率为24.1%，有1002万黑人处于贫困线以下。从贫困率进行比较，拉美裔美国人和黑人都远高于欧洲裔白人和亚裔，体现出集中贫困的特点，凸显了种族不平等问题的严重性。

从上述数据分析可知，尽管欧洲裔白人的贫困率是各单一族群中最低的，但其一方面处于族群人口数量下降的趋势之中，另一方面相对于

① Arlie Russell Hochschild, *Strangers in Their Own Land: Anger and Mourning on the American Right*, New Press, 2016, pp. 131 - 141.

最高峰值、其实际家庭收入中位数仍处于下降趋势之中，因而该族群特别是中下阶层对本轮美国经济复苏未能保护其利益的不满情绪增强。拉美裔美国人与黑人的家庭收入水平显著低于亚裔与欧洲裔白人：实际家庭收入中位数不仅最高峰值显著低于后者，而且还远低于所有族群的平均值；并且贫困率高达亚裔与欧洲裔白人的两倍[①]，导致拉美裔美国人与黑人对种族不平等的不满情绪上升。

各族裔内部的阶层差距也在持续扩大，被经济全球化逐渐“拉平”的是各族裔底层民众的就业机会、收入水平与财富状况。[②] 各族裔劳动者被经济全球化力量“平等化”的进程是一个渐进的过程，早在20世纪70年代黑人中下阶层就逐渐被美国就业市场所排斥，到21世纪白人工人阶级才面临这种困境。

因此，尽管一个更加多元化的年轻群体构成了未来美国人口结构的基础，但当前美国社会仍是一个欧洲裔白人主导的社会，不同族群之间的差异性客观存在甚至在某些方面趋于恶化。同时，各族群内部的贫富悬殊不断扩大，阶层矛盾已经难于被族群矛盾所掩盖，而是与族群矛盾纠缠在一起。如美国总统奥巴马在2015年3月7日为纪念“塞尔玛大游行”50周年所进行的演讲所强调的：“50年前的那一场民权大游行还没有结束，美国的种族歧视斗争还没有取得胜利。”与此同时，美国人口结构变化所呈现的低生育率、老龄化和种族多样性等三个特点，也成为美国社会结构转型的基础性原因之一。

二 不平等性与社会结构转型

民权运动的一个基本假设是，减少经济与社会上的不平等将减轻族群

---

① Bernadette D. Proctor& Jessica L. Semega & Melissa A. Kollar, *Income and Poverty in the United States: 2015*, *Current Population Reports*, September 2016, pp. 5 – 13; Lawrence D. Bobo, Camille Z. Charles, Maria Krysan & Alicia D. Simmons, “The Real Record on Racial Attitudes,” in Perter V. Marsden (ed.), *Social Trends in the United States: Findings from the General Social Survey since 1972*, Princeton University Press, 2012.

② Bernadette D. Proctor, Jessica L. Semega & Melissa A. Kollar, *Income and Poverty in the United States: 2015*, Census Bureau of United States, Sept. 2016.

方面的压力。例如，为了促进多样性，美国很多大学在录取时采用平权措施，但是这种措施激发了够资格申请援助的族群和不够资格申请援助的族群之间的不满情绪：根据2012年由独立研究组织芝加哥大学全国民意研究中心（NORC）进行的社会综合调查发现，85%的美国白人反对工作场所的平权行动，60%的人士表示美国白人受到过这种政策的伤害①；另有一些少数族群人士认为，平权行动令他们容易遭受“软性的低期待偏见”。

单靠平权行动无法反转美国二百年来根深蒂固的种族主义。与这种种族不平等、人口老龄化与种族多元化现状相互作用的是，产业空心化导致制造业走弱，金融业等第三产业或高科技产业发达。随着美国的经济结构从以制造业为主向以服务业为主转型，服务业提供的低收入就业岗位增加，传统制造业提供的中产阶级就业岗位减少，美国社会整体性的收入不平等正在不断加剧，使美国社会有从橄榄型经济结构向沙漏型经济结构发展的趋势。尽管奥巴马政府强调要恢复实体经济和加强中产阶级经济，但美国的工业基础已经大大丧失，留下的是老旧的基础设施，被贫困和老无所依所困的工人阶层，雪上加霜的是，大量工厂为了降低成本、使用机器替代人，新技术的发展和所谓实体经济的回归并未给扩大或者保持中产阶级规模提供更多可能。

根据《经济报告》，2015年美国名义工资的上升幅度较高；从消费支出水平看，受低油价、低利率等利好刺激，2015年美国人的消费支出增幅2.6%，反过来促进了实际工资的增长。同期，美国楼市也稳步复苏，9%的投资增幅创下自2007年来的最佳水平，不仅是2014年5.1%的投资增幅的近2倍，也远高于2015全年1.8%的GDP增速。并且，该报告预测美国经济将在2016年与2017年实现2.7%和2.5%的增速。各种官方经济数据的整体向好为何无法改变美国中产阶级趋于萎缩、社会结构发生转型的趋势呢?

越繁华越贫穷背后的直接原因在于美国中下阶层实际收入和购买力的萎缩。不断依赖金融和房地产增长导致了城市发展失衡和原住民被贫困化，购买力下降恶化了这一状况。大量外部资本涌入带来的城市改造

---

① Lawrence D. Bobo, Camille Z. Charles, Maria Krysan & Alicia D. Simmons, “The Real Record on Racial Attitudes,” in Perter V. Marsden (ed.), *Social Trends in the United States: Findings from the General Social Survey since 1972* (Princeton University Press, 2012).

升级造成住宿成本提高，经济萧条导致的失业和收入减少，人口从市区向郊区迁移、经济萧条、房地产市场的崩塌和经济转型，以及郊区移民数量的增加等都是贫穷现象扩大的原因。此外，由于资本追求低成本高利润的逐利天性，大小企业更愿意雇佣廉价移民，因为移民更容易接受低廉的收入而且更易控制和管理。争夺本就大幅减少的工作岗位使得不断涌入的新移民和土生美国人之间的关系日益紧张，具体表现为种族冲突加剧，并且因土生美国人贫困问题的恶化而持续升级。

前白宫经济顾问委员会主席福尔曼（Jason Furman）针对美国劳动力市场所存在的问题从三个方面进行了分析，即劳动参与率、不平等与流动性。美国 2015 年第四季度的劳动参与率比 2007 年第四季度下降了 3.4%，其中有人口老龄化等技术因素，但更重要的是结构性失业等因素所带来的劳动力市场排斥性增强。根据美国劳工统计局的调查结果，2016 年 10 月美国劳动参与率为 62.9%，也就是有将近四成的劳动力人口被排除在就业市场之外，不被纳入失业率统计基数，仍然处于 1978 年以来的最低水平。[①] 图 6 从不同性别劳动参与率来进行分析。

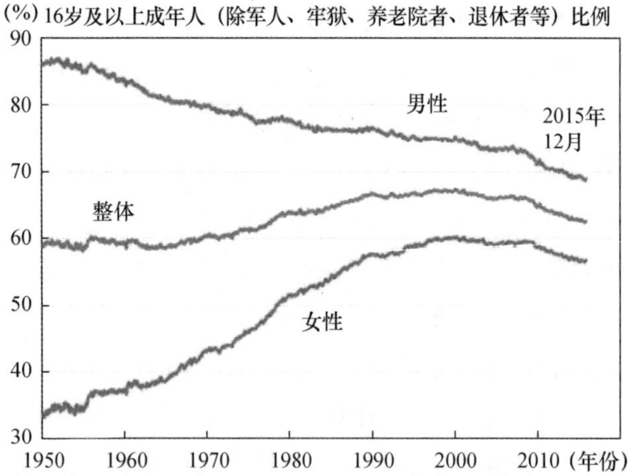

图 6　不同性别的劳动参与率

资料来源：前白宫经济顾问委员会主席福尔曼：《美国劳动力市场的三重挑战》，Jason Furman, *Three Challenges in the U. S. Labor Market: Participation, Inequality, and Fluidity*, Jan. 2016。

① available at http://data.bls.gov/timeseries/LNS11300000.

图6表现出不同性别劳动参与率的发展趋势，早在20世纪50年代美国男性的劳动参与率就呈下降趋势，而女性则到20世纪90年代趋于下降，但女性劳动参与率始终低于男性。也就是说，除了正常的经济周期因素，更主要的是经济衰退给美国的劳动力市场形成了致命打击，导致其发生了结构性变化，对被劳动力市场所排斥的相当比例的劳动力人口而言，失业（或被排斥）不再是周期性的，而是结构性的。从1990年至2016年，美国非农业就业岗位增加了30%，其中增加比例最高的是以服务为导向、以知识为基础的行业，比如教育、健康和社会服务业的就业率分别增加了105%和99%。但是公共设施服务和制造业的就业岗位分别减少了25%和30%。劳动力市场的结构性变化淘汰了大量学历低、靠体力劳动维持生计的工人。并且，与OECD的其他国家相比，美国的劳动力市场具有高度的灵活性，但美国对劳动力市场所提供的制度性支持相对较差，例如托儿服务、返税、病假等，因而对劳动力的保护程度很低。[①]

不平等问题是福尔曼的分析报告与《经济报告》的共同关注点，后者将美国当前的不平等问题区分为收入不平等、财富不平等和机会不平等这三个既相互区别又互相影响的不平等现象，并从竞争性因素和"经济租值"（economic rent）因素两个方面分析造成不平等现象恶化的原因。

根据"世界顶级收入数据库"的统计数据分析，美国收入顶端1%人群占总收入的比重在20世纪70年代和其他G7国家差不多；但是自1987年开始该比重迅速增长，由1970年的8%上升到了2015年的18.39%，包括资本收益的收入占总收入的比重更是高达22.03%。此外，收入顶端1%人群所得到的包括资本收益的平均收入为136.3977万美元，而收入顶端0.01%人群所得到的包括资本收益的平均收入高达3161.6431万美元。[②] 对比2015年美国公布的联邦贫困线标准为2个人的家庭收入须在

---

① Jason Furman, *Three Challenges in the U.S. Labor Market: Participation, Inequality, and Fluidity*, Jan. 2016.

② World Top Incomes Database, available at http://www.wid.world/#Country: 23Kim Parker, Lee Rainie, Rakesh Kochhar & Molly Rohal, *The State of American Jobs*, Pew Research Center, Oct. 2016, p. 8.

15391 美元以下，可见美国在收入层面的贫富差距已经非常巨大。此外，劳动收入占总收入的比重自 2000 年起显著下滑，也就是说，当前资本收益率远高于劳动收益率，这就进一步恶化了财富层面的不平等性。

收入分配的不平等必然导致作为收入积累的财富分布具有不平等性，图 7 说明了这种财富不平等性的加剧。

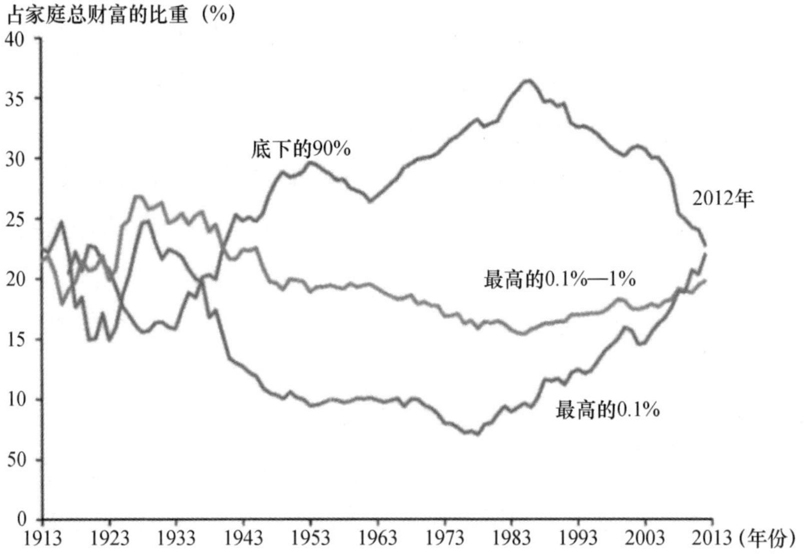

图 7　家庭财富分配（1913—2013 年）

资料来源：伊曼纽尔·赛斯和加布里埃尔·祖克曼：《自 1913 年以来的美国财富不平等性》，Emmanuel Saez & Gabriel Zucman, "Wealth Inequality in the United States since 1913: Evidence from Capitalized Income Tax Data," *NBER Working Paper* 20625, 2014。

根据图 7 所示数据，收入不平等在财富分配方面体现出"雪球效应"：大部分收入被最高收入群体所赚取，这些人将收入所得进行投资或储蓄继而获得更大的资本收益，反过来进一步加剧财富集中。

美国目前不断恶化的收入不平等和财富不平等共同造成了第三种不平等现象的加剧——机会不平等。大量美国人，特别是拉美裔和黑人等，由于其所处环境而束缚了其创造力和劳动参与能力：例如美国的教育存在诸多不平等，父母的社会经济地位对子女获得成功的机会具有很大影响；又如美国的司法和执法领域存在严重的种族歧视，1984 年美国各州和联邦的囚犯主要是白人，而到了 2014 年 65% 的被宣判的囚犯都是少数族裔，以罚款、保释等形式为代表的财产性处罚更使得所在家庭的社会经济地位对其接受何种刑罚方式具有关键性意义；再如妇女在劳动力市场遭遇就业、工资等种种歧视。

按照“边际生产力理论”，高收入者往往与更高的生产力、对社会有更大贡献联系在一起，一定程度的贫富悬殊能够促进对资源的高效利用和提高整体社会生活水平。但是，如果这种贫富悬殊与个人的努力无关，而是植根于机会不平等性，这就对经济增长和社会公平都造成损害。①

机会不公平性的增强与社会流动性降低是密切相关的，具体表现为工人在劳动力市场的流动性自 20 世纪 90 年代以来趋于下降：在更换雇主、变更职位和行业等方面的频率和能力都在萎缩；1985 年以来，新企业进入率整体趋向萎缩；工作跳槽所能获得的受益幅度在下降；职业注册率在上升，导致需注册职位的人员跨州流动性受到制度性阻碍……上述现象表明，劳动力市场所能够提供的流动性下降导致通过个人努力工作改变命运的概率下降，也就是机会不公平性在增强。②

造成上述种种不平等和固化的原因主要有如下两个：第一，传统的竞争理论，即根据个人的竞争力或技能价值差异性而在竞争性市场经济下形成的不平等，这种不平等有利于促进竞争，今天这一理论正在受到技术发展、产业空心化导致的“工作机会的极化”以及全球化等多种因素的冲击；第二，近期越来越凸显的“经济租值”因素，“经济租值”是一种非生产性收入，反映的是非充分竞争市场中垄断性支配地位的价值，体现了利润与生产环节之间新的脱节现象，而工人的工会参与率和最低工资标准的下降等都使得工人的集体谈判能力在下降，反过来增强了企业的市场势力，其所诱发的各种“寻租行为”对整体经济发展产生负面影响。

企业利润越来越多地反映企业的市场势力而不是其生产能力，利润提高反映的是租金而不是投资回报，也就是说，“经济租值”的上涨可以同时抑制工资增长和可见的投资回报。由于劳动力在国民收入中分得的

---

① United States Government Printing Office, *Economic Report of the President 2016*, pp. 22 – 41.

② Jason Furman, *Three Challenges in the U. S. Labor Market: Participation, Inequality, and Fluidity*, Jan. 2016.

份额不断变小，家庭收入受到抑制并进而抑制了家庭开支，与此同时，虽然企业利润高涨，但因为有“经济租值”带来高额利润而缺乏投资的动力，这就会使市场支配地位的价值不断膨胀，而需求长期受到抑制。

所以，根据官方数据显示，尽管美国人的可支配收入在上升，但因“经济租值”而产生的不劳而获现象不仅使美国经济复苏的可持续性面临挑战，还严重损害了美国长期信奉的机会平等原则；不仅导致美国中产阶级的安全感下降，而且实际上已经致使中产阶级的规模趋于萎缩。

美国联邦储备系统在 2014 年 9—10 月发布了一系列有关美国收入差距的公告和文章。其数据显示，2010—2013 年，美国人的平均收入上升了 4%，但是实际家庭收入中位值下降了 5%，也就是相当部分美国人的收入被平均了。为什么会出现这个情况？《2013 年度美国消费者金融调查报告》认为在 2010—2013 年，收入最底层的美国人的实际收入在持续下降，处于 40%—90% 的美国中产阶层的收入上涨幅度微乎其微，而只有最上层的 10% 的美国家庭的收入迅速上升——也就是说，收入底层的 90% 美国人的收入有所下降，越是低收入阶层下降得越厉害；与此同时，顶层 10% 的人群收入有所增长。图 8 对此进行了解释。

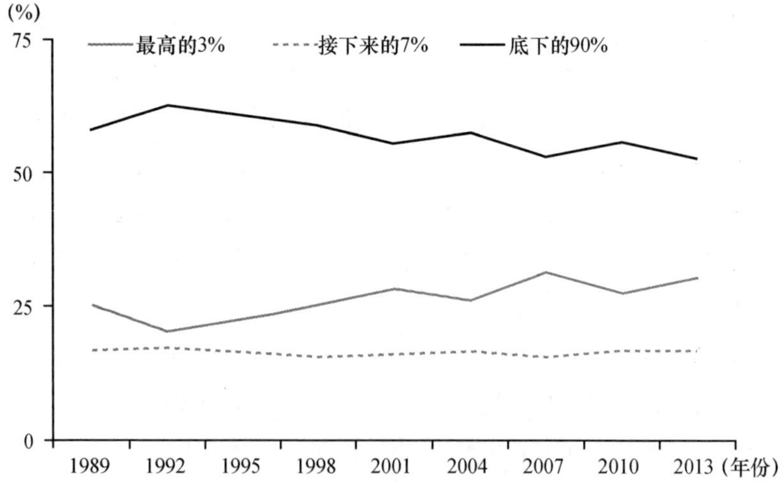

图 8　美国 1989—2013 年不同阶层的收入状况变化

资料来源：美联储：《2010—2013 年美国家庭财政变化》，Federal Reserve Bulletin，*Changes in U. S. Family Finances from 2010 to 2013*。

与此相比，图9所显示的数据表明，美国财富分配比收入分配更为不平等。

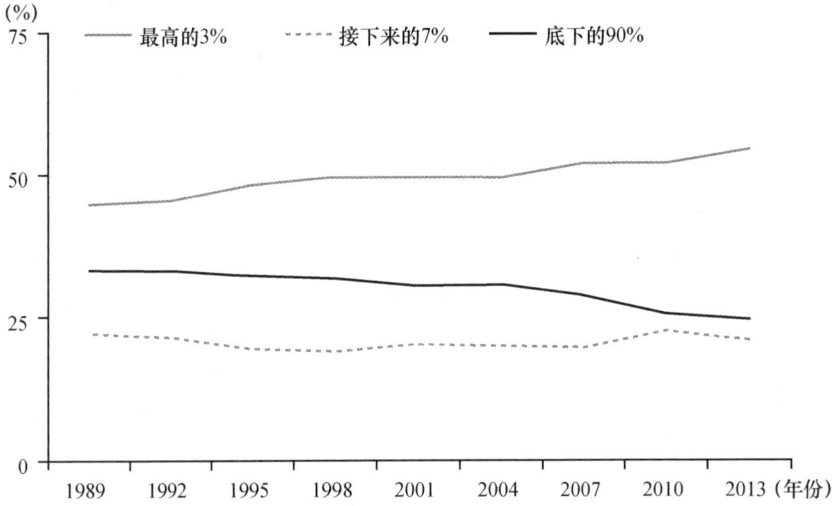

图9　美国1989—2013年不同阶层的财富分配状况变化

资料来源：美联储：《2010—2013年美国家庭财政变化》，Federal Reserve Bulletin，*Changes in U. S. Family Finances from 2010 to 2013*。

图9数据表明，只有财富顶层的前3%的人群保持财富增长，接下来的97%的人群财富都在缩水，其中财富底层的90%的人群自2004年以来一直呈财富缩水态势，财富顶层3%—10%的人群自2010年以来呈财富缩水态势。最富有的3%的美国人所拥有的财富在2010年占据财富总量的61%，而到2013年已经攀升到63%。奥巴马总统通过强制提高最富有阶层的税率，维持收入差距不至于大幅恶化，但并未在根本上改变收入差距和财富分配差距持续恶化的趋势。

从家庭数量分析，美国中产阶级家庭的比重已经从1971年的61%萎缩为2015年的略低于50%，已经不再占据社会经济结构的主体；低层阶级家庭比重从25%上升到29%，而上层阶级家庭比重从14%上升到21%。从家庭总收入分析，上层阶级家庭收入所占比重从1970年的29%猛增至2014年的49%，中产阶级家庭收入所占比重由1970年的62%下降到 2014 年的 43%；而低层阶级家庭收入所占比重虽然比 1970 年的 9% 仅下降 1 个百分点，但结合其数量规模上升了 4 个百分点进行对比分析，低层阶级家庭的平均收入比重低于 1970 年的同期水平。[①] 中产阶级空心化所体现出来的不平等现象加剧，既摧毁了人们对于实现任何合理程度的机会均等的希望，受到富有阶层和贫困阶层两者挤压的美国中产阶级的不安全感增加；也加剧了权力上的不平等，进而使大范围的特权特别是税收政策方面的特权得以保留。

扣除通货膨胀因素的家庭收入中位数仍然低于 40 年前的水平，而占据顶层的美国人的财富和收入在不断膨胀。看上去乐观的美国经济和就业数字背后，是不断扩大的贫富差距、族群间经济社会地位的差距、高比例贫困人口的状况未得到有效改善……大部分美国人并未感受到经济复苏给他们带来了经济收入和生活水平的实际提高。相反，官方数字和选民期待之间的差异，社会下行流动性和社会脆弱性、不安全感成为 90% 的美国人所面临的共同问题，社会幸福感的降低远远超出了常规 GDP 标准所体现的程度。这种社会结构的变化与不平等性加剧二者相结合，给美国政治的正当性带来威胁，具体体现在 2016 年美国总统大选中，则是与两党政治极化这个老现象相提并论的新现象——非建制派对建制派所形成的有效挑战，并最终促使特朗普赢得了 2016 年美国总统大选。

三 人口、社会转型与 2016 年总统大选

根据皮尤研究中心 2015 年 9 月对美国登记选民抽样调查显示，选民们对 2016 年美国总统大选最关心的议题集中于经济与民生领域，具体如图 10 所示。

---

① Rakesh Kochhar, Richard Fry & Molly Rohal, *The American Middle Class is Losing Ground*, available at http://www.pewsocialtrends.org/files/2015/12/2015－12－09_middle－class_FINAL－report.pdf.

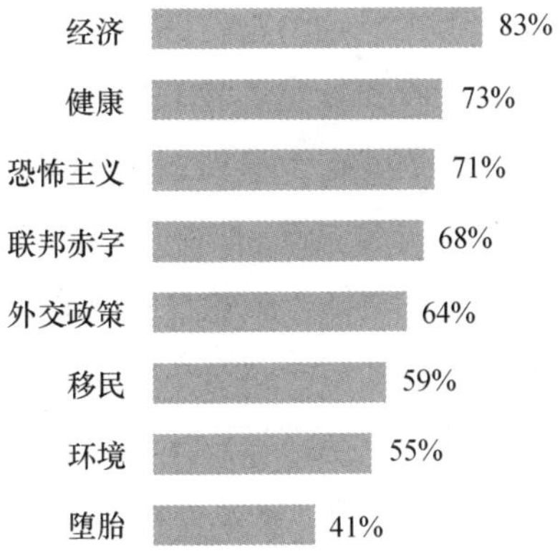

图 10　美国选民认为的重要选举议题

资料来源：皮尤研究中心：《形成鲜明对比的 2016 年总统大选中的党派视角》，available at http：//www. people - press. org/2015/10/02/contrasting - partisan - perspectives - on - campaign - 2016/。

根据图 10，有 83% 的受访者认为经济问题对于他们的投票选择很重要，73% 的受访者认为健康问题很重要，这两项居于各选项的最高位置。其他六个选项中，移民、环境和堕胎等都和经济民生领域有着紧密联系，对经济民生问题的关注显然表明在不平等性日益恶化的今天，追求物质平等是美国公众最重要的关注点。

少数族裔将占人口的大部分以及美国社会将逐步进入老龄化，这种美国人口结构变化将对美国现由欧洲裔白人主导的政治、经济和社会秩序构成深远影响：少数族裔有在政治、经济和社会生活中提升其话语权和影响力的客观需要，但现实生活中存在少数族裔选举权的扩大与其在社会治理体系中的弱势地位之间的矛盾，经济方面表现在族群之间贫富差距进一步扩大、社会地位之间的差距更大，社会层面由于各族群居住和就业等的相对集中导致社会更加碎片化、社会流动性降低。因此，一方面少数族裔的快速增长在挑战美国主流文化，另一方面种族结构的变化导致族群分裂日益加剧，盎格鲁—新教文化的主体地位受到挑战，反过来使欧洲裔白人的安全感和由其构建的美国民族认同感下降。

富人和既得利益阶层需要固化甚至扩大其利益。中产阶级是构成美国民主制度的砖石，有利于实现政治稳定和达成政治共识。但今天的美国中产阶级承受着高昂的税收和较重的教育医疗费用负担，该阶层经济社会地位的向下流动趋势导致其在大选议题中更聚焦于经济和健康等问题，其不安全感也容易成为大选中被利用的负面情绪。美国底层阶级进一步向赤贫化发展，有14%的美国人依赖食物救济而生存①，贫困率的居高不下使得贫富悬殊问题日益凸显。尽管起初是周期性的，但最终却成为结构性的劳动参与率的部分下滑，导致未就业者或未充分就业者感觉自己付出努力难于赢得应有的成功，甚至被就业市场所排斥。

因美国人口结构和社会结构两个转型所彰显的种族问题和阶层问题可以看出，个人之间能力差异是客观存在的，如果仅仅用能力差异作为理由显然不足以解释当前不同族群和不同阶层之间日益扩大化的贫富悬殊，特别是在市场不能提供充分的就业岗位之时，应当由社会而非个人来承担责任。因此，需要美国政府采取措施缓解因市场失灵造成的不平等性。

新自由主义在美国占据霸权地位以来，由于资本力量不受节制的急剧扩张，不仅美国的国家能力受到资本权力膨胀的伤害，民众的民主权利也受到其伤害。社会分裂当然需要有强大政府且其具有强意愿和强能力去进行弥合，但是，在资本力量一家独大的今天，美国的政治力量对社会分裂的弥合能力下降，社会力量通过民主政治对资本力量进行限制的能力也在下降。

美国政治精英的两党极化导致主流社会越来越因为意识形态的鸿沟而忽视国家的整体利益。美国面临着社会不平等、种族冲突、性别歧视等一系列问题，但府院间与国会内两党并没有为了真正解决问题而相互妥协，因此，党派纷争、政府决策失灵、金钱政治等令公众担心进而产生不满。

美国皮尤研究中心的民意调查显示，美国公众中一直或总是对联邦政府有信心的比例仅占19%，这是过去半个世纪以来最低的；而认为联邦政府正在有效运行的比例仅占20%，77%的受访者认为选举出来的官员将自身利益置于国家利益之上，甚至有55%的受访者认为，对于解决

---

① 中华人民共和国国务院新闻办公室：《2014年美国的人权纪录》，2015年6月。

全国性的问题，“普通美国人”会比选举出来的官员的表现更好。[①] 由于这种对美国政治治理现状的普遍性不满，自 1964 年至 2012 年除了 65 岁及以上的年龄组投票率有所提升，其他三个年龄组的投票率整体走低，具体如图 11 所示。

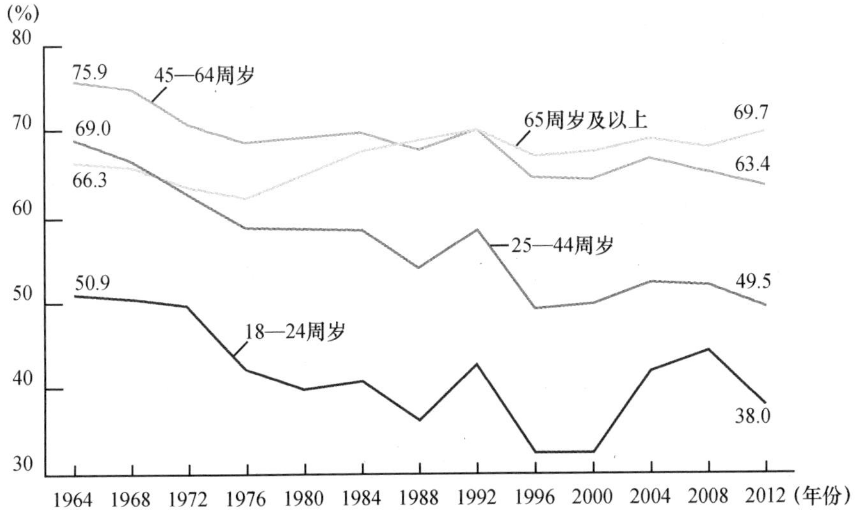

图 11　美国各年龄段总统竞选投票比例变化（1964—2012 年）

资料来源：美国人口普查局：《关于青年人总统竞选投票的分析报告：1964—2012 年》，available at https：//www. census. gov/prod/2014pubs/p20 – 573. pdf。

针对 2016 年美国总统大选，美国公众的另一种不满情绪来源是，即使两党选民共同认为亟待解决的问题，也因为参选人“恪守”各自阵营的政治正确性而并未提出双方可以达成妥协的方案或建议。例如，尽管在 6000 名受访者中，有 85% 的共和党人和 80% 的民主党人都认为联邦政府应当解决移民问题，但是两党参选人对于移民政策有着显著不同的态度而导致几乎不能达成共识。此外，如图 12 所示，不同党派阵营的选民们对政府的评价不尽一致。

① Carroll Doherty，Jocelyn Kiley，Alec Tyson & Bridget Jameson，*Beyond Distrust*：*How Americans Vie Their Government*，available at http：//www. people – press. org/files/2015/11/11 – 23 – 2015 – Governance – release. pdf.

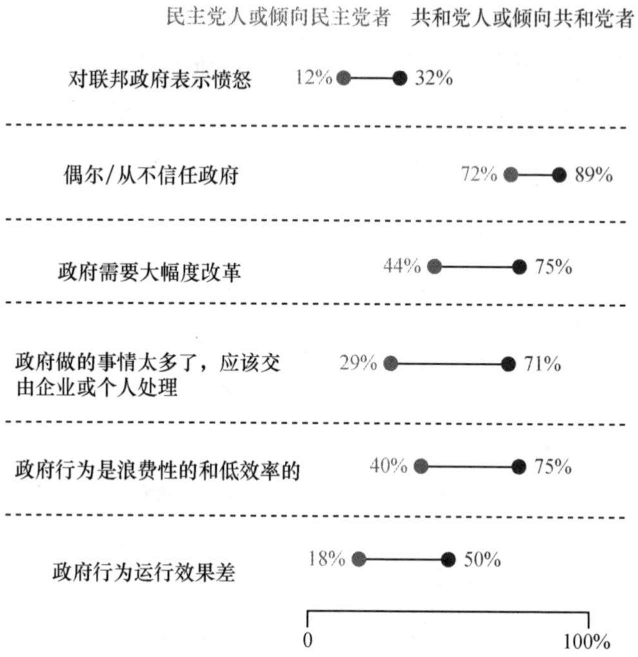

图 12 美国公众对政府评价的党派差异

资料来源：皮尤研究中心：《不仅是不信任：美国人如何评价其政府》，available at http：//www. people－press. org/files/2015/11/11－23－2015－Governance－release. pdf。

图 12 显示了因党派差异而形成的对政府的不同评价，美国共和党人或倾向共和党者对联邦政府的不满远高于民主党人或倾向民主党者。诚然，共和党人对政府的信任度因入主白宫者是否属于共和党而有很大差异，但民主党人的态度并不因此而发生很大变化；但是，分属两党的大部分受访者都认为，他们这一方在当前的政治中是输家而非赢者，其中尤以共和党为甚。[①] 这种“输者心态”导致了美国普通民众对主流政治精英的不满，因而在 2016 年美国总统大选中出现了近几十年来较为罕见的情况——政治新秀挑战老牌精英、草根群体挑战上层领袖，非建制派的参选人比建制派参选人更受欢迎——有说法认为，“如果你反对华盛顿，就请投票给特朗普；如果你反对华尔街，就请投票给桑德斯”，就是这种

① Hannah Fingerhut, *In Politics*, *Most Americans Feel They're on the Losing Side*, available at http：//www. pewresearch. org/fact－tank/2015/11/25/winners－and－losers－in－politics/.

现象背后的美国公众对政治不满心理的写照。

对于2016年美国总统大选参选人的选择偏好，美国共和党选民更重视“新思想”而不是“经验”，这种倾向有利于特朗普赢得党内选举；民主党选民则在二者间没有明显倾向性，所以希拉里险胜桑德斯赢得党内选举。并且，不平等、多元化因素导致两党选民内部形成意识形态差异，这种内部分歧在共和党更为突出，例如，针对如何解决贫困和收入不平等问题等，90%的民主党人认为要解决这些问题需要政府积极作为，而61%的温和或自由共和党人认为政府可以在这些领域有所作为，55%的保守共和党人不希望政府介入这些问题。[①] 这些差异都直接导致两党党内竞选有非建制派挑战建制派的共同表象，但这种挑战力度因党派而有所区别。并且，不仅有传统意义上的保守派与自由派之争，还掺杂着左、右翼平民论派的彼此仇视以及共同反对当权者的声音等。

由于民主党选民对于新面孔没有明显倾向性，尽管桑德斯对希拉里构成重大挑战，但希拉里仍取得了民主党总统候选人提名。然而，桑德斯的崛起迫使希拉里明显向左转，更倾向于劳联—产联等左翼草根利益群体，也对奥巴马主导的跨太平洋伙伴关系协议（TPP）表示不认可。并且，支持桑德斯的民主党人因为有反对建制派的诉求，所以成了特朗普的潜在支持者。这种可能性，促使特朗普在大选之前公布入主白宫百日蓝图，或者以他自己的话说，与美国人民的契约，并指责“这么一个腐败不堪的政治系统，它的存在只为一个原因，以便建制派和利益集团维护自己的特权……”以赢得这部分选民的支持。

美国共和党的党内选举情况所体现的非建制派受欢迎程度远超过民主党：虽然以共和党参选人身份出现，特朗普依靠挑战多元文化主张、挑战政治正确原则等，例如在边境管控、移民遣返、侵犯美国人就业的贸易协议、性别歧视等问题上采取“非主流”立场，对两党参选人都进行批评，赢得了对当前美国政治生态不满的普通民众，特别是年轻人和白人中下阶层的支持。

---

① Juliana Menasce Horowitz, “Inequality, Poverty Divide Republicans More than Democrats,” available at: http: //www. pewresearch. org/fact - tank/2014/01/29/inequality - poverty - divide - republicans - more - than - democrats/.

无论将特朗普视为美国人发泄现实不满的道具，或者警示美国政治亟须变革；还是将其视为美国民粹主义凸显的标志，或者是美国传统政治、主流政治家与美国普通民众思维方式之间存在裂痕的证明——所谓美国政治的严肃性和正确性，也就是主流社会的精神主导地位正在面临新的危机，由美国主流社会所把控的政治正确性边界趋于模糊。

值得注意的是，特朗普所举起的大旗，绝非领导“大众”推翻“精英统治”，而是持传统美国价值观的部分美国“精英”们利用“众怒”、对吃相过于难看的跨国资本霸权的宣战，根本意义上还是一部分精英对另一部分精英的挑战。特朗普选择在葛底斯堡这个极具历史意义的地点，结合罗斯福新政来炒作他的百日计划，毫不隐讳地用“林肯总统在任时的美国，也曾处于极度分裂状态。如今，我们的国家已是四分五裂，我希望我们能借鉴前人的经验，解决我们现在的分裂问题”开始其演讲，用“国难当头”来渲染这种悲情，就是要用美国的民族主义来否定跨国资本霸权与美国政治权力捆绑所具有的绝对政治正确性，来唤起“WASP”们（白人、盎格鲁·撒克逊、新教徒）以及有反建制派情绪的美国人用选票来支持他。

结语

美国诺贝尔经济学家获得者福格尔分析：“所有的冲突和危机都是意味着对稀缺资源的争夺。如何分配社会稀缺资源反映在伦理判断上就成为了平等与不平等的问题。”① 美国经济复苏并未有效解决或者缓解由于美国人口结构和社会结构转型所带来的各种冲突或挑战，既然“一人一票”等建制内政治参与方式事实上已经沦为形式，有效政治参与客观上已经成为稀缺资源，那么就会产生政治参与的不平等感。这种政治参与的不平等感是各种政治冲突和危机的来源，在今天美国总统大选中则体现为普通民众对非建制派参选人的支持或欢迎。

---

① ［德］罗伯特·福格尔：《第四次大觉醒及平等主义的未来》，首都经济贸易大学出版社2003年版。

回顾美国政治史，曾经多次出现所谓“圈外人挑战圈内人”“新人挑战主流势力”“新人来改变美国的政治格局而且获得成功，有时候是巨大的成功”的例子，也因此改变了美国政治曾经面临的种种危机。在美国前总统卡特认为美国已经“不过是个寡头国家”的今天，如何突破资本全球化时代的收益分配不公和经济精英垄断政权，如何在选举之外赋予平民以额外的制度支持以平衡富人的力量，如何有效应对美国人口与社会的结构转型，是2016年美国总统大选种种新老现象背后的深层次问题，也决定着美国平等主义这一美利坚“民族原则”的未来。

第六章

工作福利制度与个人责任原则

魏南枝

美国革命被视为启蒙运动的理性主义的实践，而18世纪的大觉醒运动确立了建立“山巅之城”的理想。两种思想运动都强调“理性”与“虔诚”，把个人置于判断、行动和意义的中心，也因此奠定了个人责任原则的基础。个人责任原则一方面动摇了世俗与宗教权威的根基，有利于美国独立，也形成了限制公权力的政治传统文化；另一方面，构成了个人与社会之间的紧张关系，特别是自美国的地理、经济和社会环境不足以缓和这种紧张关系的时候，就会激化各种政治和社会矛盾。[①] 因此，美国自19世纪末开始逐步建立起其社会福利制度。

尽管美国通常被归类为自由主义福利国家[②]，甚至被认为具有太强的资本主义性质而严格意义上不属于福利国家[③]；但美国拥有一个庞大、复杂、高度碎片化的社会福利制度体系，包括政府公共支出、免税补贴和私人部门的社会支出等多种形式[④]，是剩余性福利模式（residual

① 孙有中：《殊途同归：“启蒙”与“大觉醒”》，《美国研究》1997年第4期，第109—131页。

② Gosta Esping－Andersen, *The Three Worlds of Welfare Capitalism*（Cambridge: Polity Press, 1990）.

③ Franz－Xaver Kaufmann, “Variations of the Welfare State. Great Britain, Sweden, France and Germany between Capitalism and Socialism,” *German Social Policy*（ed. by Lutz Leisering, Vol. 5）（Berlin Heidelberg: Springer, 2013）.

④ Christopher Howard, *The Welfare State Nobody Knows: Debunking Myths about U. S. Social Policy*（Princeton: Princeton University Press, 2007）, pp. 20－26.

welfare)[①] 和制度性福利模式（institutional welfare)[②] 的混合，而前者的比重在过去30多年来不断上升。

美国的福利制度涵盖范围很广，随着社会风险不断变化和新社会风险的出现而不断调整。失业和养老既是“传统”社会风险，迄今也仍是最重要的社会风险之一。以市场提供福利的基本理念和个人责任原则的结合，使就业成为决定美国人养老福利保障内容与水平的关键性因素。就业与失业的区别形成“局内人—局外人”的二元就业市场结构，与此相应的是“局内人—局外人”的二元工作福利制度结构的形成与发展。本章对美国自2008年以来的就业市场情况、养老和失业两大福利制度的基本情况进行概括性的介绍与分析，以此对美国个人责任原则所面临的困境进行分析。

一　美国的就业与社会福利支出

奥巴马2016年10月在《经济学人》所发表的文章中提到：“1953年，25—54岁的男性中只有3%找不到工作。如今，这一比例是12%。1999年，23%的青壮年女性处于失业状态。现在，这一比例是26%。”[③] 国家与市场二者在分配制度中的关系决定了一国社会福利制度的性质。没有工作机会就等于丧失了劳动权利，美国是一个工作福利社会，被剥夺了劳动权利就丧失了个人通过奋斗实现物质丰富和社会价值的唯一途径。大批量失业带来的恶果就是社会贫穷，而社会贫穷直接体现在温饱问题上。2008年以来美国失业率急剧上升，2015年开始失业率不断降低，但劳动参与率持续走低，就业市场状况尚未得到根本性好转，使得公共社会福利支出持续增长。

---

① 剩余性福利是指在个人、家庭和其他自愿性力量等不足以解决社会风险的情况下，由政府提供的援助性福利，一般伴有严格的家计调查（means - test）要求。

② 制度性福利是指政府为所有公民（某些国家包括经常性居住者）提供的具有全民性和普惠性的福利。

③ Barack Obama, “The Way Ahead,” *The Economist*, Oct. 8, 2016, available at http://www.economist.com/news/briefing/21708216 - americas - president - writes - us - about - four - crucial - areas - unfinished - business - economic.

（一）2015 年美国就业市场状况

在美国，所有 16 岁以及以上有劳动能力和劳动意愿并在过去四周内积极寻求工作却不成功的人被界定为失业人口。美国的失业率是指失业人口占劳动力的人口之比。图 13 显示 1990—2015 年美国官方失业率的变化情况。

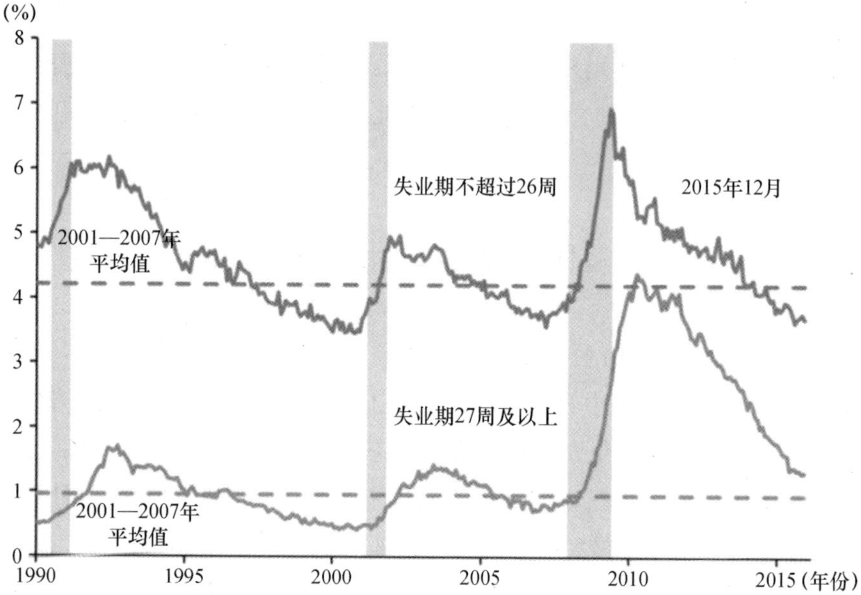

图 13 美国官方失业率（1990—2015 年）

资料来源：United States Government Printing Office, *Economic Report of the President 2016*。

图 13 数据表明，2008 年金融危机爆发后，美国长期还是短期失业率都呈直线上升趋势，在 2010—2012 年呈波动状，而自 2012 年起呈整体下滑趋势，特别是短期失业率已接近 2008 年，而长期失业率仍远高于 2008 年前。2015 年美国全年平均失业率为 5.3%①，截止到 12 月总失业人数约为 829.6 万，其中失业时间超过 27 周的长期失业者总数约为 208.5 万，

① 美国劳工统计局统计数据，available at http：//www. bls. gov/cps/。

占总失业人数的 26. 3%。[①] 虽然从官方数据来看失业率有所下降，但是，美国的就业人口中有一部分人从就业市场获得的收入不足，成为具有“经济不安全感”人群或“低收入者”。例如，按照 2015 年每小时 7. 25 美元的最低工资标准，一个全职全年工作劳动力的最低工资标准是 15080 美元。2015 年实行的联邦贫困线标准两口之家是 15871 美元，再加上一个孩子的贫困线为 16337 美元，比最低工资标准高 1257 美元。[②]

没有找工作意向的人不会被统计在失业人口中，官方失业率自然下降。因此，更重要的是图 14 所说明的 2004 年以来美国劳动力参与率的变化，体现出受美国就业市场排斥的人口比重变化。

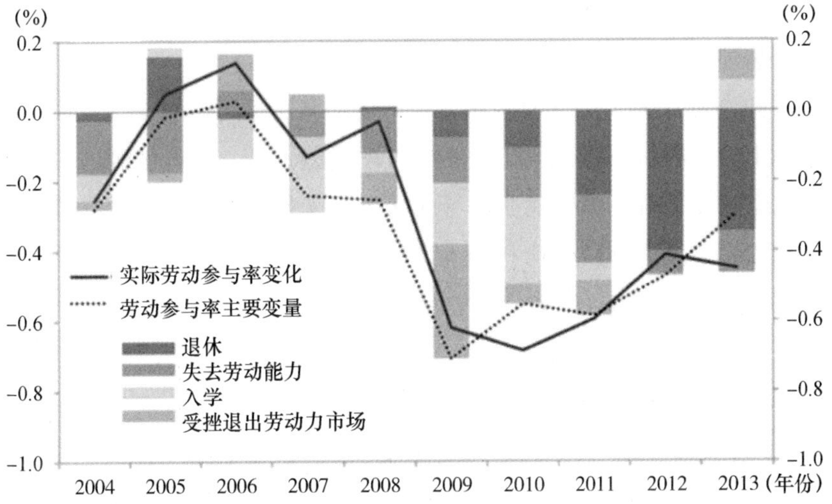

图 14　美国 2004—2013 年劳动参与率

资料来源：美国商务部统计数据，available at http：//www. commerce. gov/。

图 14 数据表明，自 2008 年官方失业率剧增和劳动参与率急剧下降之后，2010 年以来官方失业率持续下降，但劳动参与率在 2010—2012 年缓

---

① 美国劳工统计局统计数据，available at http：//www. bls. gov/news. release/empsit. t12. htm。

② Center for Poverty Research, *What are the Annual Earnings for a Full - time Minimum Wage Worker?* University of California, Davis August 2016.

慢上升后，又趋向下降趋势，仍远低于2008年前的水平。2016年11月，美国的劳动参与率仍然保持在62.7%的低点，表明越来越多的求职者离开了劳动力大军，不被纳入到官方失业率统计的基数之中。[①] 而失业者一旦失去了与原有工作相关联的养老、医疗等各种工作福利保障，又缺乏个人商业保险等保障，就会转而依赖政府提供的失业救济、食品券等福利项目。

由于实际工资水平增长缓慢，美国2015年联邦贫困线（Official Poverty Measure）之下的人口比例占13.5%，按照改进型贫困测度法（Supplemental Poverty Measure）统计的贫困人口比例为13.7%，也就是说，超过4570万美国人生活在贫困线以下。[②] 并且，2015年美国实际家庭中位收入比2007年要低1.6%，说明美国的中产阶级规模自2008年以来事实上趋于萎缩。[③]

因此，对2008—2015年美国就业市场的状况进行分析，官方失业率在急剧上升后有所下降，但是劳动参与率仍趋走低，中产阶级的萎缩趋势也没有得到缓解。美国就业市场的状况尚未得到根本性好转，依据个人责任原则通过市场获得福利的客观环境仍然恶劣，给美国政府的社会福利支出带来了压力。

（二）美国的社会福利支出

美国福利制度可以为两个主要组成部分：第一个部分是自愿性福利机制，包括员工福利、慈善与公共服务等：其中，自愿性机制的主体是员工福利计划，主要由寿险计划、健康险计划和养老金计划等，而每一种计划又有不同的产品，由雇主进行选择和组合购买。第二个部分是公共社会福利机制，包括基于家计调查的公共救助（例如营养补充援助计划，SNAP）、符合某种标准（例如年满65周岁）的社会保险与各种税收减免政策等。

---

① Beureau of Labor Statistics, *The Employment Situation – November 2016*, p. 4.

② Trudi Renwick & Liana Fox, The Supplemental Poverty Measure: 2015, Sept. 2016, p. 4.

③ Bernadette D. Proctor& Jessica L. Semega & Melissa A. Kollar, Income and *Poverty in the United States: 2015*, *Current Population Reports*, Sept. 2016, p. 7.

2015 年 12 月全美私营部门的平均报酬是 31.70 美元/时，其中平均工薪为 22.14 美元、各种自愿性的和强制性的社会福利费用支出 9.56 美元。下表是 2015 年 12 月私营部门工人平均每小时其雇主为其支付的薪酬成本分析。

表 3　　2015 年 12 月私营部门工人平均每小时其雇主为其支付的薪酬成本

单位：美元

报酬组成部分	统计地区							
	东北部		南部		中西部		西部	
	费用	比例	费用	比例	费用	比例	费用	比例
报酬总额	37.76	100.0	29.27	100.0	29.43	100.0	32.99	100.0
Ⅰ工薪收入	25.49	67.5	20.76	70.9	20.45	69.5	23.36	70.8
Ⅱ总社会福利	12.27	32.5	8.51	29.1	8.98	30.5	9.63	29.2
A 带薪假期	2.78	7.4	1.98	6.8	2.01	6.8	2.19	6.6
B 补充报酬	1.91	5.1	0.92	3.1	0.80	2.7	0.85	2.6
C 商业保险	3.14	8.3	2.22	7.6	2.62	8.9	2.49	7.5
a 寿险	0.05	0.1	0.05	0.2	0.04	0.1	0.04	0.1
b 健康保险	2.94	7.8	2.08	7.1	2.47	8.4	2.38	7.2
c 短期伤残	0.09	0.3	0.05	0.2	0.06	0.2	0.03	0.1
d 长期伤残	0.05	0.1	0.04	0.1	0.05	0.2	0.04	0.1
D 退休储蓄	1.45	3.9	1.16	4.0	1.16	3.9	1.33	4.0
a 收益确定	0.63	1.7	0.52	1.8	0.45	1.5	0.65	2.0
b 缴费确定	0.83	2.2	0.64	2.2	0.71	2.4	0.68	2.1
E 强制性支出	2.99	7.9	2.24	7.7	2.39	8.1	2.77	8.4
a 社会保障和医疗保险	2.09	5.5	1.73	5.9	1.74	5.9	1.91	5.8
—社会保障	1.66	4.4	1.38	4.7	1.40	4.8	1.53	4.6
—医疗保险	0.44	1.2	0.34	1.2	0.34	1.1	0.38	1.2
b 联邦失业保险	0.05	0.1	0.03	0.1	0.04	0.1	0.05	0.2
c 州失业保险	0.31	0.8	0.12	0.4	0.20	0.7	0.22	0.7
d 工伤保险	0.54	1.4	0.36	1.2	0.41	1.4	0.58	1.8

资料来源：美国劳工统计局统计数据，available at http：//www. bls. gov/news. release/archives/ecec_03102016. pdf。

由表 3 中所列数据可见，雇主为雇员提供的自愿性社会福利主要包括带薪假期、补充报酬、商业保险和退休储蓄等，占报酬总额的 20. 8% 到 24. 6%；而强制性社会福利支出仅占报酬总额的 7. 9% 到 8. 4%。美国社会福利制度的“局内人”在很大程度上依赖于工作福利，也就是表 3 所列私营部门雇主为雇员提供的各种自愿性社会福利。另一方面，雇主支付的人工成本中由政府强制性征缴的比例很低，难于构成政府公共社会支出的主要来源。表 4 对美国社会支出统计数据和 OECD 相关数据的平均数进行对比分析。

表 4　　社会支出占国民生产总值的比例（1980—2013 年）　　单位：%

年份	1980	1990	1995	2000	2005	2009	2010	2011	2012	2013
公共支出	13. 2	13. 6	15. 5	14. 5	16. 0	19. 2	19. 84	19. 56	19. 67	20. 03
OECD 平均数	15. 5	17. 6	19. 5	18. 9	19. 7	22. 1	22. 05	21. 69	21. 79	21. 95
强制性私人支出	0. 4	0. 5	0. 5	0. 4	0. 4	0. 3	—	—	—	—
公共支出与强制性私人支出	13. 6	14. 1	16	14. 9	16. 4	19. 5	—	—	—	—
OECD 平均数	15. 8	18. 1	20. 1	19. 5	20. 3	22. 7	—	—	—	—
自愿性私人支出	4. 2	7. 1	7. 9	8. 7	9. 8	10. 2	—	—	—	—
总净支出	—	—	22. 7	—	25. 4	28. 8	—	—	—	—
OECD 平均数	—	—	—	—	—	22. 1	—	—	—	—

资料来源：OECD“社会保护和福利”项目统计数据，available at http：//www. oecd. org。

从表 4 可以看出，尽管美国在 1980—2005 年由公共部门进行的社会支出占国民生产总值的比重逐年上升，但与 OECD 国家平均数的差距从 1980 年的 2. 3 个百分点上升到 2005 年的 3. 7 个百分点。2008 年金融危机爆发以来，美国贫困率上升。图 15 为 OECD 提供的数据统计，该统计通过社会调查来估测认为自己买不起食品的美国人占人口总数比例的变化情况。

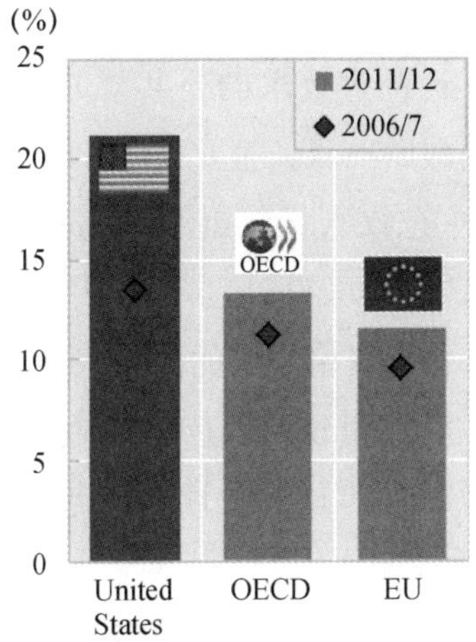

图 15　认为自己买不起食品的美国人口比例
（接受调查者的比例）

资料来源：OECD, Society at a Glance 2014 Highlights：United States（OECD Social Indicators），p. 2。

图 15 中数据表明，由于失业率迅速提高，特别是长期失业者比例上升，从就业市场获得足够收入的能力下降，认为自己买不起食品的美国人比例上升到 20% 以上，使得政府用于食品券、失业救济金等社会安全网项目的公共社会支出迅速提升。因此，根据表 4 的数据，2013 年美国社会公共支出与 OECD 国家平均数的差距已经下降为 1. 65 个百分点。美国强制性的私人部门社会支出在 1980—2009 年先经历了一段时间的微弱增长，到 2000 年之后回落甚至萎缩。而自愿性的私人部门社会支出在此期间保持了持续增长趋势，使得 2009 年美国公共社会支出与 OECD 国家平均数的差距为 2. 9 个百分点的同时，美国的总净社会支出比 OECD 国家平均数却高出了 6. 7 个百分点。这说明，美国自愿性私人社会支出的比重远高于以欧洲国家为代表的其他 OECD 国家。

美国社会安全网的覆盖面并不局限于穷人，所有的美国人都可以从社会保障获益。对美国的养老和失业两大社会风险而言，自愿性机制和公共社会机制并行发挥作用。从就业市场获得的社会保障，也即由资本力量提供的职业退休金计划是获得养老保障的重要支柱。强制性的公共社会项目主要包含社会保障（social security）、医疗照顾保险计划（Medicare）、联邦/州失业保险计划（unemployment insurance）、存款保险（deposit insurance）和带家计调查要求的公共救助等。公共救助包含了针对不同的社会阶层的不同救助项目，主要指医疗救济保险计划（Medicaid）、营养补充援助计划、补充收入保障计划（Supplemental Security Income，SSI）等需要进行家计调查的救助计划。[1] 其中，在就业市场获得的职业退休金计划之外，符合各种资格要求的老年人（主要指65周岁及以上的老年人）可以从联邦政府或州政府获得退休金或救济金等现金形式的养老保障，并且可以获得医疗照顾保险计划、老年公寓等非现金形式的养老保障。

美国总统经济报告显示，2013年度有47.5%的美国家庭受益于各种公共社会项目[2]：既包括没有家计调查要求的社会保险项目，例如每20年内几乎一半以上的美国人口会在某个或某几个时间点获益于失业保险制度；也包括有家计调查要求的救助计划，其大部分受益者只在工作收入低于政府规定申请线的时候寻求救济，在接受救济之后的一段时间内会通过工作收入的增加而退出救济，例如2005年前后营养补充援助计划的新受益者一般会在10个月之内不再需要该救济。但2008年金融危机爆发以来，长期失业和贫困现象使这种退出性不再明显。[3]

如果收入增加就会失去政府提供的例如失业保险等福利，因此有些美国人放弃了低薪就业机会，成为就业市场的“局外人”。长期失业、被视为自愿退出就业市场的贫穷美国人，只能通过食品券等福利项目获得非现金援助，成为工作福利制度的“局外人”，增加了美国政府的公共救助负担。因此，无论是失业保障还是养老保障，能否成为就业市场的“局内人”、依据个人责任原则获得市场提供的工作福利，是其能否成为工作福利制度的“局内人”的决定性因素。

---

① Office of Management and Budget（2010），*Historical Tables of the Budget of the U.S. Government 2012*.

② United States Government Printing Office，*Economic Report of the President 2014*，p. 237.

③ SNAP统计数据，available at http：//www.fns.usda.gov/sites/default/files/BuildingHealthyAmerica.pdf。

二　美国的失业社会保障

就业市场强劲与否直接决定着领取失业社会保障的人数和失业保障水平。2016 年 1 月，美国官方失业率降至 2008 年以来最低位，同期的劳动参与率也降至历史低位。劳工部 2015 财政年度报告显示，该部门用于失业保险的支出总额为 328. 9 亿美元，比 2014 财政年度的 484. 1 亿美元有明显下降。① 然而，2008 年以来经济衰退的影响使长期失业者和低收入者人数居高不下，劳动年龄人口中依靠食品券为代表的带家计调查要求的非现金公共援助的人数仍然保持高位。

（一）现金性保障

美国失业保险制度的主要目的有两个：第一，为在失业期间为非自愿性失业者提供部分的工资替代的临时性现金救济；第二，在经济衰退期稳定经济、促进就业。领取失业救济金是一项权利，因而不需要进行家计调查；但是需要符合领取失业救济金资格条件，失业者才可以领取有期限的失业救济金。

由于美国实行联邦和州二元立法体制，对失业人口的现金性保障是一个由联邦政府项目和各州政府项目二者互相协调与并存的强制性社会保险制度。失业保险由联邦政府劳工部和各州政府劳工局主管。联邦政府劳工部负责监督州政府执行失业保险的情况，并决定和拨付各州管理失业保险机构的行政费用等。除了公共失业保险收益，在一些制造业部门还有职业补充失业保险，二者相加可使得失业保险收益的替代率达到 95%，领取失业救济金的最高期限也达到 52 周。

1. 失业保险税。美国的失业保险税由联邦失业保险税和州政府失业保险税组成，前者是联邦政府为弥补各州政府失业保险财源不足而开征的，为临时失业者提供基本生活费用，由国家税务局通过国家税收方式

---

① United States Department of Labor, available at http：//www. ows. doleta. gov/unemploy/improp_payrate. asp.

向雇主强制收缴。为促使各州制定失业保险法律并保持各州相关制度的基本平衡性，施行税收激励抵消制度：雇主向州政府缴纳了各州所规定的失业保险税后，一般可以其数额抵免90%的联邦失业保险税，所以表3显示的联邦失业保险税的实际税率很低。[①] 但上述税收抵消和拨款优惠都要求受益的州政府失业保险项目满足一定的要求，例如根据州相关法律征缴的失业保险税金存放到美国财政部的失业保险信托基金。

2. 联邦政府失业保险项目与管理。美国联邦有关失业保险的法律有《社会保障法》和《联邦保险税法》（FUTA）等。2009年起推行失业金免税减免政策，规定头2400美元的失业金免税。2009—2013年联邦政府提供的失业救济项目主要有联邦和州联合延长失业救济金项目（the Extended Benefits program，EB）和紧急失业救济金延长计划（the Emergency Unemployment Compensation，EUC）。EB在1970年设立之初规定，联邦政府和受资助州政府各出资一半；2008—2013年该项目由联邦政府全额出资。为帮助长期失业人群，美国联邦政府在2008年颁行了临时性的EUC计划，失业者领取州政府失业补贴期满之后，符合资格要求的申请者可以申请由联邦政府继续为其提供失业救济金，以促进和帮助失业者返回就业市场。国会多次通过了延长和扩展失业保险的议案，联邦政府也进行了多项促进失业人口就业的改革。[②] 联邦失业保险工作由劳工部的就业与训练署监督实施，并对各州的失业保险法律及其管理等进行监督和帮助。联邦财政部负责征集联邦失业保险税，投资失业保险信托基金。

3. 州失业保险项目与管理。实际上，失业保险项目主要由各州政府的劳工局进行管理，各州对本州的失业保险法律的内容和发展等负有主要责任，对失业救济金的领取金额和期限（除了某些联邦政府提供的延长失业救济金）、缴纳失业保险税金的额度（受联邦政府的管控限制）、适格要求和不符合资格条款等进行规定。各州根据自己的经济发展水准、

---

① Social Security Administration, Office of Retirement and Disability Policy, Office of Research, Evaluation, and Statistics: *Annual Statistical Supplement to the Social Security Bulletin 2013*, Feb. 2014, p. 65.

② United States Government Printing Office, *Economic Report of the President 2014*, pp. 119 - 120.

就业状况来确定各州申领失业救济金的资格、期限及金额。各州直接管理税金收缴、工资记录、失业救济金申请、决定是否适合和向失业工人支付失业救济金等。

4. 申请资格与程序。除了持有非移民工作签证的打工者，在美工作的绝大多数工薪工作者都能受到失业保险法的保障。领取失业救济金的前提条件是具有足够的就业周数和就业所得、属于非自愿性失业、有意愿、有能力，并且能“立即”回到工作岗位上。满足上述资格要求后，申请者经过严格审查才能领取失业救济金，同时还要履行一定的义务，例如申请者必须保持求职状态，譬如报名劳工开发部的就业服务、发布报纸分类广告、与以前雇主联络、通过亲友协助或对外发送履历资料等，并定期向劳工开发部汇报求职进度等。

5. 期限。2008—2013 年，失业保险救助分为三个层面：第一层为州政府发放的常规性救助（UC），从各州领取失业救济金的期限最长可达 26 周。失业者领取失业救济金的时间长度取决于本人工作的年限，计算公式各州也不相同。领取失业救济金的额度是以受保人过往每季收入的多少而定，失业人员领取失业救济金的多少取决于各州财政情况。第二层是联邦和州联合延长失业救济金项目，领取州失业救济金期满后还是没找到工作，可向联邦政府申领 13 周的延长失业救济金。第三层是紧急失业救济金延长计划，其期限最长可达 47 周。联邦和州资金确保的三重保护之下，各州失业者可以领取最长达 40—93 周的失业救济金，表明对就业市场吸纳就业的持续性支持。[①] 2008—2012 年，上述三重失业保险制度已经帮助 1100 万美国人脱贫。[②] 但第三层在 2013 年底结束，将近 130 万劳动力失去其失业救济金救济[③]，到 2014 年底将会有接近 500 万失业人口失去失业救济，并且每个州不同程度上都会受到其冲击，影响美国

---

① Julie M. Whittaker & Katelin P. Isaacs, *Unemployment Insurance: Legislative Issues in the 113th Congress*, February 24, 2014.

② United States Government Printing Office, *Economic Report of the President 2014*, p. 120.

③ The Council of Economic Advisers and the Department of Labor, *The Economic Benefits of Extending Unemployment Insurance* (2014).

经济复苏。①

6. 促进就业。除为符合资格要求的非自愿性失业者提供现金援助，另一目的是帮助和促进失业者返回就业市场。2015 年美国长期失业者再次就业的比例仍然较低，失业保险制度有利于帮助长期失业者不被就业市场所排斥。美国对失业人口所提供的有期限规定的现金性保障既是以就业为前提，也是以促进就业为目的，贯穿了“个人责任原则”的宗旨。长期被就业市场所排斥或者缺乏能力、缺乏意愿进入就业市场的劳动力人口只能依赖非现金援助。

（二）非现金援助

美国劳动参与率居历史低点说明，相当比例的劳动力在不同程度上依靠政府福利或社会慈善等维持生活。在就业市场情况没有根本性好转之前，存在大量边缘化甚至排除在就业市场之外的工作年龄阶段的穷人。基于个人责任原则，美国社会往往将工作年龄阶段的穷人批评性地归类为“危险阶层”。联邦政府严格限制了这些“危险的”就业市场和工作福利制度双重“局外人”所能够获得的现金性支持，只能依靠带家计调查要求的公共救助等来维持生活，例如补充营养援助、抚养未成年子女、医疗救济保险计划、补充收入保障、住房和教育等。下文以补充营养援助计划为例说明失业因素和获得非现金援助之间的动态关系。

补充营养援助计划项目始建于 1939 年，之前称为食品券计划，2008 年正式更名，是美国农业部食品与营养局所主管的 15 个食品与营养援助项目中最大的项目。和其他针对年老者、带孩子的家庭或者失业者等特定人群的公共救助项目相区别的是，该计划为符合低收入要求的所有人提供帮助。作为一种内部流通货币，食品券只能在特定场所购买指定食物。与联邦—州失业保险制度中各州有不同标准的是，该计划有全国统一的申请资格标准和获益标准，从而为全国任何地方的低收入者和低收

① Chad Stone, “Failure to Extend Emergency Unemployment Benefits Will Hurt Jobless Workers in Every State,” (Dec. 2013) available at http://www.cbpp.org/cms/?fa=view&id=4060.

入家庭建立起一个全国性的营养安全网络。①

2008 年奥巴马经济刺激法案将医疗救济保险计划的援助金额调高了 13.6%。2015 财政年度，补充营养援助计划平均每月为 4580 万以上美国人提供救助，总费用为 740 亿美元。② 2013 年 11 月起，奥巴马调高食品券援助金额的计划被美国国会正式终止。表 5 表明了奥巴马补充营养援助计划的执行情况。

表 5　　SNAP 参与率与费用（2007—2015 年）

SNAP 参与率与费用					
财政年度	平均参与人数	人均获益	总计	其他费用 1]	总额
	千人	美元	百万美元		
2007	26316	96.18	30373.27	2801.21	33174.48
2008	28223	102.19	34608.40	3033.64	37642.04
2009	33490	125.31	50359.92	3260.09	53620.01
2010	40302	133.79	64702.16	3581.78	68283.94
2011	44709	133.85	71810.92	3876.69	75687.62
2012	46609	133.41	74619.34	3821.71	78441.05
2013	47636	133.07	76066.28	3816.45	79882.73
2014	46664	125.01	69998.84	4060.09	74058.92
2015	45767	126.83	69655.47	4280.52	73935.99
1] 包括行政管理费用、营养教育费用等其他费用					

资料来源：United States Department of Agriculture, available at http://www.fns.usda.gov/sites/default/files/pd/SNAPsummary.pdf。

从表 5 中显示的数据分析，2008 年以来补充营养援助计划的参与人数和费用等呈现急剧上升趋势，2013 年 SNAP 的费用总额是 2007 年的 2.41 倍，参与人数是 1.81 倍，人均获益是 1.38 倍。根据美国卫生和公

① United States Department of Agriculture, *Building a Healthy America: A Profile of the Supplemental Nutrition Assistance Program*, April 2012.

② Kelsey Farson Gray, Sarah Fisher & Sarah Lauffer, *Characteristics of Supplemental Nutrition Assistance Program Households: Fiscal Year 2015*, United States Department of Agriculture, November 2016.

众服务部所公布的贫困线标准，2012 财政年度 82% 的补充营养援助计划援助家庭处于贫困线以下，42% 的受援助家庭总收入在贫困线的一半以下，其中 46% 的补充营养援助计划的参与者是非老年成年人。并且，在 2011 年和 2012 年两个财政年度，20% 的受援助家庭总收入为零。[①] 图 16 说明了失业、贫困率和补充营养援助计划参与率之间的关系。

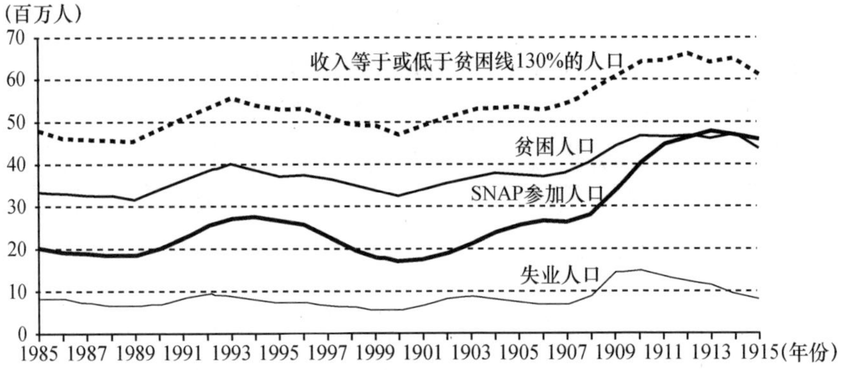

图 16 失业率、补充营养援助计划参与率与贫困率的关系

资料来源：United States Department of Agriculture, *Characteristics of Supplemental Nutrition Assistance Program Households: Fiscal Year 2015*, November 2016。

图 16 所显示曲线说明，在经济低迷失业率上升的时期，越来越多就业市场的“局外人”同时成为以就业为核心的工作福利的“局外人”，个人责任原则已经部分失去其发挥作用的现实基础。在就业市场形成“局内人”和“局外人”双轨制的基础上，形成了以工作为基础的社会福利双轨制，而这种工作福利双轨制背后是被覆盖人群与未被覆盖人群之间的福利待遇与性质存在巨大差异，未被覆盖人群因为失去了工资收入和福利覆盖而沦为贫困人口，其中相当部分依靠非现金援助以维持生活。这些未能通过其就业获得或未获得充足工作福利保障的人，未来获得的退休金有可能不足以维持其生计，成为老年穷人而接受公共救助。

---

① United States Department of Agriculture, *Characteristics of Supplemental Nutrition Assistance Program Households: Fiscal Year 2015*, November 2016.

三　美国的养老福利制度

表 6 列明了不同政府公共福利项目针对不同人群具有的减贫效用差异性。

表 6　　2012 年政府公共福利项目的减贫效用

	所有人	儿童	非老年成年人	65 周岁以上老年人
社会保障	8.56%	1.97%	4.08%	39.86%
可退款减税	3.02%	6.66%	2.25%	0.20%
营养补充援助	1.62%	3.01%	1.27%	0.76%
失业保险	0.79%	0.82%	0.88%	0.31%
补充收入保障	1.07%	0.84%	1.12%	1.21%
住房补贴	0.91%	1.39%	0.66%	1.12%
学校免费午餐	0.38%	0.91%	0.25%	0.03%
贫困家庭临时救助	0.21%	0.46%	0.14%	0.05%
人口数（千人）	311116	74046	193514	43245

资料来源：United States Government Printing Office, *Economic Report of the President 2014*, p. 248。

从表 6 中数据可知，对于 65 周岁以上的老年人而言，社会保障也即联邦养老保险制度的减贫效用为 39.86%，对确保老年人脱贫发挥了基础性作用。按照减贫效用递减排序，其他政府公共福利项目依次为：补充收入保障（1.21%）、住房补贴（1.12%）、营养补充援助（0.76%）、失业保险（0.31%）、可退款减税（0.20%）等。值得注意的是，失业保险对老年人的减贫贡献率尽管只有 0.31%，但说明 65 周岁以上的老年人中仍有一部分人在继续工作。从联邦基本养老保险获得的退休金一般只相当于退休前收入的 40%—50%，依靠上述政府公共福利项目不足以让老年人在退休后拥有足够收入，需要其他非强制性福利制度作为补充。

（一）强制性养老保障

美国的公共福利项目中的社会保障主要指联邦基本养老保险制度（老年、遗属、残疾保险，简称 OASDI），是一个捆绑式的复合养老计划，不仅包括了投保人自身养老保险，而且还包括了基于养老保险的遗属保险和残疾保险等，即包含了投保人的配偶（甚至离异者）、未成年子女（含成年残疾子女）、父母（由投保人赡养的）、遗属（投保人死亡后留下的家属）等人群的连带养老保险。2015 年 12 月，OASDI 项目受益人达到3.21 亿，占总人口的18.7%；覆盖65 岁及以上年龄的人数为4776 万，为这一阶段年龄总人口的90.5%。[①] 表7 以2015 年12 月 OASDI 项目的执行数据为例，说明其基本运行情况。

表7　　2015 年12 月 OASDI 项目运行基本情况

平均月基本保险金额		OASDI 项目总受益人数 59.96（单位：百万人）					
退休工人	$ 1342	基本养老保险		遗属保险		残疾保险	
寡妇鳏夫	$ 1286	总人数	退休	总人数	寡妇鳏夫	总人数	残疾
残疾工人	$ 1166	43.1	40.1	6.1	3.8	10.8	8.9
年平均支出额（单位：亿美元）							
OASDI 项目总支出		8.86	养老保险与遗属保险		7.43	残疾保险	1.43

资料来源：Social Security Administration, Master Beneficiary Record, 100 Percent Data, available at https://www.ssa.gov/policy/docs/statcomps/supplement/2016/。[②]

表7 表明从受益人数比重和支出额比重两个指标来分析，OASDI 项目的主体是基本养老保险。作为全国性强制性计划，直接由联邦政府在

---

① Social Security Administration, Mster Beneficiary Record, 100 Percent Data; U.S. Postal Service Geographic Data; and Census Bureau, Population Division, 2015 Estimates of Resident population, *Beneficiaries as a percentage of the Total Resident Population and of the Population Aged 65 or Older, by State*, December 2015, available at https://www.ssa.gov/policy/docs/statcomps/oasdi_sc/2015/table01.html.

② Social Security Administration, Master Beneficiary Record, 100 Percent Data, *Annual Statistical Supplement*, 2016, available at https://www.ssa.gov/policy/docs/statcomps/supplement/2016/.

全美范围内统筹，由联邦政府的社会保障署管理，遍布美国各地1500个以上的办事分支机构形成了一个全国性网络。联邦基本养老保险制度采取专项税收保障模式，其资金来源为由雇员和雇主共同缴纳的社会保障税或自雇者税（self - employment taxes）：前者以雇员工资为纳税基数，但设上限（2015年为118500美元），超出上限的部分不再缴纳社会保障税；后者上限相同但享受特别税收减免待遇。上述税收全部进入OASDI项目内的三个信托基金，分别用于发放参保人员的基本退休养老金、遗属补贴和残障补贴等。基金收支与政府其他方面的税收和预算完全分离，当资金出现收不抵支时，由联邦政府财政承担最终兜底责任，例如2012财政年度美国财政部转移支付了1140亿美元给OASDI信托基金。①

领取基本保险金（Primary Insurance Amount，PIA）的资格包括年龄条件和纳税贡献条件。领取全额基本退休金的年龄在逐渐延长以鼓励推延退休。纳税贡献条件采取计点方式计算，根据纳税的年限和纳税金额确定，至少要有10年的缴费退休人员的基本退休金水平才与其在职时的纳税基数挂钩，缴税基数越高基本退休金水平越高。1983年以来，美国开始采用“部分储备融资”模式，现行的OASDI计划在形式上仍为“现收现付制”，但实质上它已具有一定程度的“部分积累制”特性，主要体现为OASDI信托基金的“非充分性”储备原则。采用10年和75年的“滚动”精算，从动态意义上借用现行的“部分”超额积累去抵补未来的可能“缺口”。OASDI是一个严格以个人责任原则和个人惠及家庭理念所进行的基本养老制度设计，尽管有强制性的特点，但不具有普惠性的特征。

（二）非强制、补充性老年保障

非强制、补充性老年保障主要包含两个部分：第一部分是雇主责任下的职业年金及雇员团体保险即职业退休金，第二部分是家庭责任下的个人退休储蓄与个人人寿保险。其发展一方面基于美国自由放任的历史

---

① Social Security Administration, Master Beneficiary Record, 100 Percent Data, *Annual Statistical Supplement*, 2016, pp. 9 - 10.

传统，另一方面基于美国政府以税收优惠形式进行的鼓励与支持——雇主支付私人退休金可以享有免税，雇员可以享有临时免税；养老基金如果用作投资，之后的盈利部分也可以享有免税。

1. 职业退休金

图 17 和图 18 以 2013 年 3 月私营部门雇员的工作福利情况为例，说明其不同就业类型和不同企业规模之间所存在的工作福利差异性。

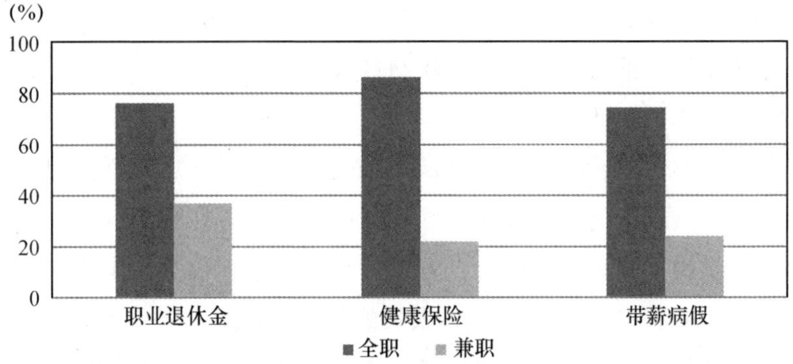

图 17 全职与兼职获得工作福利的比例差（2015 年 3 月）

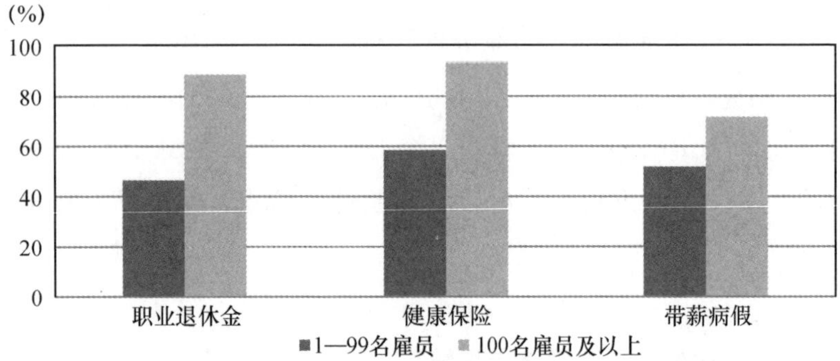

图 18 不同规模企业雇员获得工作福利的比例差（2015 年 3 月）

资料来源：United States Department of Labor, *National Compensation Survey: Employee Benefit in the United States* (March 2015), September 2015。

从图 17 和图 18 可知，全职工作者享有的工作福利明显高于兼职工作者，在私营部门 74% 的全职工作者拥有职业退休金，兼职工作者中仅有

37%的人拥有职业退休金。在大中企业工作的雇员享有的工作福利明显高于小企业雇员，例如小企业中46%的雇员拥有企业提供的职业退休金，而对于大中型企业这一数字达到89%。表8分析不同部门之间所存在的工作福利差异性。

表8　　职业退休金待遇差异（2015年3月）　　单位：%

项目	劳动年龄人口			私营部门			州和地方政府		
	准入率	参加率	领取率	准入率	参加率	领取率	准入率	参加率	领取率
所有人	69	53	77	66	49	74	90	81	90
全职	80	64	81	76	59	78	99	89	90
兼职	38	20	54	37	19	51	39	33	85
工会会员	94	85	90	92	82	90	97	88	90
非工会会员	65	48	74	63	46	72	84	75	90
1—99名雇员	52	36	70	51	35	69	78	70	89
100名雇员及以上	86	69	81	84	65	78	91	82	90
管理、商业、金融	85	75	88	84	74	88	—	—	—
生产、交通、物流	72	54	76	71	53	75	85	78	91
服务	46	30	64	39	22	55	85	77	91

资料来源：United States Department of Labor，*National Compensation Survey*：*Employee Benefit in the United States*（March 2015），September 2015。

表8说明职业退休金的发展现状不利于中低教育程度的劳动力，因为不同行业与部门职业退休金覆盖面差异很大：从行业上来看，金融业覆盖面最高，制造业居中，最低的是服务业；从部门上来看，政府部门明显高于私营部门，66%私营企业雇员享有职业退休金福利，而90%州和地方政府雇员享有职业退休金，私营部门雇员只有49%实际上加入了某个雇主年金或雇员团体保险计划，明确低于81%州和地方政府雇员实际参加率。[①] 在以个人责任原则为核心理念的美国工作福利制度中，事实上存在着因行业与部门不同而不同的养老保障待遇。

① United States Department of Labor *National Compensation Survey*：*Employee Benefit in the United States*（March 2015），September 2015.

在上述种种碎片化的养老保障待遇背后，还存在待遇确定型和缴费确定型的区别：待遇确定型指根据工人退休时的年龄、工龄和工资状况，向退休人员提供相应的退休金，由雇主出资。缴费确定型指不许诺退休后退休金的固定数额，而由公司（机构）养老基金额度以及双方出资比例来确定。20 世纪 70 年代以前大部分职业退休金计划是待遇确定型退休金。20 世纪 80 年代以来美国提高了缴费比例，改变了税收政策，提高了退休年龄等，并且缩小了职业退休金的覆盖面，从待遇确定型变为了缴费确定型。政府主要通过税收优惠对以个人账户为基础的缴费确定型养老保险计划予以支持。[①] 2008 年以来，很多缴费确定型职业养老基金价值缩水，退休实际收入水平在下降，导致 27% 的老人不得不推迟其退休计划。[②]

2. 个人退休储蓄与个人人寿保险

个人退休储蓄与个人人寿保险根据个人责任原则实行自愿参保。无论是否参加了其他养老保险计划，所有 70 岁以下且有收入者都可以开设个人退休账户（IRA）。政府对个人开设退休账户提供以下两种税收优惠：一是普通 IRA 税收优惠，主要方式是递延纳税，即缴费（向账户注入资金）不计入个人所得税基数，到提款时才根据税法征收个人所得税。二是对特殊形式个人退休账户（Roth IRA）的税收优惠，主要是缴费时不免所得税，但对投资收益（包括投资分红、利息等）免税。但是，2008 年以来，大量美国人失去了工作，无力参加或继续其退休储蓄或个人人寿保险，也就失去相应的保障覆盖。

（三）政府救济性老年保障

政府救济性老年保障的具体内容包括：补充医疗保险和医疗救济保险计划、补充收入保障、住房补贴、营养补充援助和老年公寓等。1965

---

① Martin Seeleib – Kaiser, *Welfare Systems in Europe and the USA: Conservative Germany Converging towards the US Model?* Barnett Papers in Social Research (December 2013).

② Neil Gilbert, "The American Challenge in Cross – national Perspective," in Jacob S. Hacker and Ann O'Leary (eds.), *Shared Responsibility, Shared Risk. Government, Markets, and Social Policy in the Twenty – First Century* (New York: Oxford University Press, 2012), p. 49.

年美国老人福利法规划了社区服务计划，此后经历了多次修正。其主要内容包括由家庭服务机构提供咨询与服务，例如为老人寻找寄养家庭等；和设施收容保护服务，例如老人公寓、小型私人疗养院等。

其中，补充收入保障计划是美国非缴费型福利制度中最大的现金福利计划，作为一项联邦救助计划，在全国范围内向最需要帮助的老人、盲人和残疾人提供最低收入保障。2015 年，补充收入保障计划实际平均支付为每月 540.8 美元。表 9 体现出 2015 年不同年龄阶段接受补充收入保障计划援助的人口比。

表 9　　2015 年度补充收入保障计划受益人类型　　单位：人

月份	总计	申请类别		年龄		
		老人	盲人 残疾人	18 周岁以下	18—64 周岁	65 周岁及以上
1	8326316	1154159	7172157	1288489	4910947	2126880
2	8339656	1154070	7185586	1295001	4915729	2128926
3	8352303	1153562	7198741	1295518	4926759	2130026
4	8334488	1154289	7190199	1292379	4920049	2132060
5	8330371	1156064	7175307	1283943	4911803	2134625
6	8354144	1157700	7196444	1289559	4923903	2140682
7	8322943	1158158	7164785	1273576	4906264	2143103
8	8345427	1161035	7184392	1280572	4914439	2150416
9	8362516	1163576	7198940	1279870	4925992	2156654
10	8339525	1163810	7175715	1266804	4914243	2158478
11	8365666	1166825	7198841	1275596	4926009	2164061
12	8309564	1157492	7152072	1267160	4888555	2153849

资料来源：Social Security Administration, *Recipients*, *by Eligibility Category and Age*, available at https：//www. ssa. gov/policy/docs/statcomps/ssi_monthly/2016 - 01/table02. html。

表 9 中的数据显示，因为年老而受益人口占总受益人口的比重较低，以救助盲人和残疾人为主；65 周岁及以上的老年人占总受益人口的比重较低，主体是 18—64 周岁的劳动年龄人口。也就是说，越来越多劳动年龄人口因为低收入而接受联邦现金救助，这部分人因为在处于劳动年龄

阶段未充分就业，因而未能获得基于其工作的福利保障，会成为未来美国政府救济性老年保障的依赖者。

从上面的制度介绍可知，美国养老福利制度分为四个层次：第一是强制性的老年保障即联邦养老保险制度；第二是非强制性、雇主责任下的雇主年金及雇员团体保险；第三是个人退休金计划即家庭责任下的个人退休储蓄（如IRA等）与个人人寿保险，以上三层共同形成以个人责任原则为核心的养老工作福利制度的三大支柱；第四是基于政府责任的救济性老年保障。私营部门就业者一旦公司破产，例如安然公司破产事件，就会有大量员工得不到任何补偿就失去了工作，雇主年金及雇员团体保险等不复存在，大部分退休储蓄等也难以为继，只能依赖第一层的联邦退休金制度和第四层的救济性保障制度。

而如果长期失业或者被就业市场所排斥，从第一层的联邦退休金制度获得的退休金过低，只能依赖第四层来保障基本的退休生活需求，也就是政府责任起到了为雇主责任和家庭责任进行补充和兜底的作用。2008年以来就业市场状况迅速恶化，迄今尚未得到根本性好转。由于个人责任原则陷入了困境，美国政府的补充和兜底责任在持续增加。

结 语

2008年以来，越来越多的美国人因为不能在就业市场找到正式工作，兼职等灵活性就业岗位增多，使得现有的低工资收入者比例上升，而这些低收入者获得职业退休金的比例在下降。还有越来越多的工作年龄阶段的人被就业市场所排斥而依靠领取食品券等维持生活，这意味着就业市场存在的全职与兼职的“双轨制”导致工作福利制度的“双轨制”，越来越多的劳动年龄人口遭遇双重排斥，个人责任原则事实上陷入困境。随着职业退休金覆盖面和覆盖水平的下降，特别是长期失业人口得到的救助水平很低，导致未来不能被职业退休金和联邦退休金制度等覆盖的人口数上升，被政府救济性老年保障项目所覆盖的老年人比重将上升，对未来美国公共福利支出增加压力。

第三部分

法律与秩序

第七章

特朗普犯罪控制“新政”对美国社会的影响

高英东

“遏制犯罪”是特朗普政府社会政策中的重要内容之一。事实上，早在2016年总统竞选期间，特朗普就逐步提出并基本明晰了他的犯罪控制“新政”的主要内容与目标。在整个竞选过程中，特朗普始终以美国社会“暴力犯罪激增”“枪击事件频发”“大城市的安全状况每况愈下”等社会问题的恶化为抓手，攻击奥巴马的民主党政府执政八年中所采取的犯罪控制政策“荒谬”，指责奥巴马政府在犯罪问题面前“软弱”“不作为”，使美国社会和公众为此付出了巨大代价。[①] 他多次公开表示，要成为一个“法律与秩序”（law and order）的总统。[②] 竞选过程中及入主白宫之后的诸多重要场合或发表的重要讲话、谈话中，例如2016年7月接受共和党总统候选人提名时的讲话、2016年9—10月与希拉里进行的三场总统候选人辩论、2016年10月在葛底斯堡发表的竞选演说、2016年11月当选后接受哥伦比亚广播公司（CBS）《60分钟》（*60 Minutes*）节目的采访、2017年1月20日总统就职典礼上的演说，以及2017年3月1日在国会两院联席会议上发表的演讲等，特朗普均一再重申或强调，他执掌

---

① available at http：//video. sina. com. cn/l/p/1711642. html.

② Sierra Marquina，“Republican National Convention 2016：Everything That Happened during Donald Trump's Nomination Acceptance Speech，” *U. S. Magazine*，July 22，2016，available at http：//www. usmagazine. com/celebrity – news/news/rnc – 2016 – watch – donald – trumps – speech – via – livestream – w430378.

总统大权期间，联邦政府将全面恢复美国社会的“法律与秩序”；联邦政府领导下的司法、执法部门将采取“强硬化”（toughening）的刑事司法手段，“彻底清除折磨着我国的犯罪和暴力”①。不仅如此，2017 年 1 月入主白宫之后，在短短一个多月的时间里，特朗普便迅速出台了多项与打击和遏制犯罪有关的重大举措。例如：1 月 27 日，他签署《阻止外国恐怖分子进入美国的国家保护计划》（Protecting the Nation from Foreign Terrorist Entry into the United States）；1 月 30 日，他对国土安全部移民与海关执法局（Immigration and Customs Enforcement）发出指令，在纽约市、洛杉矶、芝加哥等全美多个城市或地区采取“突袭”行动，逮捕有犯罪记录的非法移民；2 月 9 日他签署《成立减少犯罪、改善公众安全特遣队的总统行政令》（Presidential Executive Order on a Task Force on Crime Reduction and Public Safety）；等等。尽管这些政策措施几乎都是特朗普在总统竞选期间多次承诺或主张的，但是其当政后予以兑现的速度之快、力度之大、涉及的范围之广，还是出乎人们的意料。这一方面表明，在打击和控制社会犯罪一事上，特朗普总统本人将会“言出必行”；另一方面也释放出了一个明确的信号，即在犯罪控制问题上，特朗普领导下的联邦政府将会放弃奥巴马政府八年以来所实施的“温和”路线，转而采取“强硬化”的政策措施。那么，特朗普的这些犯罪控制理念与思路，以及他执掌白宫以来所采取的一系列相关政策措施，究竟给当下美国不断恶化的犯罪状况带来哪些影响和变化？美国社会的治安状况能否在特朗普的“新政”之下得到改善？

一　美国社会综合犯罪状况的形势与特点

长期以来，犯罪问题一直是一个严重困扰着美国社会的难题。20 世

① Sierra Marquina, “Republican National Convention 2016: Everything That Happened during Donald Trump's Nomination Acceptance Speech,” *U. S. Magazine*, July 22, 2016, available at http: //www. usmagazine. com/celebrity - news/news/rnc - 2016 - watch - donald - trumps - speech - via - livestream - w430378.

纪七八十年代，美国的城市犯罪率曾一度跃居全球之首。联合国国际预防犯罪中心（The United Nations Center on Crime Prevention）提供的统计数字显示，20世纪80年代末，在综合犯罪率位居全球前十的世界大型城市中，美国一家就占据了三席，而整个欧洲40多个国家相加在一起才只占两席。[①] 犯罪率长期居高不下成为削弱美国国家“软实力”，威胁美国社会公共安全的重大社会问题之一。进入20世纪90年代，特别是克林顿上台执政期间，美国联邦政府提出了“向犯罪宣战”（War on Crime）的口号，把“反犯罪”议题提升到了国家战略的高度。[②] 与此同时，“社会文化犯罪学”“环境犯罪学”“破窗理论”等学术界提出的新的犯罪控制学说和方法也逐渐在刑事司法界获得了广泛认同，并且在全美范围尤其是一些犯罪问题严重的大城市中得到了实际应用与推广。新的理论、方法和遏制犯罪的社会需求引发和推动了20世纪八九十年代美国新一轮刑事司法制度的改革和“社区警务模式”（Patterns of Community Policing）的调整。在这些因素的共同作用下，20世纪90年代开始，美国社会的犯罪状况出现了明显的改善，综合犯罪率呈现增长势头放缓乃至逐渐下降的趋势，特别是20世纪90年代中后期。美国联邦调查局（FBI）《统一犯罪报告》（*Uniform Crime Reporting*）提供的资料显示，从1995年到2000年，全美70个主要大中城市的犯罪率平均下降了30%以上，达到了之前30年来的最低点。[③] 但是，进入21世纪以来，特别是奥巴马执掌白宫的八年时间里，美国社会的犯罪状况，特别是一些严重的刑事犯罪又出现了抬头或逐年上升的情况。其中枪支暴力、谋杀、“仇恨犯罪”、黑帮团伙犯罪、非法毒品走私等案件的发案率明显增多，公共安全形势出现了迅速滑坡的情况。

在上述各类犯罪问题中，尤以枪支暴力犯罪最为突出和严重，它也

---

① Vanessa Barker, “The Great American Crime Decline: A Review of Blumstein and Wallman Goldberger and Rosenfeld,” *Law & Social Inquiry*, Spring 2010, p. 495.

② William Jefferson Clinton, “The State of the Union,” February 3, 1991. available at http: //www. usa - today. com.

③ Preliminary Semiannual Uniform Crime Report, 2016, Criminal Justice Information Services Division, 2016. available at http: //ucr. fbi. gov/crime - in - the - u. s/2016/preliminary - semiannual - uniform - crime - Report.

因此成为2016年美国总统选举中的一个争论不休的议题。枪支暴力问题之所以备受美国各界，特别是政治候选人的高度关注，不仅在于如今枪支暴力本身已成为美国社会发生频率最高、危害程度最大的犯罪，同时它也引发或者进一步加剧了美国其他一些社会问题和矛盾冲突，例如种族对立、警民冲突、社会骚乱等。让民众感到无比担忧的是，近年来，由于政府无法实施任何有效的管控措施，使得枪支暴力犯罪在“量”和“质”上不断朝着更加“恶性”的程度发展。以2016年为例，枪支暴力犯罪的情况已经达到了前所未有的严重程度。美国枪支暴力档案室网站提供的资料显示，2016年全年发生的枪击案数量高达58819起，在2015年大幅上升的基础上再增5100余起。其次，枪支暴力犯罪的危害程度继续加剧。2016年全年发生的枪击案所造成的死伤人数高达45707人，比2015年增加了近13%。与此同时，2016年全年发生的一次造成4人以上伤亡的“重大枪击案”高达383起，比2015年大幅上升了15%。除了枪击案数量的大幅增长之外，近年来枪击案的性质也发生了一些引人关注的变化，例如出现了与国际恐怖主义势力“伊斯兰国”有牵连的“暴恐性”枪击案（例如2015年12月加利福尼亚州圣贝纳迪诺枪击案和2016年6月佛罗里达州奥兰多夜总会枪击案等）。另外，近年来还出现了多起专门针对警察的报复性枪击案（例如2016年7月在达拉斯市和巴吞鲁日市接连发生的射杀警察的枪击案等）。

除了枪支暴力犯罪的持续恶化之外，近年来，美国社会其他形式的犯罪也出现了逐步升级的情况。联邦调查局《统一犯罪报告》披露的数据显示，2016年，全美共发生各类暴力犯罪案件158.3万起，比八年前奥巴马上台执政时增加了23.3%；其中仅严重暴力伤害案件就高达约90万起，比八年前增长了近27%。[①]

另外一个值得关注的新情况是，19世纪末20世纪初曾在美国猖獗一时的三K党一个世纪前逐步衰落之后，有组织、有规模的“仇恨犯罪”

① Jeffrey W. Swanson, “Guns, Impulsive Angry Behavior, and Mental Disorders: Results from the National Comorbidity Survey Replication,” *Behavioral Sciences & the Law*, Vol. 33, Issue 2 - 3, June 2016, p. 203.

活动[①]在美国社会已非常鲜见，但近年来此类犯罪活动又明显增多。联邦调查局2017年6月公布的一份评估当前美国"仇恨犯罪"问题的报告中指出，过去一年中发生的"仇恨犯罪"案件的数量达到了5850起，比前一年增加了近7%，达到了15年以来也就是"9·11"事件发生以来的最高点。在这些"仇恨犯罪"案件当中，有60%的受害者受到了身体上的攻击，其中180人被杀。[②] 联邦调查局认为，"仇恨犯罪"目前已经成为严重威胁美国公共安全的主要犯罪形式之一。

在传统型的犯罪逐步抬头或趋于恶化的同时，近年来，美国还出现了一些新的、"非传统"型的犯罪。例如以土制炸弹在街头制造爆炸，在校园内驾车冲撞人群，持刀当街砍人，等等。此外，近年来虽然涉及海洛因、可卡因、冰毒等传统"硬性毒品"的犯罪有所减缓，但涉及非传统"硬性毒品"，例如大麻、鸦片等的犯罪却出现了大幅度的上升。美国"成瘾医学协会"（The American Society of Addiction Medicine）提供的资料显示，2014年因鸦片使用过量而死亡的美国人已升至47055人，比上一年增加了14%；2015年涉及此类毒品的犯罪案件比五年前大幅上升了近17%。[③]

上述统计数据和研究结果表明，最近十几年来特别是奥巴马的民主党政府执掌白宫的八年里，美国的多项犯罪指标尤其是"重罪"发案率均出现了不断上升的情况，社会犯罪形势明显恶化。

二　特朗普政府对犯罪问题的评估与判断

如何认识和评估当下美国社会犯罪问题的现状与走势，无疑是特朗

---

① 专门针对特定种族、人群或组织等的攻击、犯罪行为，在美国被定义为"仇恨犯罪"。这种犯罪不仅本身造成的伤害大，而且极易引起大范围的社会恐慌或挑起不同种族、群体之间的相互仇视和报复等，社会危害巨大。美国政府对这种犯罪高度警惕和重视。

② Namrata Tripathi. United States sees 67% increase in hate crimes against Muslims: FBI. International Business Times, November 15, 2016, available at http://www.ibtimes.co.in/united-states-sees-67-increase-hate-crimes-against-muslims-fbi-704101.

③ available at http://www.voanews.cn/voase/43728.htm, Opioid Epidemic Sickens Young Children in U.S. By Anna Matteo, 21 November, 2016.

普政府形成其犯罪控制理念与政策的重要依据。在参加 2016 年总统竞选之前，特朗普只是一个地产商人和企业家，其职业生涯中未曾有过担任任何公共职务的经历。因此，他以一个政治家的身份和立场，并且在国家治理的视野之下，就美国社会犯罪与控制问题所作的相关评估判断，以及其政策立场的表述等，均主要出现在 2016 年的总统竞选期间以及其正式入主白宫之后。这方面的内容可以归纳为以下三个方面。

第一，他认为美国社会的犯罪达到了“使国家面临危机”的程度，并认为是民主党政府的错误政策造成了这种局面。① 在 2016 年 7 月举行的共和党全国代表大会以及之后他与希拉里进行的三场总统候选人辩论中，特朗普多次对此进行了阐述。在共和党全国代表大会的讲话中，他说：“今晚正在观看这场演讲的美国人都看到了最近我们街头的暴力和社区的混乱画面，许多人亲身经历了这种暴力，有些人甚至成了暴力的受害者。”他列举了一系列数据来说明美国眼下的犯罪问题有多么严重。他指出：“在美国的 50 个大城市中，谋杀案 2015 年增加了 17%，这是 25 年来增长幅度最大的一年。”“2015 年，在美国的两个著名的城市华盛顿和巴尔的摩，谋杀率分别上升了 50% 和 60%，这是半个多世纪以来从未有过的增长幅度。”“在奥巴马总统的家乡芝加哥，仅今年（2016 年）一年，就有 2000 多人成为枪击事件的受害者；自从奥巴马就任总统以来，芝加哥市共有 3600 多人被打死。”② 竞选过程中，特朗普多次猛烈抨击民主党政府在犯罪控制问题上的失策，指出“美国人民十几年努力取得的犯罪率下降的成果被奥巴马政府的错误政策瓦解了”。犯罪问题已经“使国家面临危机”。③ 在 2017 年 1 月 20 日的总统就职典礼上，特朗普再次不点名地批评奥巴马政府，指出“犯罪活动、帮派和毒品夺走了众多美

① Sierra Marquina, “Republican National Convention 2016: Everything That Happened during Donald Trump's Nomination Acceptance Speech,” *U. S. Magazine*, July 22, 2016. available at http: //www. usmagazine. com/celebrity – news/news/rnc – 2016 – watch – donald – trumps – speech – via – livestream – w430378.

② Michelle Babicz, “Clinton and Trump – the 3rd 2016 Presidential Debate,” Chicagonow. com, October 19, 2016. available at http: //www. chicagonow. com/planet – michelle/2016/10/clinton – and – trump – the – second – 2016 – presidential – debate/.

③ Ibid.

国人的生命，使我们的国家失去了大量尚未开发的潜力”。他发誓：“这种生灵涂炭的现象到此为止，以今天为终点。”①

第二，他认为外来移民是造成美国社会犯罪的罪魁祸首。美国拥有世界上最大的移民群体，其中有近1100万是非法移民。特朗普认为这批非法移民是制造社会犯罪的主要群体。在2016年10月的葛底斯堡演说中，他说：“美国大城市的街道上到处有黑帮分子游荡，这些人中很多都是非法移民；他们手里有枪，他们肆意伤害平民。”② 2017年2月28日在其就任总统后首次在国会两院联席会上发表的演讲中，特朗普指出：“司法部的数据表明，自‘9·11’恐怖袭击以来，美国国内发生的恐怖主义性质的犯罪，其实施者绝大部分都是外来移民。”③ 特朗普认为，只有严厉控制乃至全部驱逐非法移民方能破解美国当下的犯罪控制难题。竞选过程中他曾多次激进地宣称，当选后他将全部遣返美国的非法移民，声称只有这样才符合“美国优先”（American First）的理念。2016年11月18日在接受美国CBS《60分钟》节目采访时，特朗普虽不再坚称要将1100万非法移民全部驱逐出境，但他仍表示，在担任总统期间，一定会坚决推进逮捕和驱逐美国境内那些有犯罪前科的非法移民的行动。

在论及如何应对当今美国社会最为棘手的犯罪问题——枪支暴力问题时，特朗普同样认为，美国枪支暴力问题不断恶化主要的原因是非法移民、伊斯兰极端主义分子以及主要由非法移民构成的黑帮组织。所以，他认为，解决美国枪支暴力犯罪问题的关键是剥夺这些人手中的枪。2016年6月，佛罗里达州奥兰多市“脉搏”夜总会重大枪击案发生后，特朗普抢在民主党政府之前发声，痛批奥巴马政府在枪支暴力犯罪面前“软弱”。在奥巴马发表谴责枪击案的声明后，特朗普又通过社交媒体，指责奥巴马的讲话中没有提及非法移民和宗教极端主义。他说：“我们再

---

① Donald J. Trump, “The Inaugural Address,” January 20, 2017, available at https://www.whitehouse.gov/inaugural-address.

② available at http://inews.ifeng.com/mip/50045063/news.shtml.

③ William Cummings, “Trump Gave One of the Longest First Speeches to Congress,” *USA Today*, available at http://www.usatoday.com/story/news/politics/onpolitics/2017/02/28/trump-speech-length/98560186/.

也承受不起政治正确了。”“要避免类似的惨案再次发生，我们只有通过‘控制人’来‘控制枪’，也就是改变我们的移民政策，这是问题的关键。”①

第三，他认为美国的“法律与秩序”遭到了严重破坏。竞选期间他多次对奥巴马的政策提出批评，指出奥巴马在“种族平等”“消除歧视”等“政治正确”的口号之下，推行了一系列破坏美国的“法律与秩序”，使非洲裔、西班牙裔等少数族裔的人民受到更严重的犯罪伤害的政策。②首先，在处理与地方刑事司法部门的关系上，特朗普指责说，奥巴马执政期间，受白宫直接管辖的联邦司法部，以所谓“地方执法部门中存在着对黑人等少数族裔的‘系统性种族歧视’（Systematic Racism）”为由，大张旗鼓地展开对芝加哥等城市的警局和司法部门的调查和追责，白宫还多次对这些地区刑事司法部门的工作公开提出质疑和批评。特朗普认为，这些做法严重干扰了地方刑事司法部门的独立执法，同时也向社会释放了对地方刑事司法部门极其不利的负面信息，而这样做的直接后果是“严重限制了警察的执法能力”。“现在，警察在很多情况下都不敢采取行动，在犯罪面前缩手缩脚。奥巴马政府表面上是保护黑人的权益，但实际结果是非洲裔美国人社区被犯罪摧毁了。”③ 另外，对于希拉里在竞选中反复提到的：美国一些刑事司法部门中存在着对黑人等少数族裔的“隐形偏见”（Stealth Prejudice），解决这些“隐形偏见”是美国犯罪控制中的一个关键问题。对此，特朗普反驳道，这是把种族问题与法律问题硬扯到一起，正是这种混淆造成了奥巴马执政以来，一方面美国社会的种族对立情绪不断加剧；另一方面，黑人等少数族裔青少年的犯罪也在日趋严重。他指责奥巴马“利用总统的职权，以种族和肤色之别来削

① William Cummings, “Orlando Nightclub Shooting: What We Know ?” *USA Today*, available at https: //www. usatoday. com/search/Orlando% 20nightclub% 20shooting:% 20What% 20we% 20know% 20/.

② available at http: //video. sina. com. cn/l/p/1711642. html.

③ Michelle Babicz, “Clinton and Trump – the 3rd 2016 Presidential Debate,” Chicagonow. com, October 19, 2016. available at http: //www. chicagonow. com/planet – michelle/2016/10/clinton – and – trump – the – second – 2016 – presidential – debate/.

弱我们的遏制犯罪的努力。”[①]

三　特朗普犯罪控制“新政”内容及评析

基于以上评估和判断，特朗普及其政府逐步形成了自己的犯罪控制“新政”理念与思路。入主白宫近一年以来，特朗普政府的一些具体的“反犯罪”政策措施也已逐步付诸实施并且造成了诸多社会影响。

（一）特朗普犯罪控制“新政”的主要内容

特朗普犯罪控制“新政”主要包含以下三方面的内容。

第一，从改变执法手段入手，大力恢复美国社会的“法律与秩序”，以“强硬化”的刑事司法手段遏制犯罪。在竞选过程中的多次演讲以及他与希拉里进行的面对面辩论中，特朗普屡屡公开批评希拉里和民主党在处理犯罪问题时“一直在回避一个关键问题，即法律与秩序”。他认为，“没有‘法律与秩序’”，美国将会面临灾难”[②]。在接受共和党总统候选人提名的讲话中，他说：“我要告诉大家，今天折磨着我国的犯罪和暴力很快将会告一段落。从 2017 年 1 月 20 日起，法律和秩序就将得到恢复。”

在美国的刑事司法语境中，“法律与秩序”是“严惩性”刑事司法理念与主张的代名词；强调“法律与秩序”意味着主张采取不同寻常的行动来强化司法正义（Criminal Justice）和社会防卫。[③] 同时，在对犯罪的

---

① Sierra Marquina, “Republican National Convention 2016: Everything That Happened during Donald Trump's Nomination Acceptance Speech,” *U. S. Magazine*, July 22, 2016. available at http://www.usmagazine.com/celebrity-news/news/rnc-2016-watch-donald-trumps-speech-via-livestream-w430378.

② Ibid.

③ “司法正义”：指应严格依照法律的规定来实现社会的正义，强调“罪、罚相符”以及在法律面前人人平等。司法正义包括实体正义与程序正义。实体正义是指通过司法实现正义的目的，这种目的必须符合人类的道德习惯、价值追求、公共利益等。实体正义往往没有明确的规则与标准，它是人类内心的一种正义判断。程序正义是指判决过程符合公正、正义的要求以及法律程序本身的正义。

控制和处置措施上，以“严打”（Get－tough）为主要手段。为具体体现他的这一“强硬化”的犯罪治理理念，在系统阐释其执政方略的葛底斯堡演说中，特朗普表示：“我执掌白宫期间，将会为联邦执法部门和联邦检察官提供更多的支持和资源，改善刑事司法体系的效率，打击犯罪。我会毫不犹豫地将暴力罪犯分子送进监狱，或者将他们驱逐出境，送他们回自己的国家。”[①] 在最为紧迫的措施方面，特朗普提出要尽快在全美范围尤其是大城市，恢复实施“当街拦检”（street intercept and check）的警务措施。[②] 该措施因涉嫌对黑人等少数族裔的种族歧视，2013 年先后被纽约市等一些地方法院裁定“违宪”并被终止执行。然而特朗普多次强调，“当街拦检”在促使纽约、芝加哥等城市的犯罪率下降方面“发挥了作用，非常巨大的作用，被取缔后犯罪率迅速上升”。他明确表示“我上任后要增加更多的警察，迅速重启这项措施”[③]。

第二，驱逐非法移民，消除犯罪的最大隐患。特朗普认为，非法移民是美国社会犯罪的主要来源，因而驱逐非法移民是他打击犯罪的首要选项。特朗普本人以及他的核心幕僚通过社交网络以及公开演讲等诸多渠道，阐明了特朗普政府在解决非法移民问题上所要达到的各项目标和将会采取的具体做法。归纳起来，大体有以下几个方面：其一，遣返全部非法移民；结束以往实施的“抓了就放”的做法。其二，废除奥巴马颁布的“暂缓遣返令”；对那些保护非法移民免遭遣返的城市（如旧金山），取消联邦政府资助。其三，对移民犯罪零容忍；驱逐所有有犯罪记录的非法移民；当这些人被驱逐出境后，他们必须远离美国，否则会被严厉处罚。其四，确认被遣返非法移民的国家确实接收了这些非法移民；对那些不配合的国家将在移民事务上予以制裁。其五，所有来美国的移民必须接受“极端审查”（extreme vetting），确保移民美国的人尊重美国

---

① available at http：//finance. ifeng. com/a/20161024/14957521_0. shtml.

② 为有效控制犯罪，纽约市、芝加哥等一些犯罪率极高的城市的警察部门在 20 世纪八九十年代推出了这项“当街拦检”的预防性犯罪控制措施，授权街头执勤的警察在“适当时刻”可以果断采取行动，对形迹可疑的行人进行拦截检查，并可迅速采取行动，对涉嫌违法犯罪者进行逮捕。

③ available at http：//video. sina. com. cn/l/p/1711642. html.

人民和美国的价值观。在该审查程序建立完善之前，不签发来自特定国家的任何签证申请（尤其那些伊斯兰国家）。其六，暂停接收来自恐怖活动频发地区的移民。其七，在南部美墨边境一带修建边境隔离墙。

为了使自己的这些主张和目标得到美国民众的呼应和支持，从而得以顺利落实，竞选期间及就任总统之后，特朗普多次在社交网络和公开讲话中提到：“美国大城市的街道上到处有黑帮分子游荡，这些人中很多都是非法移民；他们手里有枪，他们肆意伤害平民。”“移民夺走了我们的工作机会，抢走了我们的财富，分给我们的只有肆虐的毒品和暴增的犯罪。”① 他多次表示要将美国国内的1100万非法移民全部遣返回国，特别是这些非法移民中的300万有犯罪前科的人。他说，只有这样才符合“美国优先”的理念。

入主白宫伊始，特朗普便迅速出台了多项针对非法移民的政策措施。例如，2017年1月27日，特朗普签署了名为“阻止外国恐怖分子进入美国的国家保护计划”（Protecting the Nation from Foreign Terrorist Entry into the United States）的总统行政令，即媒体所称的“禁穆令”。2017年1月29日，特朗普签署了《极端审查令》（Extreme Vetting），启动了对来自恐怖分子影响较大的七个国家移民的更为严格的审查行动。2017年2月1日，特朗普向国土安全部移民与海关执法局（Immigration and Customs Enforcement，ICE）下达命令，发动了为期一周的对非法移民的“突袭”行动。在2月6日开始的一周内，该局在纽约市、洛杉矶、芝加哥、亚特兰大等全美多个城市或地区逮捕了数百人。尽管移民与海关执法局的发言人克里斯坦森（Gillian Christensen）对媒体表示，他们逮捕的人都是“严重的罪犯”和“对公共安全或移民制度构成威胁的人”。但该局的其他官员证实：“考虑到特朗普行政命令的定义更广，因此行动中也拘捕了一些缺乏居留文件的外来移民。”拘捕行动显然超出了特朗普所说的“罪犯”的范围。另外，以往对非法移民的搜查行动都是在夜间进行，但移民与海关执法局的此次行动却选择在白天展开。美国媒体认为，特朗普做此选择的目的是“一箭双雕”，一方面意在向公众表明，他的驱逐政策并非

---

① available at http：//inews. ifeng. com/mip/50045063/news. shtml.

“说说而已”；另一方面，他也向那些给非法移民提供避难机会的城市（例如旧金山、洛杉矶、芝加哥等）发出一个明确的信息，即对非法移民的庇护政策在他当政期间必须大大收紧。

特朗普入主白宫后对非法移民特别是非法移民当中有犯罪记录的人所采取的这些严厉的措施表明，通过解决非法移民问题来达到控制犯罪的目标已经成为特朗普政府消除社会犯罪的一项基本方略。

第三，维护《宪法第二修正案》，剥夺“危险人群”的持枪权。在枪支管控这个在美国社会广受争议而又事关犯罪控制效果的重大问题上，特朗普秉持了共和党的传统理念和一贯立场，即捍卫持枪权，反对控枪。然而，面对美国社会日益严重的枪支暴力问题和时有高涨的控枪呼声，在一些具体问题或重要“关口”，特朗普又选择了不予正面冲突或“说一套，做一套”的策略性手法。其基本立场和政策倾向可以大体归纳为以下三个方面：其一，坚决维护“人民持有并携带武器的权利不得侵犯”的宪法规定，捍卫持枪权。2016 年总统竞选期间，在与希拉里进行的总统候选人辩论中，特朗普详细阐述道：“《宪法第二修正案》保证了美国人民持枪的基本权利。宪法并没有创造这个权利，而是确保政府不得剥夺这项权利。”[①] 其二，实行“双轨”政策，既要坚定保护合法持枪者的权利，包括拥有各种类型武器的权利，同时必须剥夺“危险人群”，也就是罪犯，特别是非法移民中的犯罪分子的持枪权。其三，完善精神病患者防控体系。特朗普主张，对于那些有暴力倾向的精神病患者，“必须在他们危害社会前让他们离开街区。否则，一旦疯子发疯干了什么，那些控枪支持者和媒体又会跳出来指责合法持枪者”[②]。

在一些重要演讲和谈话中，特朗普还在枪支问题上作出了一些具体承诺，特别是在葛底斯堡演说中，特朗普严厉批评民主党和奥巴马，指责他们在过去八年中，“一直在试图削弱、改变宪法《第二修正案》，破坏我们的宪法”；并表示，他当政期间会“逐一废除奥巴马时期颁布的‘控枪行政令’以及其他所有违反宪法的行政措施、总统备忘录、行政法

---

① available at http：//inews. ifeng. com/mip/50045063/news. shtml.

② Ibid.

令，等等”。

（二）特朗普犯罪控制“新政”的利弊得失

2016 年的总统选举是在美国的犯罪问题趋于严重，社会的治安大环境不断恶化的背景下举行的。执政八年的民主党政府在犯罪控制问题上乏善可陈，没能向民众交上一份满意的“答卷”。然而竞选的逻辑就是这样，民主党的失败正是特朗普的“利好”。所以客观地说，特朗普在竞选期间提出的一些打击犯罪，重建“法律与秩序”的主张所以能够赢得“民心”，其主要原因是民主党八年的表现让人大失所望，而绝非特朗普的主张真正切中了美国犯罪问题的要害。

第一，关于“恢复”美国社会的“法律与秩序”以及采取“强硬化”刑事司法手段打击犯罪。这一主张和思路不仅是特朗普竞选总统时的重要“旗帜”之一，同时也是他当政后治理美国社会犯罪的主要“法宝”和“抓手”。他上任后采取的一系列强硬而又大胆的行动证明他在遏制犯罪问题上“言出必行”。这些强硬化的举措无疑会对当下美国社会的犯罪产生一定的震慑作用，并且在短时间内获得一定的成效。但是，从美国历史上的类似先例与经验来看，这种政策和做法并不能持续有效地控制社会犯罪。以 20 世纪七八十年的情况为例，当时随着社会犯罪尤其是青少年犯罪的迅速增长，美国的犯罪治理理念与方法出现了重大改变，60 年代盛行的以注重有利于罪犯改造和重新回归社会为特征的“康复性”犯罪治理理念与方式，逐渐被以惩罚和监禁为特征的“强硬化”理念与方式所取代。其具体体现是，1976 年最高法院允许各州制定恢复死刑的立法；80 年代前后有 30 多个州先后通过了对缓刑和假释等社区矫正项目实施严格限制的法律，有些州甚至完全取消了假释。在治理青少年犯罪上，“强硬化”的刑事司法手段表现得更为突出。80 年代前后，美国各地的少年法院开始将大量少年犯移送至成人刑事法院审理，使其被适用等同于成年犯的严厉的刑罚，等等。然而，这些“强硬化”的刑事司法手段并没有取得预期的有效遏制犯罪的效果。正如前文所述，直到 20 世纪 90 年代初，美国的犯罪率尤其是青少年犯罪率仍然保持着上升势头。不仅如此，因持续实施“严打”“监禁”等手段，又造成了各地监狱的人满为患和警力与资金的严重不足，“强硬化”的刑事司法手段最终难以为继，20 世纪 90 年代，美国刑事司法界不得不对其以往的政策措施进行全面调整和改革。

此外，在评估当下美国社会的犯罪时，一个必须承认的事实是，目前美国犯罪问题的恶化并非因“法律与秩序”的缺失或遭到破坏所致。毫无疑问，美国社会目前并没有出现类似 20 世纪六七十年代那样的，因反战、民权运动、嬉皮士运动、反腐败运动如火如荼所造成的大规模的动荡和骚乱，国家的“法律与秩序”并没有遭到任何系统性的破坏。2011 年虽然发生了波及全美几十个城市的“占领华尔街”运动，但是，运动期间也只发生了一些小规模的警民冲突和城市骚乱，并且该运动仅仅维持了短短半年便逐步销声匿迹。因此，言称“恢复”美国社会的“法律与秩序”，这未免夸大其词，因而也不是一个治愈当今美国社会犯罪问题不断恶化的对症处方。此外，在当今美国的政治体制下，在打击和控制犯罪的问题上，事实上总统和联邦政府的权力是受到很大制约的。根据美国宪法，维持社会治安的权力属于地方政府而非联邦政府。在实际执法中，联邦执法机构有管辖权或者可以“插手”处理的犯罪案件只占美国每年全部犯罪案件总数的不到 10%，其他 90% 以上的案件都归地方执法部门处理，联邦无权干涉。① 由此可见，特朗普的许多相关政策主张在实际执行当中本身就受到很大的限制，或者说是无法实现的。

第二，关于非法移民与犯罪问题的关系。竞选期间以及入主白宫之后，特朗普曾多次在社交网络和公开演讲中表示，驱除非法移民，特别是这些人中的犯罪分子是消除美国社会犯罪的“关键”所在，认为解决了这个问题，美国的社会犯罪将会“大大缓解”。② 客观地说，非法移民确实给美国社会带来了一些犯罪，比如毒品走私、团伙犯罪、帮派争斗等。但是，这些问题并不是美国社会犯罪的主流。根据位于华盛顿的非党派智库机构“移民研究中心”（Center for Immigration Studies）2015 年 11 月发布的一份研究报告中的统计，过去 10 年中在美国发生的枪击、谋

---

① Bruce Alpert, “Trump Follows Nixon’s Lead in Calling for Law and Order,” available at http：//www. hxen. com/englishlistening/voaenglish/voaspecialenglish/2016 - 07 - 23/436773. html.

② available at http：//www. 171english. cn/news/video/trgetsib. html.

杀、抢劫、毒品走私等 7 项主要犯罪案件当中，非法移民作案所占的比例仅为约 4. 15%，也就是说，美国发生的 95% 以上的犯罪都与非法移民无关。再以目前美国社会最严重的犯罪问题枪支暴力为例。根据枪支暴力档案室网提供的统计数字，过去 5 年中，全美发生的约 1400 起“重大枪击案”中，大约只有 13 起即 0. 93% 为非法移民所为，其他 99% 以上的案件都与非法移民无关。[①] 由此可见，即使特朗普将他所称的“300 万有犯罪前科的非法移民”全部予以逮捕并驱逐出境，它也只能消除美国大约 4% 的犯罪或不足 1% 的枪支暴力问题。很显然，这个数字对整个犯罪状况的改善来说，无疑是微乎其微的。由此可见，特朗普将非法移民视作造成美国社会犯罪的主因，这既不公正，也不可能有效解决美国社会的犯罪问题。

第三，关于枪支暴力与枪支管控。2017 年 1 月特朗普就任总统以来，美国的枪支暴力问题持续恶化。枪支暴力档案室网站 2018 年 1 月 2 日公布的最新统计显示，2017 年，全美共发生枪击案 61135 起，比 2016 年大幅增加了 2316 起；2017 年，因枪击案死亡人数比上一年增加 422 人，达到了前所未有的年 15510 人的历史新高。不仅如此，2017 年 10 月 1 日，在美国西部城市拉斯维加斯的曼德勒湾酒店广场，发生了美国现代史上前所未有的“特大枪击案”。凶手从酒店 32 层的客房窗口向楼下正在观看演唱会的 2 万多名观众开枪扫射，当场造成 59 人死亡，520 多人受伤。酿成美国现代史上伤亡最为惨重的一起枪击案。此案震惊全美乃至全球。

尽管特朗普上台执政的时间尚不足一年，美国枪支暴力问题严重恶化的结果无疑不能简单归咎于他的相关政策与施政。但是，他上台前后在枪支管控问题上的一系列颇具极端化的言行又很难说与美国枪支暴力问题的恶化不无关联。

2017 年 1 月就职以来，尽管特朗普与控制着国会两院的共和党议员之间在诸多政策议题上矛盾与分歧不断，然而，在放松对枪支的管控一事上，双方却保持了高度的默契与一致。特朗普政府上台还未及满月，

---

① Adam M. Butz, “Policy Learning and the Diffusion of Stand Your Ground Laws,” *Politics & Policy*, December 2016, p. 372.

国会两院便在共和党议员的积极推动下，于2017年2月初先后投票废除了奥巴马当政期间颁布的一项重要的控枪行政令。该行政令授权美国社会安全局（The United States Social Security Administration）采集购枪人心理健康的信息，旨在建立一个"心理健康状况数据库"，以便为防止有心理疾病的人购买枪支提供依据。废除奥巴马的这项总统行政令，就意味着美国将允许国内目前大约7.5万名精神病患者获得持枪权，可以自由地购买和使用枪支。

长期以来，"防止精神病患者获得枪支"这一点一直被视为美国管控枪支的"最低门槛"或"底线"，也是防止枪支暴力犯罪失控的最重要的一道"闸门"。过去几十年中，虽然历届总统在枪支管控问题上的立场各有不同，甚至彼此相左，但是，在防止枪支落入"精神病者"这一点上，他们的立场却是一致的。但是，特朗普却成了唯一的例外。他的立场表面上看似乎是"摇摆不定"或"前后不一"，但实际上，他始终认为没有必要守住这条"底线"。在2016年总统竞选过程中的大部分时间里，特朗普曾多次明确表示赞成阻止枪支落入"危险人群"包括"有心理健康问题"的人手中，但事实上，那只是一种竞选策略。在总统竞选接近尾声，即2016年10月，在回答NBC记者提出的关于"枪支犯罪和精神疾病之间的关系"问题时，特朗普却一改之前的立场，表示："精神病是一个麻烦，政府需要做更好的工作。但是不是通过限制枪支。""目前的事实是，美国已经是一个枪支社会，不管有没有严格的枪支法律，一些非常聪明的精神病患者总归是可以弄到枪支的。在此情况下，大家可以获得枪支保护自己才是最好的情况。"①

2017年2月28日，特朗普签字批准了国会于2月初通过的"废除'奥巴马限制精神病患者购枪的总统行政令'"，使之正式生效，从而为美国的精神病患者购买枪支开了绿灯，迈出了放松对枪支进行管控的更危险的一步。

2017年10月1日拉斯维加斯特大枪击案发生后，凶手的作案动机一

---

① 王骁：《美参院废除奥巴马控枪法案，数万精神病患或可拥枪》，观察者网，2017年2月16日，available at http：//www. guancha. cn/america/2017_02_16_394658. shtml。

直是各方关注的焦点。凶手退休前从事金融财会工作，收入丰厚、生活富足，甚至拥有私人飞机。美国国土安全部的初步调查表明，凶手与国内外极端组织都没有关联；没有发表过仇恨言论；没有过任何犯罪前科。目前，能够解释凶手作案的唯一理由，是他此前曾有过精神病史。并且，他的父亲也是一个有精神疾病的人，并曾抢劫银行和越狱，曾是美国联邦调查局的头号通缉犯。特朗普政府解禁精神病患者购枪的举措，无疑将会使这类“由精神病患者制造的枪击案”不断增多，从而使已经十分严重的美国枪支暴力问题雪上加霜。

四　特朗普犯罪控制“新政”的前景

虽然特朗普在2016年总统竞选过程中以及就任总统后，在遏制社会犯罪的问题上提出了一些颇能打动人心的思路和主张，并且确也得到了一些选民的认同和支持。但客观地说，他的一些思路和主张，更多的还仍然只停留在笼统的、概念化的层面，并无多少系统、翔实的规划设计。因此，事实上，时至今日人们也并不真正完全了解他的思路与主张的全部内涵，更不清楚他究竟会如何具体、持续性地推行他的政策主张，以达到有效控制社会犯罪的目标。

另外，由于特朗普本人在当选总统之前并没有过任何在政府部门工作的经历，他的从政经验尤其是处理社会问题的经验之缺乏毋庸置疑。不仅如此，迄今为止，他在选用白宫班底成员，特别是重要职务和助手时，更青睐于成功商人和具有军方背景的人，这一用人偏好又使得他目前的核心阁僚中几乎没有一位是谙熟犯罪问题或社会问题的专家，就连他挑选的政府首席法律顾问——司法部长塞申斯（Jeff Sessios），实际上也已经远离司法工作20多年了。这些客观状况的存在使得特朗普及其白宫团队在制定和实施相关政策措施时，难免会出现一些偏颇甚至漏洞。特朗普执政近一年来，这方面的问题已经开始越来越多地暴露出来并且给特朗普新政府犯罪控制政策的推行造成了巨大的麻烦。

首先，为阻止恐怖主义势力对美国的渗透和遏制恐怖主义犯罪在美国的滋生和蔓延，特朗普上台伊始便签署了媒体所称的“禁穆令”。该行政令规定：(1) 90天内暂停存在恐怖主义活动国家的移民进入美国，这些国家包括叙利亚、也门、苏丹、索马里、伊拉克，伊朗和利比亚。(2) 暂停美国《难民安置计划》(Refugee Admissions Program) 120天，在此期间对以前的入境申请和审批程序进行重新审查。(3) 无限期中止奥巴马任内启动的安置叙利亚难民的计划，并把本财年美国计划接收的来自世界各地的难民数量削减50%。①

由于这项“禁穆令”带有明显的对穆斯林、移民、难民等群体或相关国家的政治上的歧视、偏见或排斥等，因此，它还未及真正落实和实施，便立即在美国国内外引起广泛批评和抵制。不仅特朗普的代理司法部长耶茨（Sally Yates）公开批评总统的这项禁令不合法，并下令司法部检察官不得为该禁令作辩护；甚至特朗普自己提名的最高法院大法官格萨奇（Neil Gorsuch）也公开表示，总统的这项禁令“令人泄气”和“令人沮丧”。“禁穆令”公布之后，全美有16个州的总检察长公开声明反对这一禁令；纽约市等地的总检察长还表示将发起对该禁令的起诉等。在国际上，“禁穆令”不仅遭到被牵连的伊斯兰各国政府的谴责，美国的亲密盟友英国、法国、德国、加拿大等国，以及欧盟、联合国等国际组织也都纷纷表示强烈反对。2017年2月3日，华盛顿州西区联邦地方法院法官詹姆斯·罗巴特（James Robart）作出裁决，要求在全美范围内停止执行这项禁令。一周后，位于旧金山的第九联邦巡回上诉法院作出裁定，维持罗巴特法官的裁决，拒绝了司法部要求恢复这项禁令的请求。裁决书指出，政府没有提供证据证明其禁令出台前经过了必要的程序，例如举行听证会、事先发出通知等；法院没有在此情况下支持政府这一做法的先例，因此予以驳回。至此，“禁穆令”遭到“叫停”。为了使“禁穆令”最终得以落实，特朗普政府不得不对最初的版本先后两次作了修订。2017年12月5日，美国联邦最高法院裁定，特朗普的（第三版）“禁穆令”可以全面生效。这场持续了近一年之久的司法大战最终

① Trump Signs Executive Order limiting Immigration, DEBKA File January 28, 2017, available at http://www.debka.com/newsupdate/19819/Trump-signs-executive-order-limiting-immigration.

以特朗普的获胜而告一段落，由于最终版的“禁穆令”中依然包含着十分明显的对穆斯林的歧视和排斥等，因此，这给未来美国与伊斯兰国家合作、共同遏制恐怖主义对美国的渗透，特别是防范恐怖主义犯罪在美国的滋生和蔓延等，必然会带来极大的负面影响和掣肘作用。

其次，2017 年 2 月初，特朗普政府在美国多个城市发起了逮捕和驱逐非法移民的行动，这在美国国内外也受到了广泛的质疑和批评。全美非法移民拥有量最多的城市——旧金山市市政府律师艾雷拉（Dennis Herrera）批评特朗普的这一做法涉嫌违反美国《宪法第十修正案》，因为该修正案规定：“未授予联邦政府行使且未禁止各州行使的权力，保留给各州政府或其人民。”艾雷拉表示，他将会就此事对特朗普提起诉讼。非法移民大州得克萨斯州首府奥斯丁市市长艾德勒（Stephen Adler）对美国全国广播公司（NBC）表示，遣返那些并非罪犯而只是有轻微违法行为的无证移民，不会让美国变得更加安全。相反这只会使移民社群产生恐惧和愤怒情绪，并且破坏公众对执法部门的信任。在国际方面，美国国土安全部根据特朗普的移民禁令，于 2017 年 2 月 20 日发布了两项备忘录，即《落实总统边境安全和加强移民执法的政策》（IPBSIEIP）和《执行移民法律以服务国家利益》（EILSNI）。根据这两项备忘录中的规定，美国海关人员可以将那些被逮捕的非法移民直接驱逐到墨西哥，而不论他们的国籍是否为墨西哥籍。[①] 这意味着更多无证移民将被关押或遣返到墨西哥等待听审。对此，墨西哥总统培尼亚（Enrique Peña Nieto）断然取消了他计划赴美与特朗普会谈的行程，以示不满和抗议。墨西哥外长比德加莱（Luis Videgaray）也对媒体表示，美方的这一做法“是敌意和不必要的侵略行为。很难想象墨西哥政府今后还能够心平气和地跟美国官员坐在一起，讨论在打击毒品犯罪等方面进行合作的话题”。[②] 不仅如此，特朗普在美墨边境修建隔离墙的工程预计也会在其任内按计

---

① Enforcement of the Immigration Laws to Serve the National Interest; Implementing the President's Border Security and Immigration Enforcement Improvement Policies, available at https://www.dhs.gov/.

② 孙卫赤：《墨西哥斥特朗普移民新政是侵略行为》，环球网，2017 年 2 月 23 日，available at http://world.huanqiu.com/exclusive/2017－02/10184005.html? t＝1487819054812。

划启动。因此，未来美墨关系的进一步恶化显然是不可避免的。按照特朗普竞选总统时所说，美国非法移民中的犯罪分子属墨西哥人最多，而两国关系的恶化使双方合作打击犯罪的前景已变得十分渺茫，这显然与特朗普“以打击非法移民犯罪来带动全面犯罪控制”的目标是南辕北辙的。

此外，近年来，美国国内发生的与国际恐怖主义势力“伊斯兰国”（ISIS）有牵连的暴力犯罪活动明显增多。以“暴恐性”枪击案为例，2015 年以来，每年发生的此类案件的增长幅度都在 20% 以上，并且其造成的伤害程度远远大于一般的暴力犯罪。2015 年 12 月加利福尼亚州圣贝纳迪诺暴恐枪击案死伤 35 人，2016 年 6 月佛罗里达州奥兰多夜总会暴恐枪击案死伤 102 人，2017 年 11 月得克萨斯州萨瑟兰普林斯市教堂暴恐枪击案死伤 52 人。仅这三起“暴恐性”枪击案就造成了 189 人死伤，平均每起死伤 63 人。这个数字是美国联邦调查局定义的“重大枪击案”平均死伤人数 4 人的 15 倍以上，其危害程度之大可见一斑。在美国国内“暴恐性”犯罪不断增多情况下，加强国际合作，特别是与伊斯兰国家的合作，遏制极端主义势力的蔓延和影响，特别是严防美国国内受极端主义思想“激发”的“独狼式”的“暴恐性”袭击等犯罪，是近年来美国警方重点加强的一项犯罪防范工作。但是，特朗普上任后实施的这些歧视、排斥移民，尤其是伊斯兰国家移民的做法，不但给极端组织扩大影响和招募成员提供了大好的机会和借口，而且也在客观上传播了这样一种认知，即美国是在和伊斯兰文明而不是犯罪分子和恐怖分子作战。由此可见，特朗普当政后实施的这些举措既不利于国际社会的反恐行动，也是对美国自身犯罪控制努力的削弱和伤害。

结 语

在造成美国社会犯罪问题不断恶化和影响与阻碍美国犯罪控制效果的诸多因素当中，刑事司法制度与措施方面的弊端和不当固然是原因之一，但客观地说，问题的背后还隐含着诸多更深层和更广泛的政治与社会原因。例如：近年来愈演愈烈的"政治极化"特别是"否决政治"[①]（Vetocracy）所造成的国家的政治机器瘫痪、社会政策难产；中产阶级萎缩、贫富鸿沟加大引发的普通百姓特别是贫困阶层的不满情绪上升、怨恨心理加重；少数族裔在就业、收入、教育机会等方面与白人的系统性差距加大导致的种族关系恶化、种族对立加剧；刑事司法领域中的"双重标准"和对少数族裔的普遍性歧视，以及白人警察枪杀非洲裔事件频发造成的警民关系紧张、暴力氛围加重；等等。这些深层矛盾、对立和冲突不解决，无论是强化"法律与秩序"，还是推行"强硬化"的刑事司法措施，无疑都是隔靴搔痒和无的放矢，无法取得犯罪控制上的"治本"效果。

盖洛普咨询公司（Gallup）不久前进行的一项民意调查显示，因一系列国内外政策与施政的不尽美国公众之意，这当中自然也包括"禁穆令"和搜捕、驱除非法移民等举措所引发的巨大的争议，特朗普的支持率甚至已经下跌到了40%以下，而不支持率则上升到了近60%。[②] 也就是说，有一半以上的美国人对特朗普执政近一年的表现持负面评价。

虽然"禁穆令"和搜捕、驱逐非法移民等举措的施政重点并不在犯罪控制，但其中包含着打击和遏制犯罪的成分与意图这一点是毫无疑问的。因此，这些措施的"夭折"或招致的强烈反对和抵制等，必然会殃及乃至伤害特朗普全盘犯罪控制政策的眼前及未来的命运。由此看来，特朗普竞选期间表达的雄心勃勃的"彻底清除折磨着我国的犯罪和暴力"以及"将成为一个'法律与秩序'的总统"的宏图与承诺，其实现的前景并不乐观。在他执掌白宫大权已届一年的今天，人们已经很难再继续期待他在犯罪控制方面真正有所作为。

---

① 美国斯坦福大学高级研究员福山（Francis Fukuyama）在其《政治秩序与政治衰败》（*Political Order and Political Decay*）一书中把民主党和共和党之间近年来彼此形同水火，一个政党往东，另一个政党一定往西，不在乎对方有没有道理，决意不让对方得逞的"两极化"党争现象称作"否决政治"。

② available at http://news.gallup.com/poll/224849/snapshot-trump-weekly-job-approval-highest-july.aspx?g_source=ALL_GALLUP_HEADLINES&g_medium=topic&g_campaign=tiles.

第八章

美国枪支暴力犯罪的管控与失控

高英东

枪支暴力犯罪是当今美国社会最严重的犯罪，也是公共安全所面临的最大威胁。然而，由于公民持枪受到美国宪法的保护，由于掌握着宪法解释权和司法审查权的联邦最高法院的反控枪立场，由于当今美国的“政治极化”和“否决政治”造成民主、共和两党在联邦国会的“恶斗”等诸多障碍和掣肘因素的作用，因此，长期以来，美国联邦政府一直无法出台或真正实施任何行之有效的枪支管控法律，致使枪支暴力问题在美国社会愈演愈烈。

一　枪支暴力问题的现状与新的发展动向

美国是一个“枪的社会”，枪支暴力问题由来已久。事实上，美国民众对于身边时有发生的枪击事件也早就习以为常。但是，近年来，枪支暴力事件的发生频率激增，危害程度急剧恶化，引发民众广泛忧虑。以最近三年的情况为例，美国枪支暴力档案室网站（http：//www. gunviolencearchive. org）提供的资料显示，2015 年全美共发生枪击案 53719 起，比前一年增加 2316 起；2016 年共发生枪击案 58819 起，比前一年大增 5100 起；2017 年共发生枪击案 61135 起，比上一年再增 2316 起。在枪击案数量逐年大幅攀升的同时，它所造成的伤害程度也在持续加剧。2015 年因枪击案死亡的人数为 13510 人，比上一年增加 947 人；2016 年死亡人数上升至 15088 人，比前一年大增 1578 人；2017 年死亡人数则增至

15510人，比上一年再增422人。三年来，枪击案死亡人数大幅上升了近15%。[①] 除了案发频率和死伤人数大幅增加之外，近年来发生的枪击案还呈现以下一些新的特点和动向。

（一）"重大枪击案"（Mass Shooting Case）[②] 数量持续增加，危害程度不断加大

枪支暴力档案室网站提供的数字显示，2014年发生的一次造成4人以上伤亡的"重大枪击案"273起，比2013年增加了近18%；2015年发生的此类枪击案升至333起，比前一年大增22%；2016年发生的此类枪击案则攀升至383起，比前一年再增15%。[③] 其中，2015年12月2日发生在加利福尼亚州圣贝纳迪诺（San Bernardino）一个康复中心的枪击案，一次造成35人死伤；2016年6月12日发生在佛罗里达州奥兰多市"脉搏"夜总会的枪击案，当场造成102人死伤；而2017年10月1日发生在拉斯维加斯市曼德勒湾酒店广场的枪击案，更是当场造成59人死亡，520多人受伤。[④]"重大枪击案"所造成的死伤人数屡创新高。

（二）出现了"仇恨犯罪"性质的枪击案

2015年2月12日和6月17日，在北卡罗来纳州的查普希尔和南卡罗来纳州的查尔斯顿先后发生了两起明显带有"仇恨犯罪"（Hate Crime）[⑤] 特点的枪击案。两案均由白人所为，前一起案件专门针对美国的穆斯林群体，3名穆斯林学生被杀。凶手克雷格·希克斯（Craig Hicks）在作案前曾多次在脸书网（FaceBook）上发布带有反宗教，特别是反穆斯林内容的帖子，并宣称自己是个"持枪杀人的无神论者"（Gun Toting Atheist），他还号召"志同道合者"行动起来，等等。案发后，美

---

① available at http：//www. gunviolencearchive. org.

② 美国联邦调查局将造成死亡人数在4人及以上的枪击案定性为"重大枪击案"。

③ available at http：//www. gunviolencearchive. org.

④ Ibid.

⑤ 专门针对特定种族、人群或组织等的攻击、犯罪行为，在美国被定义为"仇恨犯罪"。这种犯罪不仅本身造成的伤害大，而且极易引起大范围的社会恐慌或挑起不同种族、群体之间的相互仇视和报复等，社会危害巨大。美国政府对这种犯罪高度警惕和重视。

国警方以涉嫌“仇恨犯罪”和一级谋杀罪将凶手逮捕。后一起案件专门针对非洲裔美国人。21 岁的白人男子戴伦·鲁夫（Dylann Roof）在位于查尔斯顿市的一座非洲裔卫理圣公会教堂，向正在举行祈祷会的人群连开 40 多枪，造成 9 人当场死亡，1 人受伤，酿成当地历史上近几十年来从未有过的大型枪杀事件。目击者说，当时，枪手一边向人群扫射，一边高声喊道：我在这里“就是来射杀黑人的”，“你们夺走了我们的家园，你们必须得滚出去”，等等。案发后，警方从社交网站上戴伦·鲁夫的个人空间里发现，鲁夫深受白人至上主义文化影响，空间里充斥着对黑人不满和仇恨的文字。美国联邦调查局已将此案划归为“仇恨犯罪”进行调查。

（三）出现了与国际恐怖主义组织“伊斯兰国”有牵连的枪击事件

2015 年 12 月 2 日，两名抢手在加利福尼亚州南部圣贝纳迪诺市的一所残障人康复中心内向参加活动的人群扫射，造成 16 人死亡，19 人受伤。凶手驾车逃离现场后与围捕的警察发生枪战，最终被击毙。警方在两名凶手的车内和住处发现了 6000 多发子弹，十几颗炸弹和炸弹制造装置。圣贝纳迪诺市警察局长杰罗德·伯根（Jarrod Burguan）在新闻发布会上表示，如此规模的武器表明，他们打算发动更多的袭击，这已涉嫌恐怖主义。[①] 美国联邦调查局随后的调查发现，枪手是一对夫妻，男子是巴基斯坦裔美国人，女子是在沙特阿拉伯长大的巴基斯坦人，两人都是激进的穆斯林分子。案发前几个月，该男子曾在中东地区与恐怖组织接触过，而就在案发前一天，该女子在脸书网上发帖，宣誓效忠“伊斯兰国”头目巴格达迪。美国联邦调查局在新闻发布会上表示，已掌握一些“决定性证据”，使他们决定对此案按“恐怖主义行为”的调查方式进行调查。奥巴马总统在 2015 年 12 月 6 日对全国发表的电视讲话中，也正式把这次枪击定性为“恐怖袭击”。他说：“这是一起旨在杀害无辜平民的

① “Two Suspects in California Shooting Dead,” *Voice of America*, December 3, 2015. http://www.51voa.com/VOA_Special_English/two-suspects-in-shooting-in-california-dead-66696.html.

恐怖主义行为。”①

（四）出现了专门针对警察的报复性枪击案

以2016年为例，一年当中就有100多名警察在执行公务中被枪手射杀身亡，比2015年大幅增加了40%以上。其中2016年7月7—17日，在达拉斯市和巴吞鲁日市接连发生两起狙击手专门射杀执勤警察的案件，短短10天内造成22名警察死伤。警方调查后确认，两起案件的凶手都是非洲裔美国人，并且都是美国退伍军人。

二　枪支暴力趋于失控的主要动因

美国的枪支问题由来已久，影响枪支管控走向的因素纷繁庞杂、盘根错节。一些法律、政治、社会、文化因素的存在和发展变化，正越来越成为遏制枪支暴力努力的主要的掣肘和阻碍因素。

（一）宪法权利因素

从根本上说，美国公民可以自由持有并使用枪支的权利来自于宪法的授予。1789年，美国第一届国会召开之际，由托马斯·杰斐逊等人领衔起草的美国《宪法第二修正案》（The Second Amendment）正式提交国会讨论，并在两年后的1791年与另外九条修正案一起获得联邦国会的批准，共同构成了美国宪法《权利法案》的前十条。《宪法第二修正案》明确规定：“管理良好的民兵部队对自由州的安全是必要的，因此，人民持有并携带武器的权利不容侵犯。”② 这项修正案的次序仅排在涉及言论、出版、信仰和请愿自由的宪法《第一修正案》之后，位居第二，由此可见，立法者以及美国公众对自由持有枪支权利的重视程度。

---

① Justin Tucker, “Obama's Address to the Nation on San Bernardino Attack,” *USA Today*, available at https://www.usatoday.com/search/Obama's%20address%20to%20the%20nation%20on%20San%20Bernardino%20attack/.

② 原文：A well regulated Militia being necessary to the security of a free State, the right of the people to keep and bear Arms shall not be infringed。

然而，长期以来，美国社会尤其是学术界对于规定了这项公民权的《宪法第二修正案》的内容却一直存在各种不同的解读和争议，其中最有代表性的两种观点是“公共权利论”（Collective Right Theory）和“个人权利论”（Individual Right Theory），“两论”的观点存在巨大差异。“公共权力论”者认为，《宪法第二修正案》保护的是民兵也就是“集体”的权利，正如《宪法第二修正案》中明确指出的：“管理良好的民兵部队对自由州的安全是必要的”。这样的文字叙述清楚地表明，其保护的是“民兵”组织，进而是“州”的公共权利，而非个人权利。“个人权利论”者则认为，《宪法第二修正案》保护的是公民的个人权利，因为“民兵部队”是由一个个个体组成的，没有个体化的民兵即手中拥有武器的个人，“民兵部队”也就无从谈起。因此，《宪法第二修正案》保护的首先是个体的公民权，而“持有和携带武器的权利”属于公民的“自然权利”，当然要受到保护。[①] “个人权利论”者还指出，早在《宪法第二修正案》制定和正式生效十几年之前的 1774 年，在华盛顿领导下颁布的《菲尔法克斯决议》（Fairfax County Resolution）中，就已经明确表达了美国人民对这一“自然权利”的肯定。该决议郑重声明：“尽管我们是英国政府的子民，但是我们会使用上帝所赋予我们的任何手段去阻止它对我们的奴役。”[②] 显而易见，这其中的“任何手段”当然就包括持有、携带和使用武器的权利。

“公共权利论”和“个人权利论”这两种不同解读的产生，无疑是因《宪法第二修正案》本身含混不清抑或模棱两可的文字叙述所致，那么美国的建国先贤们为什么要在这样一个重要的宪法权利问题上采取如此模糊的处理方式呢?

首先，这与他们的政治信仰有密切关系。研究资料表明，《宪法第二修正案》的主要制定者托马斯·杰斐逊和约翰·亚当斯等人都是欧洲古典共和主义的虔诚信奉者。欧洲古典共和主义思想的一个重要特征是，

---

① Mapp, A., *The Faiths of Our Fathers: What America's Founders Really Believed*, N.Y., Rowman & Littlefield, 2003, p.155.

② Cottrol, R., *Gun Control and the Constitution Sources and Explorations on the Second Amendment*, Washington D.C.: American University Press, 2003, p.9.

在构成国家的两种基本力量即人民与君主之间，他们更相信人民而非君主。欧洲古典共和主义思想的主要代表人物尼可罗·马基雅维利（Niccolò Machiavelli）在他的代表作《君主论》中指出："即使没有法律的约束，人民也比君主更少犯错"，"一个不受法律约束的君主会比人民更忘恩负义、变化无常和轻率鲁莽"。他强调："人民的个人自由不是天赐而来，也不能依赖于统治者的善良意志"，"除了君主之外，其他人的自由随时随地都有被剥夺的可能"。[①] 在欧洲古典共和主义思想的影响下，美国的建国先贤们坚信，必须赋予人民以充分的捍卫自身自由以及反抗暴君统治的权利。杰斐逊在制宪会议的辩论中多次强调："共和国对待造反不应过于严厉，以免人民的自由精神受到压制。"他认为公民持有和携带枪支不仅仅是为保护个人的自由，它更多地体现着一种对国家的责任和义务，它是公民应该具备的一种美德，昭示着他们随时准备为捍卫民权与自由去投入战斗。[②] 如果说在究竟是为了保护"民兵组织"的"公共权利"，还是为了保护"人民"的"个人权利"这一点上，《宪法第二修正案》中的表述并不足够清晰的话，那么杰斐逊的上述言论已经为此作了最好的注脚。至于《宪法第二修正案》为何采取含糊其辞的表述方式，那无疑是宪法这种根本性大法文件本身的特质所致。

《宪法第二修正案》中将"民兵"的存在与"自由州的安全"两者相提并论，这其中也有着重要的隐含意义。经历过独立战争和美国建国历程的杰斐逊、华盛顿等开国元勋们懂得，不仅独立战争本身就是主要由"北美十三州"的民兵与大陆军共同参与完成的，而且在美国建国之后，民兵在制衡常备军、防范可能出现的暴政以及抵御外敌入侵当中也都发挥了重要的作用，它们是美利坚合众国的重要支柱之一。"自由州的安全"缺少不了"民兵"，而"民兵"当然不能被剥夺枪支。依此逻辑，是否应当给予美国公民拥有枪支的权利已是不言自明。

综上所述，独立战争的经验和古典共和主义思想的影响，使得美国

---

① ［意］尼可罗·马基雅维利：《君主论·李维史论》，潘汉典、薛军译，长春吉林出版集团2011年版，第305—307页。

② Cottrol, R., *Gun Control and the Constitution Sources and Explorations on the Second Amendment*, Washington D. C.: American University Press, 1993, pp. 9 - 11.

的开国元勋和来自于原殖民地的人民将拥有枪支的权利视为新的国家即美利坚合众国公民的一项基本权利，视它为个人自由的重要组成部分而不能被任何人特别是控制着国家政权的政府所剥夺，并且还将这项基本权利在治国总纲即国家宪法上予以郑重申明，以使之恒久不变。事实上，在美国建国后的许多重要的历史时期，例如西进运动时期、美国内战时期等，公民有权持枪这项宪法权利都发挥了重要的作用。特别是美国内战时期，林肯政府大力鼓励枪支等武器的生产并用枪械武装北方民众，这在一定程度上确保了北方的胜利，维持了国家的统一。经过历史的打磨与积淀，拥有和使用枪支在美国不仅已是一项深入人心、难以动摇的宪法权利，而且已成为美国生活方式的一个重要的组成部分。

（二）利益集团和党派政治因素

如果说，美国公民可以自由持有枪支的权利缘起于美国早期特殊的环境、传统与历史经历的话，那么，当代美国政治，尤其是利益集团政治和政党政治则大大促进了这一权利的发展。美国公共政策的制定通常是各种社会政治力量相互碰撞后产生的，枪支问题也不例外。半个多世纪以来，特别是最近二三十年来，抑制枪支泛滥的呼声在美国不绝于耳，但是，政府却始终无法拿出一套完善而又行之有效的措施，其原因之一在于，美国的枪支问题不是一个简单的社会问题，在它的背后隐藏着重大和复杂的利益集团因素和党派政治因素。

第一，以“全国步枪协会”为代表的利益集团对枪支问题的影响。在美国，有多家拥枪利益集团（Gun Rights Advocacy Groups）长期在美国国会进行反对枪支管控的游说活动，并在社会上专门从事维护持枪权的宣传和造势活动。这些组织当中影响力最大、拥有成员人数最多的有三个，即“全国步枪协会”（National Rifle Association，NRA）、“第二修正案基金会”（Second Amendment Foundation）和“枪支拥有者组织”（Gun Owners of America，GOA）。目前，这三大组织在全美各地共有会员近600万个，而非会员但联系密切的人则有近2000万人；每年可用以进行反控枪宣传、游说等活动的经费总额高达3亿美元左右。由于有雄厚的资金做后盾，它们的活动搞得有声有色，对联邦政府的相关决策和美国国会的有关议案，甚至对最高法院的相关裁决等一直产生着巨大的影响。

相比之下，与这些拥枪利益集团相抗衡的、支持控枪的组织主要有两个：成立于1974年的“手枪管制有限公司”（Pistol Controls Limited Company，PCLC）和成立于1983年的“布雷迪反枪支暴力行动组织”（Brady Campaign to Prevent Gun Violence，BCPGV），其成员规模、能量和影响力等都十分微小。以“手枪管制有限公司”为例，它通常只能通过网络、一些地方性报纸或动员志愿者散发传单等方式来宣传自己的主张，提醒人们关注校园枪击案，关注社区安全，呼吁人们远离枪支等。其对议会和政府决策部门的影响力微乎其微。这两个组织每年的活动经费只有500万美元左右，与其对手之比为60：1。①

在拥枪利益集团当中，“全国步枪协会”又称“长枪协会”是实力最强、势力最大、政治影响力最广的一个组织。虽然该组织是一个非党派、非营利性组织，但是它不仅积极参与政治活动，并且其在美国政治中具有举足轻重的影响，是美国反对枪支管制的主要力量。

“全国步枪协会”拥有严密的组织体系和有效的游说策略，根据其官方网站提供的数字，它的正式工作人员虽然只有几百人，但它却拥有近400万个会员分布在全美各地，其中很多都是实力强大的枪支生产商、经销商和重量级的政客。不仅如此，由于它有雄厚的资金作后盾，其在全美还拥有超过500万人的“草根”游说力量。② 其官员曾多次大言不惭地声称，它的会员可以在3天内向国会发出50万封信件，足以对国会议员的投票产生决定性的影响。美国《财富》（*Fortune*）杂志1999年进行的一项调查显示，“全国步枪协会”是目前美国最有影响力的院外游说组织。③ 在历次美国国会选举中，它的选票只投给拥护《宪法第二修正案》的候选人。它要求自己的会员给每一位众议员或参议员候选人评分，评分的主要标准就是看其是否支持持枪自由，然后，“全国步枪协会”将会

---

① John Scott，“Social Processes in Lobbyist Agenda Development：A Longitudinal Network Analysis of Interest Groups and Legislation，” *Policy Studies Journal*，November 2013，pp. 627 – 631.

② NRA，*Institute for Legislative Action News Release*，available at http：//www. nraila. org/News/Read/News Releases. aspx/. 2003 – 03 – 27/2015 – 03 – 06.

③ Annual Survey of Most Powerful Lobbying Organizations，*Fortune*，Nov. 15，1999.

员的评分汇总，出版带有明显倾向性的《投票指南》（*Voting Guide*）。其对选举的影响可想而知。利用这种方法，该组织多次在联邦国会选举中选出了自己的“意中人”，这当中包括前众议院议长汤姆·福利（Tom Foley）、前众议院商业委员会主席约翰·丁格尔（John Dingell）等，这些人都是足以影响美国最高决策的重量级人物。在2000年的美国总统大选中，积极维护持枪权的各利益集团总共花费了2000多万美元支持主张保护持枪权的小布什竞选总统，并使他最终战胜了持相反态度的民主党人戈尔，成功入主白宫。美国枪械网（http：//www. guns. com）2015年披露的资料显示，在最近一次即2014年的国会中期选举中，“全国步枪协会”共斥资2000多万美元，为50多名众议员和10余名参议员参选提供了资金帮助和其他助选工作，这些人中的近70%最终都赢得了选举。2016年总统大选期间，“全国步枪协会”动作频频，不遗余力，以期最大限度地影响大选。美国枪械网披露，2015年以来，“全国步枪协会”已经为参加此次总统大选的多位参选人提供了资金或其他助选帮助，而选情的走势也正在它的期望之中。截至2016年3月，特别是初选的关键战役“超级星期二”结束之后，在4位“领跑者”中，共和党的特朗普和克鲁兹都是“全国步枪协会”的坚定“同盟者”，即“拥枪派”；在民主党中，桑德斯立场模糊，只有希拉里一人是明确的“控枪派”。而最初被“控枪派”寄予厚望的最坚决和最旗帜鲜明地支持控枪的前纽约市市长迈克尔·布隆伯格（Michael Bloomberg）在最后阶段宣布放弃参选，其原因之一是他的控枪立场遭到“全国步枪协会”的猛烈攻击，因此他清楚“自己没有获胜的希望”。[①] 布隆伯格的退选无疑是“控枪派”在本届美国总统大选中的重大损失之一，而这一损失无疑与“全国步枪协会”的行动密不可分。尽管大选绝非“全国步枪协会”一家可以操控，但它的政治影响力无人可以小觑。

除了成功的政治游说之外，多年来，“全国步枪协会”的宣传鼓动攻势也取得了明显成效。为应对近年来因枪支暴力频发而导致的联邦政府

---

① Maggie Haberman and Alexander Burns, *Michael Bloomberg Will not Enter Presidential Race*, available at https：//cn. nytimes. com/usa/20160308/c08bloomberg/en－us/.

试图强推控枪立法和社会上要求控枪的声音时有高涨的局面，近年来，“全国步枪协会”大大加强了自己的宣传鼓动攻势。美国枪械网披露的信息显示，仅 2015 年一年，该组织就在全美各地举办了 300 余场各种形式的拥枪造势或媒体见面活动，其活动频率比五年前提升了近 30 个百分点；“全国步枪协会”每年都在自己主办的《美国步枪人》（*American Rifleman*）、《美国第一自由》（*America's 1st Freedom*）和《美国猎人》（*American Hunter*）等杂志上刊载大量宣传持枪“好处”和“必要性”的大大小小的文章，其数量每年都在 60 篇左右，并且每年都会视形势的需要调整内容的重点或加大刊载的数量。

“全国步枪协会”紧紧抓住持枪自由是公民的宪法权利这一关键点，形成了一整套从理论、逻辑等看上去都十分合理的宣传鼓动内容。例如，它大肆鼓吹持枪不仅是自卫、射击比赛、打猎等必备的工具，而且也是“体现男子汉气概，体现个人自由、自立、匡扶正义等多种价值的最好方式”。[①] 这套说辞很容易在青少年中引起共鸣。针对美国民众，尤其是广大未成年学生家长的安全关切，“全国步枪协会”执行副总裁韦恩·拉皮埃尔（Wayne Lapierre）近年来多次在新闻媒体上露面或在电视上推出宣传广告，宣传“枪不杀人，人才杀人”；宣称“阻止枪支暴力的有效方法是解决人的心理健康问题，而不是管控枪支”。鼓吹“唯一能够不让持枪的坏家伙伤害好人的办法，就是给好人都配上枪”，等等。而且每当美国社会发生“重大枪击案”时，人们几乎都可以在媒体上看到或听到拉皮埃尔的声音，其言论极富蛊惑力。

最近 20 多年来，每当国会就新的枪支管制法案进行辩论或最高法院进行相关裁决的关键时刻，“全国步枪协会”就会在其杂志、电台和电视台上连篇累牍地发表文章或带有明显倾向性的调查信息，左右民意和公众舆论，阻挠控枪立法的通过。事实上，自 1968 年美国国会通过《1968 年枪支管制条例》这项较严厉的枪支管制法从而引起“全国步枪协会”的强烈反弹之后，直到 1988 年，美国没有再颁布过一项全国性枪支管制

---

① 罗洋：《全国步枪协会：美国枪支管制的主要障碍》，《湘潮》（下半月·理论）2007 年第 12 期，第 32 页。

法案。20 世纪 90 年代，克林顿执政期间，“全国步枪协会”扼杀了克林顿的多项枪支管控法案。1994 年，国会虽然勉强通过了《布雷迪法》(*Brady Act*)，但通过后的法案已经被“全国步枪协会”削弱得面目全非，与其最初的版本无法相提并论。[①] 2013 年 4 月，尽管造成 20 多名 10 岁左右的少年儿童死亡的桑迪胡克小学恶性枪击案才刚刚过去仅 4 个月，尽管人们的悲愤情绪还远未消退，但是此时美国国会参议院仍以 54：46 的投票结果否决了奥巴马政府大力推动的一项控枪议案，并且投票中竟有 5 名民主党议员倒向“全国步枪协会”，公开与奥巴马“唱反调”，反对控枪。事后，奥巴马无法按捺其心中的气愤，他在记者会上公开指责“全国步枪协会”向国会议员施压，指出“很多议员都畏惧 NRA，枪械游说集团如今已经绑架了美国国会”。[②]

近年来，尽管美国社会的枪支暴力事件急剧增加，但是，盖洛普咨询公司（The Gallup）等多家机构或媒体于 2015 年进行的多次民意调查却显示，有近 60% 的美国人支持“全国步枪协会”的观点和主张，认为其主张“会让美国民众更为安全”。[③] 皮尤研究中心于 2016 年 1 月发布的一项研究报告指出，目前有 68% 的民主党人认为“全国步枪协会”对枪支问题的影响力已经远远超过了美国法律；而持同样看法的普通美国民众的比例也达到了 40% 以上。[④] 由此可见，该组织目前已经在很大程度上控制了美国枪支管控问题的走向。

“全国步枪协会”不但左右选举和立法，它还试图影响法官的任命。

---

① 《布雷迪法》又称《布雷迪手枪暴力防治法》，由前白宫新闻秘书布雷迪和其妻莎拉·布雷迪共同发起。其最核心的一点是，规定购枪人在登记购枪之后、得到枪支之前，必须进行等待，由枪支销售者对购枪人的相关背景进行调查。法案还要求建立一个全国性系统，以提供即时的犯罪背景情况。该法的有效期为 10 年，2004 年 9 月已自动失效。

② Gregory Korte, “Obama Announces Gun Actions in Emotional Plea for Congressional Action,” *USA Today*, available at https://www.usatoday.com/picture-gallery/news/nation/2016/01/05/president-obama-anno-unces-executive-actions-on-gun-control/78305564/.

③ Ashley Thompson, “Revisiting the Gun Debate in America,” *Voice of America*, October 31, 2015. available at http://www.51voa.com/VOA_Special_English/the-gun-debate-america-66097.html.

④ Hannah Fingerhut, “5 Facts about Guns in the United States,” *Pew Research Center*, January 5, 2016.

由于最高法院关于《宪法第二修正案》的解释对限枪立法的成败有着重要影响，因此，当2009年奥巴马总统提名索托马约尔（Sonia Sotomayor）接任退休的大法官苏特（David H. Souter）时，“全国步枪协会”便翻出了索托马约尔以往在枪支管制问题上的判决和相关言行记录，认为她是反对持枪的，甚至公开要求参议院否决对她的提名。

由于有雄厚的资金作后盾，“全国步枪协会”还在不断尝试进一步巩固和扩大其在全美范围内的政治影响。21世纪初，“全国步枪协会”又建立了“全美步枪协会基金会”（Foundation of the American Rifle Association），不仅在华盛顿，而且试图在全美范围内专门为那些支持该协会立场、保护个人持枪权的候选人筹集资金，以便他们进入美国地方或联邦国会甚至竞选其他政治职位，以期为他们代言。目前，在美国的任何一次重要选举中，没有哪一个候选人敢轻视“全国步枪协会”的影响。

第二，政党政治对枪支问题的影响。在美国国内政治中，枪支问题是一个党派色彩十分明显和严重的议题，民主、共和两党在此问题上所持的立场大相径庭。在历史上，尤其是最近几十年，民主党一直公开主张对枪支实施必要的管控，但共和党则持完全相反的立场。2012年8月，共和党在其全国代表大会上通过的名为《我们相信美国》（*We Believe That the United States*）的新党纲中再度重申：“我们反对限制枪支的议案，因为它限制了美国《宪法第二修正案》的权利。”① 在个人持枪方面，皮尤研究中心于2011年3月发布的一份研究报告显示：1973年，大约有45%的民主党人持有枪支，55%的共和党人持有枪支；到2010年，民主党人持有枪支的比例下降了大约一半，降为22%，而共和党人的持枪比例则仍然保持在50%以上。② 即便在民族、居住环境和收入状况等背景状况相同的情况下，共和党人的持枪比例也接近民主党人的两倍。

两党对持枪问题的不同立场使这一问题的争论趋于两极化，而两党在此问题上的相互牵制也大大限制了联邦政府在枪支管制问题上的行为

---

① 戚易斌：《美共和党全国代表大会通过党纲强调传统价值观》，available at http：//www.chinanews.com/gj/2012/08 –29/4142524.shtml，2012年8月29日。

② Kahane，L.，“Understanding the Interstate Export of Crime Guns：A Gravity Model Approach，” *Contemporary Economic Policy*，Vol. 31，2013，pp. 618 –621.

能力。从历史上看，凡白宫和国会两院都由民主党控制时，美国的枪支管制运动就会取得一些进展；当白宫和国会分别由民主、共和两党分别执掌时，枪支管制问题则陷入僵局；而当白宫和国会均由共和党人把持时，枪支管制运动就出现倒退。1994 年，美国国会以微弱多数通过了克林顿领导的民主党政府支持的关于禁止 19 种攻击性枪支的制造、销售和进口的议案，该议案在辩论中曾遭到共和党人的强烈反对，为了使议案得以通过，克林顿政府不得不作出妥协，同意此案的有效期为 10 年，到期后由国会重新审议是否延续。2004 年，在该法案即将到期之际，民主党试图延长该法案，但由于共和党控制的国会拒绝进行讨论，最终使该法案在 2004 年 9 月到期后自动失效。

此外，在枪支管制问题上，共和党和持枪自由派还得到了美国最高法院的司法支持。2008 年 6 月 26 日，美国最高法院在“哥伦比亚特区诉海勒”（District of Columbia v. Heller，554 U. S. ）一案的判决中，根据《宪法第二修正案》中的规定，以 5∶4 的投票结果推翻了在首都华盛顿实行了 32 年的禁止拥有手枪的法令，裁定“人民有权因自卫及狩猎原因拥有手枪”。并称：“禁止枪支是违反宪法的。”① 这是美国联邦最高法院有史以来第一次对这一颇具争议的问题作出宣判。联邦最高法院是美国国家最高审判机构，它握有宪法解释权和司法审查权（Judicial Review），可以通过对具体案例的裁决宣布联邦或州的法律是否违宪，并以此来影响和左右各州的立法及法院的司法操作，因此，最高法院的裁决无疑将会对枪支管制问题的走向产生重大影响。

（三）保守自由主义思潮抬头因素

保守自由主义思潮抬头是近年来美国社会枪支暴力犯罪持续升温的重要政治推力。近年来，美国社会的保守自由主义思潮明显抬头并且迅速蔓延。保守自由主义（Conservative Liberalism）与古典自由主义（Clas-

---

① 宋潇伟：《哥伦比亚特区诉海勒案》，available at http：//zh. wikipedia. org/w/index/，2014 年 12 月 15 日。

sical Liberalism）一脉相承。[①] 它的核心思想和主张是，恪守宪政制度保护个人权利的原则，并将个人权利、个人利益和个人自由视为最高的价值目标，反对国家对个人自由的一切干预。[②] 纵观美国社会发展历史中不同社会思潮此消彼长的变化历程，可以清楚地看到，当社会处于动荡期或转型期，当经济发展陷入低迷，当不同阶层的利益冲突加大时，人们就会对自己的权利、利益、自由等倍加敏感和珍视，当这些需求或欲望有可能受到来自他人尤其是政府的干预或侵蚀时，美国人尤其是年轻一代的政治倾向就会转向保守自由主义。20 世纪 60 年代，保守自由主义思潮在美国社会的盛行就是典型的例证。而当下这一思潮的再度抬头不过是历史的又一次重演。所不同的是，20 世纪 60 年代这一思潮盛行的具体表现是反战、学潮、嬉皮士运动等，而此次回潮的具体体现或者该思潮推动者所追求的政治目标与社会诉求则是：大麻合法化、同性婚姻合法化、废除死刑，以及捍卫持枪权。近年来，在前三项目标上，自由派已经取得了巨大的成果。在大麻合法化方面，2017 年，全美 50 个州中已有 24 个州实现了大麻的医用合法化；6 个州和哥伦比亚特区已实现了“娱乐用大麻合法化”（Legalized Marijuana for Recreational Use）。在同性婚姻合法化方面，最高法院继 2013 年裁定废除国会于 1996 年颁布的《婚姻保护法》（DOMA），宣布“禁止同性婚姻的联邦法律违宪”之后，又于 2015 年 6 月作出历史性裁决，宣布“同性婚姻在美国全境合法”。在废除死刑方面，2005 年 3 月，最高法院以《宪法第八修正案》规定禁止酷刑为依据，宣告“对未成年犯实施死刑的联邦法律违宪”。这一判决为自由派实现在美国完全废除死刑打开了一个重要的突破口。截至目前，美国已有 19 个州全面废除了死刑。

这些重大变化在美国社会营造了浓厚的保守自由主义的氛围，这在客观上给枪支问题争论中的一方——持枪派——增加了博弈的能量。事

---

① 古典自由主义又称为放任自由主义，它赋予自由主义至高无上的地位，是一种支持个人先于国家存在的政治哲学。它主张个体享有不受任何外在干预尤其是政府干预的自由与权力，强调自由来源于生命，是人生的最高目的，也是一切权利的基础。

② 张志鹏：《自由主义思潮发展历程及对青年学生的影响》，《南方论刊》2014 年第 3 期，第 64—66 页。

实上，近些年既是枪支暴力的高发年、控枪争论的激烈年，同时也是持枪派在博弈中屡战屡胜的时期。不仅联邦最高法院于2010年再次作出裁决，宣告持枪权属公民的宪法权不容剥夺，从而在最高司法层面再次给持枪派背书；而且在2013年，由共和党控制的联邦国会也再次成功否决了奥巴马政府极力推动的控枪法案，从而使行政当局的控枪立法行动被彻底“冻结”。2015年12月，加利福尼亚州圣贝纳迪诺大型枪击案发生后，奥巴马再次公开呼吁国会予以合作，完善控枪立法，这是他一年内第15次发出正式的控枪呼吁。但是，众议院议长、共和党人保罗·瑞恩（Paul Ryan）则在国会立即回应说，共和党主导下的国会将不会支持任何控枪法案。这无疑给民众传达了这样一种信息——你可以放心大胆地去使用你手中的枪，政府将不会去干预你的自由。在这样的社会和政治生态环境下，枪支暴力的持续升温无疑是一种必然的结果。

（四）警察过度执法及滥用枪支暴力因素

近年来，美国警察过度执法（Disproportionally Used Excessive Force）尤其是在执法中对黑人等少数族裔群体滥用枪支暴力的情况十分严重，这不仅是近年来美国枪支暴力犯罪问题中的一个不容忽视的方面，而且事实上它也是造成全社会枪支暴力犯罪不断升温的重要诱因之一。枪支暴力档案室网站公布的统计资料显示，2015年，由警察实施的枪击事件高达4378起，平均每天约12起，比2014年增加了约27%。[①] 当然，这些枪击事件当中的绝大多数是警察的合理执法或者依法自卫，然而，枪支暴力档案室网站披露的信息表明，其中也有近四分之一的事件可以归类为警察涉嫌不当执法或过度执法，而且，在其中一些案件中，警察过度使用枪支暴力的情况十分严重，情节十分恶劣。

2015年4月4日，南卡罗来纳州北查尔斯顿市，一名白人警察对手无寸铁的50岁黑人沃尔特·斯科特（Walter Scott）连开八枪，将其当场打死。事件的缘由是斯科特驾驶的车辆尾灯损坏，警察让其停车接受检查时他借机逃跑，于是警察开枪将其击毙。2015年11月15日，明尼苏

① available at http：//www. gunviolencearchive. org/Reports/Mass Shootings in 2015 /.

达州明尼阿波利斯市，一名白人警察将已被戴上手铐的24岁黑人青年贾马尔·克拉克（Jamar Clark）开枪击毙。原因是这名黑人青年在被戴上手铐后仍不老实服软。2015年12月2日，加利福尼亚州旧金山市，5名警察发射20多发子弹将26岁的黑人青年马里奥·伍兹（Mario Woods）击毙。原因是伍兹当时涉嫌持刀刺伤了一个行人，当警察赶来时伍兹试图逃离，5名警察将其围堵到一面墙下并同时开火将其击毙。2015年12月26日，伊利诺伊州芝加哥市，一名白人警察在处置一起家庭纠纷案时，向19岁的黑人青年昆托尼奥·莱格里尔（Quintonio LeGrier）连开7枪，将其当场击毙。原因是当警察赶到现场处理纠纷时，莱格里尔手里拿着一根棒球杆并且没有立即放下。此外，2015年11月24日，芝加哥警方公布了白人警察杰森·戴克（Jason Dyke）于2014年10月20日连开16枪，打光了手枪中上膛的全部子弹，杀死17岁的黑人青年拉昆·麦克唐纳（Laquan McDonald）的现场视频。视频显示，在该警察连续15秒的射击行为中，有13秒的射击都发生在麦克唐纳倒地不动后。验尸报告显示，其中有多发子弹都是从死者背后射击的。

警察的这些过度执法、滥用枪支暴力的行为导致了华盛顿、纽约市、波士顿、芝加哥、旧金山、洛杉矶、明尼阿波利斯等全美范围内的多个大城市爆发示威游行或骚乱。其原因，除了这些案件中警察草菅人命的残忍行为令人无法容忍外，更重要的是人们对造成这些事件发生的深层次的原因，例如种族偏见与歧视、执法不公与官官相护等感到不满。

第一，这些事件的施暴者绝大多数都白人警察，而受害者几乎都是黑人，警察在执法过程中对黑人的种族偏见和歧视显而易见。《华盛顿邮报》刊登的一项截至2015年12月24日的统计资料显示，虽然黑人在美国总人口中所占的比例仅为6%，但在2015年，虽手无寸铁但被警察击毙的人中，黑人的比例高达40%；而携带了武器被警察击毙的人中，黑人的比例更是高达60%。2015年全年共有36名手无寸铁的黑人被警察击毙，大约平均每10天就有一起。① 民权领袖杰西·杰克逊（Jesse Jack-

① 徐永刚：《〈华盛顿邮报〉：美国警察2015年枪杀984平民》，人民网，http：//news.sohu.com/20160107/n433768778.shtml/，2016年1月7日。

son）在接受美国有线电视新闻网（CNN）采访时说：“如果不是因种族因素作祟的话，警察就没有理由对一个手里只拿着棒球杆的孩子连开七枪。”面对公众的不满，2015 年 12 月 7 日，美国司法部长洛蕾·林奇（Luo Lei Lynch）对媒体宣布，司法部将对芝加哥等地警方在执法过程中存在的“系统性”种族歧视问题展开调查。

第二，警察在执法过程中存在明显的违反最高法院规定以及在案发后作伪证等违法情况。1985 年，美国联邦最高法院作出一项裁决，其中规定：“警察不得向逃跑的犯罪嫌疑人开枪射击。”并规定：“当某人对警察或其他人构成严重威胁时，警察才可以使用致命性武器。”[①] 然而，在近年来发生的多起警察过度执法案件中，警察都存在明显违反最高法院这一法律规定的行为。仅以 2015 年的几起典型案件为例，2015 年 4 月 4 日发生在北查尔斯顿市的斯科特案、2015 年 12 月 2 日发生在旧金山的伍兹案以及 2015 年 12 月 6 日发生在芝加哥的莱格里尔案，三起案件中的受害人都是在试图躲避警察或者逃离现场的情况下被警察开枪而且是连开数枪杀死的。另外，在斯科特案、伍兹案和 2015 年 11 月曝光的麦克唐纳案中，都存在警察在司法调查时作伪证的情况。尤其是在麦克唐纳一案中，涉案的六名警察都对司法部门提供了虚假陈述，称麦克唐纳在被枪杀前“奔向警察”，但现场视频拍摄到的情况却是，当时麦克唐纳是朝着与警察相反的方向走去，试图逃跑。警察扯谎的情况从一个侧面说明，案发时他们清楚自己的行为是不当和违法的。

第三，警察当局和司法部门存在明显的执法不公和包庇涉嫌犯罪警察的情况。近年来发生的多起警察过度执法、滥用枪支暴力的案件，尽管都有清晰、充分的证据——例如事发现场视频资料的记录、目击证人的证言以及受害人的尸检报告等——足以对涉案警察提起法律诉讼，乃至做出有罪判决，但实际情况却是，绝大多数案件的最终结果是警察被

① “Shootings Lead to Questions about Police Tactics,” *Voice of America*, December 5, 2015. available at http：//www. 51voa. com/VOA_Special_English/shootings - leads - questions - police - tactics - 66728. html/.

免于起诉或被宣判无罪。[①] 以 2015 年 12 月 2 日发生在旧金山的伍兹案为例，尽管有多位现场目击者拍摄的视频，证明伍兹当时是在试图逃离时被五名警察围堵在一面墙下并开枪击毙的，但是司法部门却做出了对五名警察均免于起诉的决定。再以麦克唐纳案为例，该案发生于 2014 年 10 月，但警方却在 2015 年 11 月底，也就是在拖延了 13 个月之后才将记录事发现场情况的视频资料提交给司法部门。这种做法明显是在掩盖真相，有意包庇涉案警察的违法行为。

执法不公削弱了民众对法律的敬畏和守法的意愿，而且损害了人们对执法部门乃至政府的信任。皮尤研究中心于 2015 年 11 月进行的一项调查显示，目前，只有 19% 的美国人表示他们"信任政府"，比十年前大幅下降了近 70%，达到了五十年来的最低点。[②] 放任警察的过度执法和滥用枪支暴力向社会传播了暴力的能量，加重了社会的暴力氛围。《华尔街日报》、美国全国广播公司和皮尤研究中心在 2015 年进行的一项联合民意调查证实，种族关系紧张、警察滥用暴力、"政治极化"加剧等是近年来美国普通民众愤怒和暴力情绪指数不断上升的主要原因。[③] 暴力化的社会氛围必然激发人们的暴力倾向和暴力冲动。美国锡拉丘兹大学布莱尔电视及流行文化研究中心（Syracuse University's Bleier Center for Television and Popular Culture）主任罗伯特·汤普森（Robert Thompson）所做的研究证实，枪支暴力的增加与近年来美国社会暴力化倾向的加剧有着直接的联系。[④]

---

① 《华盛顿邮报》刊登的一项截至 2015 年 12 月 24 日的统计资料显示，2015 年共有 965 名美国平民死在警察的枪口之下，其中 371 人并未携带任何枪支。但涉案警察中只有 18 人受到相关指控而被起诉，绝大多数杀人警察均未受到任何指控。

② "Americans Distrust Their Government, Poll Says," *Voice of America*, Nov. 27, 2015. http://www.51voa.com/VOA_Special_English/americans-distrust-their-government-poll-says-66601.html/.

③ "Why are Americans so Angry," *Voice of America*, December 12, 2015. available at http://www.51voa.com/VOA_Special_English/whay-are-americans-so-angry-66877.html/.

④ Jeffrey W. Swanson, Nancy A. Sampson, "Guns, Impulsive Angry Behavior, and Mental Disorders: Results from the National Comorbidity Survey Replication," *Behavioral Sciences & the Law*, June 2016, pp. 204-205.

三 枪支暴力问题的发展前景

从目前美国社会的大环境，特别是从与枪支暴力的产生有着直接或间接联系的各种主客观因素的现状和变化来看，枪支暴力问题未来仍会处于高发和难以遏制的状态。

（一）持枪权的宪法地位不改变，枪支暴力就无法遏制

美国枪支文化的历史源远流长，影响广泛。在当今美国，私人拥有的枪支数量高达三亿多支，几乎平均每人一支；有三分之一以上的美国家庭都拥有枪支，而且这个数字每天都在增长。显然，枪支已成为众多美国人日常生活的一个组成部分，成为美国生活方式的一个重要元素。在这种情况下，若要让美国人在枪支管制问题上作出让步乃至放弃枪支，这将意味着要在一定程度上改变他们的生活内容或生活方式，这对于美国人来说已经是干预了他们的私人生活，侵犯了他们的个人自由。不仅如此，更为重要的是，枪支问题涉及宪法权利，因为“持有和携带枪支自由”是《宪法第二修正案》中明确规定的一项公民权。美国人相信，如果动摇或者取消这项公民权，则必将会侵蚀《权利法案》（*Bill of Rights*）的神圣性与完整性，从而对宪法中规定的其他公民权利构成威胁。在美国的政治文化中，维护宪法的权威性、稳定性是至高无上的原则，对此，民众是不会妥协的。在美国社会，过去几十年，虽然要求加强枪支管制的呼声一直不绝于耳，但截至目前，美国还从未出现过任何一项就《宪法第二修正案》提出的修正案。之所以会有这样的情况，一方面，是由于修宪程序在美国极其严格和复杂，以至于美国建国200多年来总共才通过了27条宪法修正案。另一方面，也是更为重要的一点是，它表明多数美国人是认同《宪法第二修正案》所确立的原则的，也就是认同持枪是公民的自由与权利之一，由此也就彻底关闭了禁枪的大门。在这种情况下，任何人、任何势力就都无法在控制枪支泛滥这个最基本的问题上真正有所作为。而不能控枪，防止枪支暴力犯罪的发生也就无从谈起。2015年，由于美国社会关于控枪问题的讨论升温以及奥巴马政

府计划强推控枪行政令等，民众因担心未来购枪会受到某种限制，因而在全国范围内出现了“恐慌性购枪热”①，枪支的销量成倍增长。对枪支的扩散与泛滥不加以控制就必然会增加枪支暴力犯罪发生的频率。2015年以来美国的枪击案数量急剧增加，很难说这与此间枪支销量的激增没有因果关系。

此外，在枪支管控问题上扮演着决定性作用的另一个角色是美国联邦最高法院。在三权分立的美国政治制度中，最高法院掌握着宪法解释大权，它的解释与判决是最终的，也是决定性的。在枪支管控问题上，最高法院有史以来仅作出过两次裁决，即2008年6月的“哥伦比亚特区诉海勒案”（District of Columbia v. Heller）和2010年6月的“麦克唐纳诉芝加哥案”（McDonald v. Chicago）。在这两次判决中，最高法院均作出了有利于持枪自由的裁决，即再度确认了《宪法第二修正案》中保护个人拥有枪支的权利，并再次重申这项权利是天赋的，联邦与州政府均不得以立法的形式予以剥夺。② 最高法院的这两项判决已明确宣告，除非修宪，否则禁枪就是违宪。

（二）控枪民意基础薄弱使遏制枪支暴力难以实现

在枪支问题上，美国公众的内心情感是复杂和纠结的。对于遏制枪支暴力犯罪，多数人是赞同的。因为保护生命、预防犯罪的道理简单明了。但对于限制或者剥夺公民的持枪权，美国人本能的反应就是“不”。且不说宪法权利和保卫民主、自由那些政治和法律层面的大道理，生活经历和经验本身就足以让他们做出这样的选择。对于当今的很多美国人来说，他们是在枪支文化的熏陶下长大的。不仅电影、电视、小说等流行文化中到处充斥着枪支元素，枪手常常被作为英雄加以塑造；而且狩猎也是当今众多美国人喜欢从事的运动项目之一。皮尤研究中心2016发布的研究报告显示，为狩猎而购枪的人如今已占到了购枪者总数的30%

---

① 联邦调查局全国犯罪背景速查系统（NICS）提供的数据显示，2015年该系统共处理了2300多万份背景调查资料（即购枪申请），是2000年的3倍；仅2015年12月一个月就处理了153.4万份，创下了历史最高纪录。

② National Rifle Ass'n of Amer. , Inc. v. City of Chicago, 567 F. 3d 856, 857 (7th Cir. 2009).

以上。[①] 除了文化的影响之外，出于自我保护的考虑，许多美国人不仅自己买枪、练枪，甚至也常带自己年幼的孩子去枪支训练营学习打枪。2015 年 8 月，在亚利桑那州的一个枪支训练营，发生了一名 9 岁的小女孩不慎误杀了自己的枪支教练的悲剧，被美国媒体广泛报道，但媒体中却并没有出现任何批评家长带孩子去学枪的声音。这也从一个侧面反映了美国人对枪支的态度。无论是作为一种文化还是作为一种必要工具，枪支如今已经成为众多美国人生活中的一项不可或缺的内容，对枪支进行限制自然会遭到反对。以下多项民意调查的结果反映了目前美国人对枪支和枪支暴力犯罪的基本态度。

《今日美国》(*USA Today*) 于 2016 年 1 月所作的民调显示，70% 以上的受访者支持加强对购枪者的背景调查；79% 的人赞成禁止那些有精神问题的人购枪；70% 的人支持建立联邦枪支售卖数据库。[②] 这表明，多数美国人支持实施相关措施，避免枪支落入“问题公民”手中，以减少枪支暴力。与此同时，盖洛普咨询公司于 2015 年 10 月进行的民调显示，有 58% 的人反对禁止枪支；有 56% 的人认为，如果更多的美国人随身佩带枪支，那么整个社会会变得更加安全。美国有线电视新闻网（CNN）2015 年 12 月发布的一项调查也显示，51% 的美国人反对更严格的控枪法律。[③] 这表明，多数美国人并不赞成控制枪支。正如奥巴马总统在 2013 年 4 月国会投票否决了他提出的控枪议案后对新闻媒体所说：“美国社会不愿意采取一些最基本的措施来限制枪支”，“大部分美国人都缺乏推动控枪的热情”。[④] 枪支扩散不加以控制，枪支暴力的发生也就不可避免。

---

① Hannah Fingerhut, “5 Facts about Guns in the United States,” Pew Research Center, January 5, 2016.

② “Streamline Gun Background Checks?” *USA Today*, available at http://www.usatoday.com/videos/news/nation/2016/01/05/78308450/.

③ Jennifer L. Erickson, “Saint or Sinner? Human Rights and U.S. Support for the Arms Trade Treaty,” *Political Science Quarterly*, Fall 2015, pp. 453 - 454.

④ 《奥巴马承认推动控枪法案失败，称自己羞于做美国人》，观察者网，available at http://www.guancha.cn/america/2014_06_11_236807.shtml/，2014 年 6 月 11 日。

（三）美国国内目前的政治氛围不利于控枪

奥巴马执政末期美国枪支暴力事件频发，以及奥巴马强推新的控枪立法等举措，在美国社会引起极大关注，也使控枪问题成为2016年总统大选中的一个热门议题。绝大多数参选人，特别是几位重量级参选人均在竞选过程中对控枪问题表达了自己的态度和立场。这些重要的政治候选人的态度和立场无疑会对目前以及未来美国“控枪政治氛围”的形成发挥重要影响。从总体上看，在大选过程中共和党人对控枪问题的回应更为主动和强势，态度和立场也更为清晰和坚决，即主张持枪自由，反对控枪。相比之下，主张控枪、限枪的民主党一方的表现则略显逊色。在整个大选过程中，共和党参选人在枪支问题上频频发声，直言不讳地宣传自己支持持枪自由、反对控枪的主张，并抨击奥巴马的控枪政策。其中尤以特朗普、卢比奥和杰布·布什的言论最为激烈。特朗普在接受美国有线电视新闻网（CNN）《每周一》节目采访时明确表示，如果当选，他将推翻奥巴马政府的所有的控制枪支行政令。[①] 卢比奥也多次在竞选集会上公开指责奥巴马，说他的控枪措施只能限制守法公民的行为，而对于那些向守法公民发动袭击的罪犯和恐怖分子则毫无作用。杰布·布什在接受福克斯新闻（Fox News）采访时，指责奥巴马不顾日益增加的恐怖主义威胁，而总是从守法公民那里夺走权利。他也多次表示，如果当选，他将在上任的第一天就撤销奥巴马的所有“反枪支行政命令”。反观民主党方面，尽管希拉里一直坚持了她的控枪立场，多次表示应当采取更多的行动来减少枪支暴力。但与此同时，2016年1月在新罕布什尔州竞选时，她一方面表示“欢迎奥巴马的总统行政令”，另一方面又说，如果当选，她将“尽最大可能，依照法律使用行政权力”。并说在控枪问题上，她有自己的规划。[②] 这显露了她要与奥巴马的控枪政策保持一定距离的考量。民主党的另一位重量级参选人桑德斯在控枪问题上则一

---

① Gregory Krieg, “Newtown Director Denounces Trump Gun Comments,” *CNN*, January 26, 2016.

② Nicole Gaudiano, “Clinton Camp Disputes Sanders' Gun Claim,” *USA Today*, available at http: www. usatoday. com/search/Clinton%20camp%20disputes%20Sanders'%20gun%20claim/.

直闪烁其词。2016 年 1 月，当美国有线电视新闻网（CNN）记者问及他对奥巴马《枪支管控行政令》的看法时，他回答说，我希望有两党支持，但现实是共和党对任何控枪措施都没有兴趣。这番话既没有明确批评共和党，也没有明确支持奥巴马。

总之，共和党在 2016 年总统大选中所发出的反对控枪的声音明显盖过了民主党的声音，这在美国社会进一步营造和扩大了反控枪政治氛围，这种氛围必然会在相当长的一段时间内影响美国民众的态度和选择。况且，极力反对控枪的共和党人特朗普最终赢得了大选，这无疑会给控枪带来更大的阻力。

（四）枪支暴力面临国际恐怖主义和“仇恨犯罪”等新的驱动因素

美国联邦调查局掌握的证据表明，近年来，有国际恐怖主义背景或与其有牵连的枪击案数量在逐渐增多，2013 年以来已发生此类案件 11 起。其中，2016 年 1 月费城发生了一起极端分子伏击警察、袭击警车的案件。案犯对警车中的警察连开 13 枪。被捕后他宣称自己效忠“伊斯兰国”，是为“伊斯兰国”复仇。① 美国舆论认为，美国对“伊斯兰国”的打击以及国内对穆斯林族群的歧视和仇视等，是导致穆斯林极端分子及其同情者实施这些袭击的原因。此外，另一种最近几十年来很少发生的枪支暴力犯罪形式——“仇恨犯罪”式枪击案也有抬头的倾向。2015 年 2 月和 6 月，在北卡罗来纳州和南卡罗来纳州先后发生了两起这种性质的枪击案。两案均由白人所为，一案专门针对美国的穆斯林群体，有 3 名穆斯林学生被杀，凶手承认自己是反宗教，特别是反穆斯林的狂热分子。另一案则专门针对黑人，9 名黑人被杀。警方在案发后查明，凶手是个白人至上主义者。根据掌握的相关证据，警方决定按“仇恨犯罪”行为的调查方式对两案进行调查。“暴恐”与“仇恨犯罪”性质的枪击案不仅案件本身造成的伤害大，而且极易引起大范围的社会恐慌或挑起不同种族、人群之间的相互仇视和报复，社会危害巨大。从 2015 年已经发生的几起

---

① Dan Friedell, “Shooter of Police Officer Pledged Allegiance to Islamic State,” *Voice of America*, January 9, 2016. available at http: //www. 51voa. com/VOA_Special_English/shooter – pledged – allegiance – islamic – state – 67280. html/.

这种性质的枪击案背后的原因来看，未来再次发生的可能性无法排除。

结　语

美国的枪支问题是一个错综复杂的社会问题，它涉及美国的立国根本和宪法权威，涉及党派政治与利益集团政治，涉及人们的传统习俗与文化生活，涉及民意的向背与舆论的立场，涉及公众的安危与社会的安全，甚至还涉及普通民众的工作与就业等，是一个盘根错节、牵一发动全身的巨大难题。在当今美国的民意基础以及政治和社会大环境之下，要实现对枪支的有效管控，根除枪支暴力犯罪对公众的伤害和社会安全的威胁，毫无疑问，这是一项无法实现的目标。不仅如此，近年来，由于种族关系紧张加剧、警察执法不公现象增多、社会暴力氛围加重，以及国际恐怖主义势力渗透等诸多新的因素的出现，枪支问题进一步陷入了内外交织的更加复杂和险恶的境况。在这种情况下，美国社会无论是管控枪支还是遏制枪支暴力，其前景均不容乐观。

第九章

美国同性婚姻合法化：政治与法律的双重变奏

周　婧

2015 年 6 月 26 日美国联邦最高法院宣告同性婚姻合法。这其实是一系列有关禁止或允许同性婚姻的斗争的结果。在此过程中，不仅宗教团体、同性恋者、民权组织、利益集团都参与进来，联邦和州的行政、立法和司法三大机构也卷入其中。而最高法院的判决虽然宣告了同性婚姻的胜利，却不意味着斗争的结束，反而引发了宗教人士、2016 年大选的共和党参选人和保守州的强烈批评、反对和抵制。一旦保守州通过制定州法或者颁布行政命令给同性恋者领取结婚证设置严苛的条件，同性婚姻权将受到限制甚至剥夺，有关同性婚姻的分歧将更为严重，斗争可能愈演愈烈。这种分歧与斗争其实源自于自由多元与传统精神之间的价值难题。

一　引言

2015 年 6 月 26 日美国联邦最高法院推翻了密歇根州、俄亥俄州、田纳西州和肯塔基州的同性婚姻禁令，从而宣告同性婚姻在全美的合法。该判决做出后，同性恋者及其支持者在各地举行盛大的欢庆活动，代表"同性恋骄傲"的彩虹旗在美国漫天飘扬。奥巴马不仅对案件原告奥博格费尔表示祝贺，而且赞扬最高法院的判决，称这是美国的胜利。

如果说这是美国的胜利，此胜利绝非一日之功。1969 年石墙事件之后，同性恋者成立了全国性的同性恋权利组织，开展大规模的同性恋权利运动，反对针对同性恋者的各种歧视，维护同性恋者的权益，努力推动同性婚姻合法化。而在以清教徒立国的美国，对宗教教义、主流文化乃至立国之基构成严峻挑战的同性婚姻在提出之初并未得到肯认，更遑论被法律承认。相反，同性婚姻引发了支持者与反对者、保守派与自由派，甚至同一教派内部的激烈争议。不仅如此，争议还扩展至政治和法律领域。同性婚姻问题不仅是民主共和两党文化战争的重要议题之一，而且是选举中分化对手的“楔子议题”。与此同时，为了实现同性婚姻的合法化，民权组织积极推动各州修改法律，并向州和联邦法院提起诉讼，同性婚姻的论争随之进入了法律领域。由此，在整个社会掀起一轮又一轮有关多元文化与传统精神、自由与道德、联邦和州的权力划分、立法与司法之间分界的激烈论战，一轮又一轮有关禁止或允许同性婚姻的斗争。在此过程中，不仅宗教团体、同性恋者、民权组织、利益集团都参与进来，联邦和州的行政、立法和司法三大机构也卷入其中，各方相互影响，过程复杂。同性婚姻今日的合法地位其实是这一系列斗争的结果，联邦最高法院的判决可谓是对同性婚姻支持者的肯定与声援。

但判决并非一锤定音，包括首席大法官在内的四位大法官率先提出异议，2016 年大选的共和党参选人纷纷提出质疑，保守州提出抗议甚至直接拒绝颁发结婚证。有关同性婚姻的争议、冲突和斗争还将继续。基于此，本章拟在阐释美国联邦最高法院针对同性婚姻与同性恋的重要判决的基础上，运用政治与法律的分析框架，通过分析二者的互动过程，探讨同性婚姻合法化的历程及其背后的深层动因。

二　联邦最高法院的里程碑判决

联邦最高法院宣告同性婚姻合法的判决针对的是在四个州分别提起的诉讼[①]。奥博格费尔等同性恋者因未能领取结婚证分别向四个州的联邦

---

① 即俄亥俄州的奥博格费尔诉霍奇（Obergefell, et al. v. Hodges）、肯塔基州的伯克诉贝希尔（Bourke, et al. v. Beshear）、密歇根州的迪博诉斯奈德（Deboer, et al. v. Snyder）和田纳西州的坦科诉海斯兰（Tanco, et al. v. Haslan）。

地区法院提起诉讼，请求宣告本州的同性婚姻禁令违反联邦宪法。四个地区法院判定禁令违宪后，第六巡回上诉法院推翻地区法院的判决，维持了四个州的同性婚姻禁令，案件于是上诉到了联邦最高法院。

针对四个州的同性婚姻禁令是否违宪，最高法院的大法官们存在明显分歧，最终以5：4的微弱多数做出了禁令违宪的判决。[①] 多数大法官从宪法第十四条修正案的正当程序条款和平等保护条款推导出同性婚姻是一项基本权利，进而判定各州的同性婚姻禁令因侵犯同性婚姻权而无效。具体而言，宪法第十四条修正案的正当程序条款保护那些与个人尊严和自治紧密相关的选择权，而婚姻权是决定与谁建立亲密关系的权利，是维护个人尊严和自治的核心，因此是宪法保护的一项基本权利。并且，婚姻权不仅适用于异性，也适用于同性。这是基于四点原则和传统：第一，个人关于婚姻的选择权是个人自治的一部分；第二，缔结婚姻的权利是基本权利，因为婚姻关系对于承诺双方而言是无可替代的；第三，缔结婚姻的权利是对孩子和家庭的一种保护；第四，婚姻是社会秩序的基石。基于此，同性婚姻与异性婚姻没有差别，都是基本权利。同时，宪法第十四条修正案的平等保护条款也禁止歧视同性婚姻，而州的同性婚姻禁令给同性伴侣和异性伴侣设置了不同的结婚条件，在本质上是不平等的，构成对同性婚姻的歧视。因此，同性婚姻禁令因违反宪法而无效。[②]

但四位大法官并不赞同多数大法官的判决。在他们看来，宪法并没有对各州应当如何对待同性婚姻做出回答，[③] 同性婚姻不是“客观并且深深植根于国家的历史和传统”，从判决所援引的宪法第十四修正案的正当程序条款和平等保护条款根本无法推导出这一基本权利。所谓同性婚姻基本权利其实是微弱多数的大法官在解释宪法过程中夹带的“私货”，是多数法官基于自己的见解和个人偏好创设出来并强加给其他人的。多数

---

① 主张禁令违宪的多数大法官是安东尼·肯尼迪、露丝·金斯伯格、斯蒂芬·布雷耶、索尼娅·索托马约尔和埃林娜·凯根。持异议的少数大法官是安东尼·斯卡利亚、克拉伦斯·托马斯、塞缪尔·阿利托和首席大法官约翰·罗伯茨。

② Obergefell, et al. v. Hodges, 576 U. S. 28 (2015).

③ J. Alito, A Dissenting Opinion in Obergefell, et al. v. Hodges.

大法官今天的决定代表着他们的意愿，而非法律判断。[①] 由各州人民选举的代表或者通过全民公投来制定法律是对个人自由的重要保障，[②] 非选举产生的最高法院大法官却成为事实上的立法者，代替各州对婚姻做出界定，终止了民主决策过程中有关什么是婚姻的辩论。大法官成了3.2亿美国人民的统治者，从人民的手中夺走了最重要的自由，即人民在独立宣言中声称并在1776年革命中赢取的：自我统治的自由（freedom to govern themselves）。[③]

多数大法官与少数大法官都从宪法出发，却从宪法当中推导出不同结论。他们的根本分歧其实在于彼此坚守不同的司法哲学，即法院应当选择司法自制还是司法能动主义的立场。在少数大法官看来，法院既无强制又无意志，应当恪守司法自制，避免通过判决来推动政治议程，将婚姻的含义留给立法机关来界定，尊重代表民意的立法机关制定的法律。多数大法官则认为无论是联邦还是州的立法机关，一旦它（们）制定的法律减损了宪法赋予的基本权利，法院就应当选择积极能动的立场，保护个人的基本权利。至于哪些权利是基本权利，历史虽然提供了指引，但并未设定基本权利的边界。[④] 因此，多数大法官并不接受宪法解释的原教旨主义，并不受限于既有的公式，而是根据当下人们对自由的理解来判定同性婚姻是一项基本权利、一项州法不能侵犯的权利。

其实，除了联邦最高法院判决所针对的四个案件之外，还有许多主张州同性婚姻禁令违宪的诉讼。实际上，从2013年6月以来31个州的同性婚姻禁令都被起诉了，在最高法院做出判决之前已有35个州[⑤]和哥伦比亚特区允许同性婚姻，还有3个州的部分地区承认了同性婚姻[⑥]。31个

---

① J. Roberts, A Dissenting Opinion in Obergefell, et al. v. Hodges.

② J. Thomas, A Dissenting Opinion in Obergefell, et al. v. Hodges.

③ J. Scalia, A Dissenting Opinion in Obergefell, et al. v. Hodges.

④ Obergefell, et al. v. Hodges, 576 U. S. 28 (2015).

⑤ 这35个州是马萨诸塞州、康涅狄格州、艾奥瓦州、佛蒙特州、新罕布什尔州、纽约州、华盛顿州、缅因州、马里兰州、罗得岛州、特拉华州、明尼苏达州、加利福尼亚州、新泽西州、夏威夷州、伊利诺伊州、新墨西哥州、俄勒冈州、宾夕法尼亚州、犹他州、威斯康星州、印第安纳州、俄克拉荷马州、弗吉尼亚州、科罗拉多州、内华达州、西弗吉尼亚州、北卡罗来纳州、阿拉斯加州、爱达荷州、亚利桑那州、佛罗里达州、蒙大拿州、南卡罗来纳州、怀俄明州。

⑥ 这3个州是密苏里州、堪萨斯州和亚拉巴马州。

州的同性婚姻被起诉，这与2013年6月26日美国联邦最高法院的两个判决密切相关。这一天美国联邦最高法院就涉及同性婚姻的温莎案和霍林斯沃思诉佩里案做出判决，肯定同性伴侣享有与异性夫妻同等的福利待遇，并为加州承认同性婚姻铺平了道路。

美利坚合众国诉温莎案中的温莎女士与斯派尔女士建立情侣关系已有30多年，她们在加拿大结婚，而且她们的婚姻也得到了纽约州的承认。2009年斯派尔去世后将自己的一套房产遗赠给温莎，温莎需要为此向联邦缴纳超过36万美元的房产税。因为《捍卫婚姻法》（Defense of Marriage Act）第3条将婚姻明确定义为一男一女的结合，并且禁止给予同性伴侣和异性配偶同样的联邦福利，无论各州是否承认同性婚姻。于是，温莎向联邦法院提起诉讼。一审纽约南区法院和二审第二巡回上诉法院都判决美国政府败诉，《捍卫婚姻法》违宪。二审后，温莎和代表政府的司法部没有提起上诉。但最高法院决定提审此案，并做出了违宪判决。判决的理由主要有两点。一是，承认同性婚姻与否是各州的权力，联邦制定《捍卫婚姻保护法》干预了本属于各州的事务，违反了联邦宪法第1条和修正案第10条有关联邦与地方分权的规定。二是，该法给予异性伴侣更多的联邦福利，这是在传递一个信息：联邦政府认为和异性间亲密关系相比，同性间的亲密关系低一等。这是一种侮辱，违反了平等保护。[①] 该法被宣告无效之后，依据州法结婚的同性伴侣将和异性夫妻一样，在纳税、配偶移民、财产继承、医疗保险等方面享有联邦给予的千余项福利待遇。

2013年6月26日联邦最高法院还做出了另一个支持同性恋者的判决，这个判决针对的是在涉及加州“8号提案”的霍林斯沃思诉佩里案。该案涉及的是加州宪法修正案“8号提案”（Proposition 8）。2008年以微弱多数获得通过的“8号提案”规定“加州只承认一男一女的婚姻”。两对同性伴侣于是向加州地区法院提起诉讼，并一直上诉到联邦最高法院。由于时任加州州长佩里和检察署都拒绝为该提案辩护，只能由最初提出8

---

① United States v. Edith Schlain Windsor, in Her Capacity as Executor of the Estate of Thea Clara Spyer, et al., 570 U.S. 12 (2013).

号提案的“保护婚姻组织”作为应诉方。对此，联邦最高法院认为“保护婚姻组织”作为私人团体，无权代表州的利益提起上诉，并据此驳回上诉。[①] 随后，第九巡回上诉法院驳回“8 号提案”支持者的上诉，加州恢复了同性婚姻登记。[②]

在得到了联邦最高法院的支持之后，同性恋者立即对俄亥俄州、肯塔基州、密歇根州等 31 个州的同性婚姻禁令[③]提起诉讼。这是因为是否允许同性婚姻一直被认为是各州的权力，最高法院也承认这一点。同性恋者需要通过诉讼推翻州的同性婚姻禁令，才能进一步推进同性婚姻在全美的合法化。

针对同性婚姻禁令的诉讼不仅得到了联邦地区法院的支持，还得到了联邦第四、第七、第九、第十巡回上诉法院的“声援”。只有位于俄亥俄州辛辛那提市的第六巡回上诉法院做出了不同的判决，维持了肯塔基州、密歇根州、俄亥俄州和田纳西州的同性婚姻禁令。该判决可谓“一石激起千层浪”，被誉为“美国推动婚姻平权之父”的埃文·沃尔夫森（Evan Wolfson）就认为该判决与最高法院上个月所给出的明确暗示完全不一致，和近年来绝大多数州和联邦法院、绝大多数美国人想法也不一致。[④] 该案上诉至联邦最高法院，最高法院最终做出了同性婚姻合法的判决。

三 同性婚姻合法化:政治与法律的角逐

同性婚姻在美国开始被承认不过是十年前的事。2004 年马萨诸塞州确立了同性婚姻的合法性。颇为有意思的是，同性婚姻的合法地位是通过州法院的判决来确立的。2003 年 11 月 18 日，在古德里奇诉公共卫生

---

① Hollingsworth v. Perry, 133 S. Ct. 2652, U. S., 2013.

② Perry v. Hollingsworth, United States Court of Appeals for the Ninth Circuit Order, No. 10 - 16696 D. C. No. 3: 09 - cv - 02292 - VRW, Jun. 28, 2013.

③ 马萨诸塞州、康涅狄格州、艾奥瓦州、缅因州、马里兰州、新罕布什尔州、纽约州、佛蒙特州、华盛顿州、加利福尼亚州和哥伦比亚特区已经承认同性婚姻。

④ Newsmax, “Gay Marriage Ruling Means High Court Review Likely,” available at http://www.newsmax.com/US/US - gay - marriage - court/2014/11/06/id/605818/, 2015 - 1 - 6.

部案中马萨诸塞州最高法院以4∶3的微弱多数判定州政府没有足够的理由禁止同性婚姻，现行婚姻法违反了州宪法。与此同时，法院要求州议会修改现行婚姻法。[①] 2004年州议会修改了婚姻法，5月17日州政府开始向同性伴侣颁发结婚证书。

在马萨诸塞州最高法院的推动下，该州成为美国第一个允许同性婚姻的州。从美国政治制度和法律制度的结构来看，政党、行政机构和立法机构等政治机构的活动形成了政治系统，该系统的目标是做出具有约束力的集体决定。法律系统的目标则是判断某个行为是合法还是非法，做出此判断是作为法律机构的法院。就此而言，在马萨诸塞州确立同性婚姻合法地位的过程中，居于主导地位的是法律机构而不是政治机构。

其实，马萨诸塞州最高法院并非受理同性婚姻诉讼的第一个法院。在古德里奇案之前，已有不少同性伴侣向法院主张同性婚姻的合法性。但法院坚守司法自制的立场，对该问题采取一种回避的态度，对同性恋者的主张不予支持。早在1971年，同性恋者贝克（Jack Baker）在与其同性伴侣麦康奈尔（Michael McConnell）申请结婚证被拒绝后，向明尼苏达州法院起诉。明尼苏达州最高法院以法律只允许异性组成家庭为由，驳回贝克的请求。贝克又上诉到联邦最高法院。联邦最高法院认为该案不涉及实质性的联邦问题，因此驳回上诉。[②] 联邦最高法院在贝克案中做出的判决成了下级法院遵循的先例。在之后的多起诉讼中，如1973年的琼斯诉海拉罕案[③]、1974年的辛格诉海拉案[④]、1980年的亚当斯诉豪顿案[⑤]、1984德桑托诉巴恩斯利案[⑥]和1992年的迪安诉哥伦比亚特区案[⑦]，主张同性婚姻合法的诉求都没有获得法院的支持。

---

① Goodridge v. Dept. of Public Health, 798 N. E. 2d 941 (Mass. 2003).

② Baker v. Nelson, 191 N. W. 2d 185 (Minnesota Supreme Court, 1971), Appeal Dismissed, 409 U. S. 810 (U. S. Supreme Court, 1972).

③ Jones v. Hallahan, 501 S. w. 2d 588; (Kentucky Court of Appeals, 1973).

④ Singer v. Hara, 522 P. 2d 1187 (Wash. App. 1974).

⑤ Adams v. Howerton, 486 F Supp. 1119 (U. S. District Court for the Central District of California, 1980), Affirmed On Other Grounds, 673 F. 2d 1036 (U. S. Court of Appeals for the Ninth Circuit, 1982).

⑥ DeSanto v. Barnsley, 328 Pa. Super. 181, 476 A. 2d 952 (1984).

⑦ Dean v. District of Columbia, 653A. 2d 307 (District of Columbia Court of Appeals, 1995).

直至1993年的贝尔诉列文案[1]，夏威夷州最高法院一改司法自制的立场，一度对同性婚姻表示支持。此案的原告是三对同性伴侣，他们在申领结婚证被拒后向法院起诉，主张拒绝颁发结婚证的行为违反了州宪法。一审法院驳回起诉后，他们上诉到夏威夷州最高法院。夏威夷州最高法院认为，依据州宪法的平等保护条款，拒绝向同性伴侣颁发结婚证的行为是一种基于性别的分类，应当受到严格审查，有违宪之嫌。于是，最高法院将案件发回下级法院重审。就在法院进行审理的过程中，夏威夷州议会通过了法律，将婚姻限定为异性之间，同时规定同性伴侣是一种家庭成员关系（domestic partnership）。法律颁布之后，地方法院于1996年9月10日再次审理该案，[2] 判定否认同性婚姻的法律有违宪之嫌。然而，1998年11月3日夏威夷公投通过了州宪法修正案，明确禁止同性婚姻。1999年12月9日，夏威夷州最高法院根据新的宪法修正案，驳回了原告的请求[3]。

夏威夷州的诉讼可谓掀起了一个小波澜，但同性婚姻合法化的主张最终没有获得州法院的支持。尽管如此，各州有关"禁止同性婚姻有违宪之嫌"的判断，使同性婚姻问题成为美国政治和公共争议的重要议题。[4] 在反对者的动员下，国会和一些州议会通过了禁止同性婚姻的法律或宪法修正案。就联邦层面而言，1996年9月《捍卫婚姻法》在参众两院高票通过，同年由总统克林顿签署生效。该法不仅将婚姻限定为异性之间的结合，还规定即使同性婚姻在一个州是合法的，其他州并非必须承认，而且此种婚姻不能获得联邦福利。这不仅阻止了同性伴侣和异性夫妻一样享有联邦福利，还防止一州的合法同性婚姻被其他州承认。因为依据美国宪法第4条的"完全尊重和信任条款"（full faith and credit），

---

① Baehr v. Lewin. 852 P. 2d 44（Hawaii Supreme Court，1993），Clarified In Response To The State's Motion For Reconsideration，852 P. 2d 74（Hawaii Supreme Court，1993）.

② 这时州卫生部的部长是Lawrence H. Miike，案件也就更名为Baehr v. Miike。

③ Baehr v. Lewin，74 Haw. 530，852 P.2d 44（1993），Reconsideration And Clarification Granted In Part，74 Haw. 645，852 P.2d 74（1993）. Baehr v. Miike，No. 20371（Supreme Court of Hawaii 1999-12-09）.

④ Evan Gerstmann，*Same-sex Marriage and the Consititution*，New York：Cambridge University Press，2008，p. 4.

各州应当尊重其他州的婚姻法以及据此缔结的同性婚姻。在各州层面，1993 年夏威夷州最高法院指出禁止同性婚姻有违反平等保护嫌疑之后的十年里，48 个州议会制定法律明确规定婚姻是一男一女的结合，其中阿拉斯加、内布拉斯加和内达华等州还以公投的方式通过了禁止同性婚姻的州宪法修正案。[①] 在反对者的推动下，政治机构有效地阻止了同性婚姻在美国的合法化，这种局面直至马萨诸塞州最高法院做出判决才被改变。

在马萨诸塞州最高法院承认同性婚姻之后，康涅狄格州和艾奥瓦州最高法院做出了类似判决。佛蒙特州、纽约州、华盛顿州、缅因州等议会也通过了承认同性婚姻的法律。美国开始迈出同性婚姻合法化的步伐。

然而，这并不是故事的全部。在一些州承认同性婚姻的同时，另一些州则修改了州宪法或法律禁止同性婚姻。在马萨诸塞州最高法院做出判决之前，全美只有三个州通过了禁止同性婚姻的宪法修正案。[②] 而在判决之后后，仅 2004 年 8 月到 11 月，就有 13 个州通过了禁止同性婚姻的宪法修正案。[③]

更有意思的是，在同性婚姻的支持者和反对者竞争激烈的各州，政治机构和法律机构依次走到舞台中心，使得相关制度多次更弦易辙，在承认和禁止同性婚姻之间徘徊。加州即是一例。2000 年 5 月加州选民通过了“22 号提案”（Proposition 22），规定只有男女结合的婚姻才是合法的。2004 年 2 月同性恋权利运动家、旧金山市长葛文 · 纽森（Gavin Newson）指令旧金山市政府为同性恋者签署结婚证，批准同性婚姻。加州最高法院于 2004 年 8 月判定该行为因越权而无效。[④] 于是，旧金山市向法院请愿，要求认定所有将婚姻限定于一男一女结合的州法都违反州宪法。该案件上诉到了州最高法院。2008 年 5 月 15 日，州最高法院以 4 比 3 微弱多数判定禁止同性婚姻的两部州法，即 1977 年的一部法律和

---

① 参见张业亮《同性婚姻与美国政治》，《美国研究》2012 年第 2 期。

② 阿拉斯加于 1998 年、内布拉斯加于 2000 年、内华达于 2002 年分别通过了禁止同性婚姻的宪法修正案。

③ 这 13 个州是密苏里州、路易斯安那州、阿肯色州、佐治亚州、肯塔基州、密歇根州、密西西比州、蒙大拿州、北达科他州、俄亥俄州、俄克拉荷马州、俄勒冈州、犹他州。

④ Lockyer v. City and County of San Francisco (2004) 33 Cal. 4th 1055 [95 P. 3d 459, 17 Cal. Rptr. 3d 225].

“22 号提案”违反了州宪法的平等保护条款，构成歧视。[①] 判决一公布，反对同性婚姻团体“保护婚姻组织”立即发起禁止同性婚姻“8 号提案”的公投。2008 年 11 月 4 日，“8 号提案”以微弱多数获得通过。两对同性伴侣于是向加州地区法院提起诉讼，并一直上诉到联邦最高法院。加州的联邦地区法院和第九巡回上诉法院以违反宪法的正当法律程序为由，宣布“8 号提案”无效。2013 年 6 月 26 日，联邦最高法院以程序违法为由驳回上诉。随后，第九巡回上诉法院也驳回上诉，同性婚姻最终在加州实现合法化。

四　政治与法律的背后

自 2004 年马萨诸塞州成为第一个承认同性婚姻的州，美国开始了同性婚姻合法化的进程。此后，一些州通过判决或法律承认同性婚姻，另一些州则通过颁布法律或修改州宪法来禁止同性婚姻。2013 年 6 月 26 日联邦最高法院的判决加快了合法化的步伐，2015 年 6 月 26 日联邦最高法院宣告了同性婚姻在全美的合法地位。同性婚姻何以能够合法化？影响美国同性婚姻法律制度的深层动因究竟是什么？

同性婚姻的合法性取决于政治机构的立法，所立之法究竟是禁止还是承认同性婚姻，与行政长官的党派、共和民主两党在国会议会中所占席位有关。众所周知，在美国，联邦和各州的行政长官、议员有权提出法案，法案能否通过由国会议会投票决定。而共和民主两党对同性恋和同性婚姻的态度显然不同。共和党一直反对同性恋和同性婚姻，阻止承认同性婚姻法律的通过，力图制定同性婚姻禁令。而民主党对同性恋的支持由来已久，但并非一直支持同性婚姻合法化。将婚姻限定为异性间结合的《捍卫婚姻法》于 1996 年在国会进行表决时，半数以上的民主党议员投了赞成票。然而，近年来民主党选民的多数赞同同性婚姻，民主党开始转向支持同性婚姻。以奥巴马为例，他在 2008 年总统竞选期间说婚姻是一男一女的结合，2009 年接受电视采访时则表示本人不再反对同

---

① In re Marriage Cases, 43 Cal. 4th 757 (2008).

性婚姻。2012年进一步表示同性伴侣应该能够结婚，但这由各州自行决定。此举被认为与同性恋群体对其竞选总统的捐助有关。① 2014年10月，就在联邦最高法院驳回弗吉尼亚、俄克拉荷马、犹他、威斯康星和印第安纳五个州反对推翻同性婚姻禁令的上诉之后，奥巴马的观点再次演变，他在接受《纽约客》访谈时表示宪法的平等保护条款从根本上保障了所有州的同性婚姻。②

民主党争取实现同性婚姻合法化，共和党力图禁止同性婚姻，两党展开了激烈的斗争。在联邦层面，共和党于1996年推动通过了《捍卫婚姻法》，明确婚姻是一男一女的结合。2004年马萨诸塞州承认同性婚姻后，当时担任总统的共和党人乔治·布什极力推动国会通过禁止同性婚姻的宪法修正案，力图从根本上阻止同性婚姻合法化，但因未获得参众两院三分之二以上的支持而没能成功。2015年1月民主党人再次向国会提交《尊重婚姻法案》（RFMA），争取彻底废除《捍卫婚姻法》。在州层面，来自民主党的州长和州议员极力推动允许同性婚姻法案的通过。这遭到了共和党州长或州议员的反对。而法案的最终命运与州长的党派、两党在州议会的力量对比密切相关。纽约州即是明证。2007年来自民主党的纽约州州长埃利奥特·斯皮策（Eliot Spitzer）提出承认同性婚姻的法案，该法案在民主党控制的州众议院获得通过，但由共和党控制的州参议院没有进行表决。2009年时任州长民主党人帕特森（David A. Paterson）再次将此法案提交给州议会，该提案虽在众议院通过，但被共和党控制的参议院否决。2011年州长、民主党人安德鲁·科莫（Andrew Cuomo）在增加允许宗教机构拒绝主持或参与同性婚姻仪式的条文后又一次提交法案，法案终于在参众两院获得通过，而此时的参众两院都是民主党占多数。

---

① Peter Wallsten and Scott Wilson, "Obama Endorses Gay Marriage, Says Same – Sex Couples Should Have Right to Wed," *Washington Post*, May 9, 2012, available at http://www.washingtonpost.com/politics/2012/05/09/gIQAivsWDU_story.html, 2014 – 12 – 10.

② Jeffrey Toobin, "The Obama Brief: The President Considers His Judicial Legacy," *The New Yorker*, Oct. 27, 2014, available at http://www.newyorker.com/magazine/2014/10/27/obama – brief, 2015 – 1 – 10.

同性婚姻法律地位改变的另一个重要的原因是，法律机构即法院推翻政治机构制定的同性婚姻禁令，直接改变相关制度。此种互动始于1993年夏威夷州的贝尔诉列文案。州最高法院表示拒绝向同性伴侣颁发结婚证的行为有违宪之嫌后，州议会制定法律将婚姻限定为异性之间。地方法院再次审理该案，判定该法律有违宪之嫌。随后公投通过的州宪法修正案明确禁止同性婚姻，州最高法院最终没有做出支持同性恋者的判决。

其实，法院一开始并不支持同性婚姻。不仅废除禁令的主张得不到法院的支持，其他要求平等对待、免于被歧视的诉求也难以被法院认可。1986年的鲍尔斯诉哈德威克一案中，联邦最高法院认为同性性行为不涉及宪法所保护的隐私权，做出了支持佐治亚州鸡奸法的判决。① 然而，在2003年的劳伦斯诉德克萨斯案中，联邦最高法院推翻了鲍尔斯案的判决，判定得克萨斯州禁止同性发生性行为的法律因违反宪法而无效。法院还指出，在传统上将某特定行为视为不道德，这不是支持一个禁止该行为的法律的充分理由。② 在这个意义上自由是胜于道德的。根据此原理，同性恋者和其他人一样享有同等的权利，享有婚姻权，即使这种婚姻是对宗教教义和传统观念的挑战。正因如此，该判决被认为戏剧性地改变了同性婚姻合法化的前景，成为维护同性恋权利史上的一个里程碑。③

2003年马萨诸塞州最高法院的判决恰是据此判定同性婚姻禁令违宪的。④ 该法院指出："我们的任务是界定所有人的自由，而不是强制推行我们自己的道德标准，将婚姻限于异性之间违背了宪法所保护的个人自由和平等"。而且，该法院在做出违宪判决的同时，要求州议会修改相关法律，直接改变了同性婚姻制度。⑤

---

① Bowers v. Hardwick, 478 U. S. 186 (1986).

② Lawrence v. Texas, 539 U. S. 558 (2003).

③ George Chauncey, *Why Marriage?: The History Shaping Today's Debate over Gay Equality*, New York: Basic Books, 2004, p. 1; Evan Gerstmann, *Same – sex Marriage and the Consititution*, New York: Cambridge University Press, 2008, pp. 5, 21.

④ 美国是判例法国家，联邦最高法院的判例具有法律效力。而且1882年开始发行的官方汇编的《美国联邦最高法院判例汇编》，其中的判例对法庭有约束力，为审理同类案件的依据。

⑤ Goodridge v. Dept. of Public Health, 798 N. E. 2d 941 (Mass. 2003).

而法院和政治机构对同性婚姻态度的改变与公众对同性恋和同性婚姻接受程度的提高、民权组织的努力不无关系。根据盖洛普（Gallup）民意测验中心的调查，不仅同性恋关系被越来越多的公众所接受，赞成同性婚姻的人数也在增加。在《捍卫婚姻法》颁布的1996年，同性婚姻的支持者只有27%，反对者达到了68%。随后支持率逐年上升。2004年支持者上升到42%，反对者下降至55%。接下来的五年，支持率在37%至46%之间波动，2010年支持率再次上升。2011年，支持者多达53%，反对者则降到45%，支持率首次超过反对率。联邦最高法院推翻《捍卫婚姻法》的2013年，支持者达到54%，反对者只有43%。2014年5月，55%的民众支持同性婚姻，创下相同调查的最高纪录。[①] 公众态度的变化一方面与身边越来越多的亲友公开其同性恋身份有关。调查显示，2014年65%的受访者说身边有同性恋亲友，1993年的调查结果是22%。而且，身边有同性恋亲友的人赞同同性婚姻的比例是没有同性恋亲友的人的两倍。家庭和朋友的影响是改变人们对同性婚姻态度的重要因素。[②] 另一方面，公众态度的变化还与同性恋权利运动的兴起相关联。20世纪60年代兴起的同性恋权利运动通过学术研究、媒体宣传、游行示威等多种形式主张同性恋并非精神疾病、并非造成家庭结构瓦解的罪魁祸首，反对同性恋歧视，争取平等对待，这在一定程度上改变了公众对同性恋的原有认识，提高公众对同性恋的接受度。

同性恋权利组织等民权组织的努力也是同性婚姻合法化的重要推动力。为了使同性恋者获得社会认同和平等权利，包括同性恋组织在内的民权组织一方面推动各州制定法律承认同性婚姻，另一方面积极为同性恋者的诉讼提供支持。为了提升胜诉率，民权组织把一些类似案件集合在一起提起群体诉讼。此外，它们还为同性恋者提供法律代理，或者以“法庭之友”身份对法院提出法律诉求。例如，作为同性恋权益重要支持

---

① Gallup, “Gay and Lesbian Rights,” available at http://www.gallup.com/poll/1651/Gay-Lesbian-Rights.aspx, 2015-1-10.

② Public Religion Research Institute, “A Shifting Landscape: A Decade of Change in American Attitudes about Same-Sex Marriage and LGBT Issues,” available at http://publicreligion.org/research/2014/02/2014-lgbt-survey/, 2015-1-28.

者的美国公民自由联盟（American Civil Liberties Union）早在1971年要求承认同性婚姻合法的贝克诉尼尔森案中就为贝克提供法律代理。① 提起诉讼推翻《捍卫婚姻法》的温莎也得到了它的支持②。该组织在宾夕法尼亚州的分支机构在温莎胜诉后，又参与了推翻该州同性婚姻禁令的诉讼。③

民权组织的努力和公众观念的改变营造了有利于同性婚姻合法化的社会情势。随着社会情势的改变，民主党站到同性恋者这一少数群体的一边，极力促使同性婚姻合法。为应对这一变化，宗教组织和保守人士积极进行社会动员，作为其代表的共和党推动国会议会制定法律禁止同性婚姻。由此形成了两党之间的斗争。与此同时，法院改变了司法自制的立场，加大了对同性恋者平等权利的保护力度，支持同性婚姻。可以说，政治机构和法律机构同时担任舵手，直接改变同性婚姻的法律地位，决定同性婚姻这艘航船的行进方向。无论是政治机构还是法律机构，都不是孤立的，而是深受社会各方力量的影响。

五　联邦最高法院判决能否定纷止争？

美国联邦最高法院的判决一经做出，在备受赞誉的同时也受到多方的批评、抗议甚至抵制。反对同性婚姻的民众在最高法院门口示威抗议，一些宗教人士和宗教组织对判决进行指责。2016年大选的共和党参选人也纷纷表示反对。路易斯安那州州长鲍比·金达尔（Bobby Jindal）、前阿肯色州州长迈克·哈克比（Mike Huckabee）、得克萨斯州联邦参议员特德·克鲁兹（Ted Cruz）称最高法院简直无法无天，要抵制和改变司法的

---

① American Civil Liberties Union, "ACLU History: Earliest Advocacy on Behalf of LGBT People," available at https://www.aclu.org/aclu-history-earliest-advocacy-behalf-lgbt-people, 2015-1-10.

② Peter Applebome, "Reveling in Her Supreme Court Moment," *The New York Times*, December 10, 2012.

③ Niraj Chokshi and Reid Wilson, "Federal Judge Overturns Pennsylvania Same-Sex Marriage Ban," *Washington Post*, May 20, 2014, available at http://www.washingtonpost.com/blogs/govbeat/wp/2014/05/20/federal-judge-overturns-pennsylvania-same-sex-marriage-ban/, 2015-1-10.

专制。相比而言，佛罗里达州参议员马可·卢比奥（Marco Rubio）和前佛罗里达州州长杰克·布什（Jeb Bush）的反对较为低调，仅表示如何界定婚姻是各州的权力。反对程度有别，一方面与参选人各自的意识形态、竞选策略有关，另一方面也和参选人背后的金主不无关系。2015 年 3 月 26 日印第安纳州州长迈克·彭斯（Mike Pence）签署了涉嫌歧视同性恋者的《宗教自由恢复法》之后，杰布·布什曾表示支持该法案，但 4 月 2 日与云端科技公司（Salesforce）创办人马克·贝尼奥夫（Marc Benioff）私下会面后，布什转而支持应该修改《恢复宗教自由法》中歧视同性恋者的内容。最高法院做出判决后，布什再次避免伤害同性恋支持者的感情，表示保护宗教自由、尊重良知与反对歧视同样重要。

共和党参选人对最高法院判决不同程度的反对或许会影响各参选人是否获得提名，甚至关系到共和党能否在大选中获胜，但就同性婚姻的法律地位而言，此种反对难以造成实质性的影响。保守州的拖延和抵制则很可能影响判决的实际执行。判决宣布当天，密西西比州总检察长胡德（Jim Hood）和路易斯安那州总检察长卡德维尔（Buddy Caldwell）表示要在研读与核对之后才能够决定是否通过联邦最高法院的判决。得克萨斯州总检察长帕克斯顿（Ken Paxton）则声称因宗教信仰反对同性婚姻的工作人员享有豁免权，政府无法强迫他们主持同性伴侣的婚礼。亚拉巴马州的一些县直接拒绝颁发结婚证。俄克拉荷马州议会开始讨论废弃结婚证，密西西比州和得克萨斯州议会声称判决与宗教自由背道而驰，他们将会依据宪法保护宗教自由不被侵犯。如果保守州通过制定州法或者颁布行政命令给同性恋者领取结婚证设置严苛的条件，同性恋者的婚姻权将受到限制甚至被剥夺。如此一来，同性婚姻很可能与堕胎一样，即使在联邦最高法院确立其合法性之后，支持者与反对者之间的分歧更为严重，斗争也不会停止，甚至愈演愈烈。

这种分歧与斗争，其实源自自由多元与传统精神之间的价值难题。美国一直声称自己是个崇尚自由的国家。从“五月花”号抵达美洲大陆那一刻起，那里的人们就希望把它变成自由的国度。自由不仅是信仰的自由，还有自主选择生活方式的自由，包括自主选择自己希望的亲密关系。个人的自主选择有赖于社会的多元与包容。而多元中的一元即同性婚姻不仅有违基督教教义，推翻该教义所塑造的道德秩序，还是对WASP[①]所代表的主流文化、传统精神的一种挑战。正因为基督教教义、传统精神以及以此为基础的价值共识，美国才成功地将来自不同地方的不同种族融合成一个民族。在自由多元与传统精神之间如何取舍，这成了美国难以回避的艰难抉择。

① WASP（White Anglo - Saxon Protestant）指信奉新教的欧裔美国人。

第四部分

热点问题研讨

第十章

文化能否成为权力：美国对外文化输出的历史考察*

王立新

早在1990年，美国学者约瑟夫·奈便提出并系统阐释了“软实力”概念，论证了通过增强自身文化、政治理念和外交政策吸引力来确保和提升一国在国际事务中的潜在合法性与号召力的重要意义。有必要借用奈的“软实力”概念重新审视美国历史上和当前的对外文化输出，考察美国的对外文化输出是否以及在何种程度上促进了美国“不战而屈人之兵”的软实力。

依据国家与社会关系角度，特别是联邦政府在对外文化关系中所扮演角色的差异，可将美国的文化输出历史划分为清晰可辨的三个阶段：第一阶段肇始于19世纪末而止于“二战”爆发，美国在对外文化关系领域奉行自由主义和自愿主义（volunteerism）原则，这与20世纪二三十年代盛行于美国的孤立主义对外政策若合符节。此间美国的文化输出主要由私人团体、教育文化机构和一些个人来实施，传播媒介涉及宗教界人士、战争中的军事人员与慈善组织或志愿团体、旅行者与留学生、商品与资本输出、基金会等。政府除提供政策支持和部分拨款外仅有零散、短暂和间接的诱导与干预行为，如于一战期间成立的“公共信息委员会”开创了战时借文化宣传扩大政策影响力与合法性的先河。

第二阶段从战后持续至冷战结束。该时期思想和文化的输出跃升为

---

* 本章为王立新教授2017年5月在中国社会科学院美国研究所进行的学术讲座的整理稿。

促进国家对外政策的“利器”，甚至是国家安全战略的重要内容。政府主导的文化交流与宣传机构日益整合并取代先前异常活跃的非官方行为体，通过文化外交、教育交流、对外宣传以及对战败国的再教育等途径，使文化输出为促进美国战时安全和后续的意识形态斗争而服务。以上转变同纳粹德国的崛起、与苏联进行“攻心”较量等国家安全形势变化、新政以来联邦政府权力扩大至文化交流领域、通信传媒技术的革命性发展降低了普通民众接触异国文化信息的门槛等背景不无关联。

后冷战时代，美国对外文化输出进入“自由主义复兴和公共外交兴起”的第三阶段，一则联邦政府主导官方文化外交和信息项目的频度和深度大幅降低；二则文化输出的地缘政治和意识形态色彩明显淡化；三则跨国公司主导的全球资本主义在美国文化输出中扮演的角色愈加不可或缺，广义的娱乐业在展现美国生活方式、社会状况及传播个人主义价值观方面的作用日益突出。联邦政府继续参与和从事的文化外交与宣传活动被冠以“公共外交”之名，特别是“9·11”后，美国迎来前所未有的“公共外交时代”。

尽管美国发展对外文化关系历时已久，但对其是否应充当国家外交政策的工具并服务于增强国家（软）实力的目标，在历史上曾出现过激烈争论。一派秉承自由主义的文化理念与国际主义视野，认为建立对外文化关系的核心要义是通过科学、技术和教育改革，借助艺术、新闻、电影、广播及各种知识的传播与互鉴来消除文化隔阂、培育相互理解的“土壤”、促进思想和智力成就的自由交换。换言之，文化外交的性质是教育性而非宣传性的；应该采取双向互惠而非单向输入的交流方式；促进美国安全与利益的途径是间接而非直接的，力求实现国家发展的长远目标而非止步于功利性短期政策目标。相应地，此派反对把文化输出简单视为国家政策和战略的工具，而试图从在外国土地上建立友谊和理解的“防护堤”层面诠释文化输出的政治与安全内涵。另一派则固守国家主义（nationalism）立场，强调对外文化输出的国家战略特性，将思想和文化的输出作为促进美国国家实力与利益的工具以及打造国家形象的手段，更加强调“信息外交”的重要性，提倡采用政治性手段、公共关系技巧乃至心理战方法引导和改变外国受众的价值观、情感和态度。不过鉴于当代媒体技术高度发达且国家长期或短期目标很难做出清晰界分，现实中美国的文化输出行为无所谓文化抑或信息外交，均被统一纳入公共外交的范畴之中。

最后，就效果而言，文化输出作用于美国的国力时显现出“双刃剑”效应。从积极的层面看，一则培育了外国民众亲近、信赖美国的心理及偏好，由此衍生出对其外交的支持和追随；二则包括好莱坞电影、迪士尼动画在内的大众文化产品及福特汽车、可口可乐等品牌的海外推广有助于促进美国的贸易和经济发展。其中，大规模、多层次的留学交流项目取得的成就可圈可点，接受过美式教育的外国精英一方面易于形成较强的亲美情感，引领和带动母国对美舆论向好发展；另一方面倾向于借助求学所获知识、人脉为母国建设做出贡献，此举促使文化交流在某种程度上转化为美国的“软实力”，变相增强了其综合国力。美国的文化输出之所以成效斐然，原因有三：第一，多种族的人口构成决定了其文化天然具有较强多元性、适应性和大众性，易被其他文化接受甚至吸纳。第二，发育成熟的公民社会与私人团体始终在文化对外交流环节积极奔走、贡献颇丰。第三，较强的综合国力与政府支持、走在前沿的市场营销技术也成为促进美国文化输出的有利条件。

当然，文化输出并非总能惠及美国，恰恰相反，很多时候它削弱美国实力、制造反对者与敌人的“副作用”不容小觑。首先，对外文化输出导致剧烈的文化冲突，激发了接受国的“文化民族主义”。例如两次世界大战期间及二战后，法、德等欧洲国家是美国早期文化输出的主要目的地。但鉴于美国崇尚大规模生产、大规模消费的生活方式与法兰西文化或德意志精英文化格格不入，物质主义、拜金主义、野蛮、低俗等批驳之声在当地颇有市场，为反美主义的萌发和壮大创造了条件。又如20世纪60—80年代评价和解释美国对外文化输出的范式——文化帝国主义便通过“美国借助自身政治经济力量强制输出文化，破坏他国文化传统乃至认同以实现对他国的政治控制和经济掠夺，进而服务于其全球资本主义、帝国主义利益”这一逻辑表达了对美国文化输出行为的深切控诉与激烈反对，使美国的国家形象和号召力大打折扣。

其次，对外文化输出（教育交流）沦为“树敌”之举，危害美国的国家安全。利用在美国军校所学发动珍珠港事件的山本五十六、接受美式教育和西方文化归国后号召穆斯林坚决摒弃美国的价值观和精神的赛义德·库特布、多年留美后化身坚定反美主义者的加纳总统恩克鲁玛均为美国文化输出遭到“反噬”的有力证据。

再次，诱发“反向软实力”现象。意即部分文化项目非但没能达到提升美国影响力之目标，反倒增强了文化接受国的软实力。很典型的就是传教士来华传教、兴学、投身慈善多年后因了解而对中国文化心生喜爱，进而同情中国命运、支持中国的对外政策，最终成为中国利益的辩护者、拥护者和捍卫者。传教士周以德，传教士后代如赛珍珠、亨利·卢斯即为其中典范。

此外，考虑到全球化对“美国化”的侵蚀和取代，评判当下美国对外文化输出如何作用于美国实力时，还需正视其作为全球化受益者与受害者的双重处境。一方面，全球化使得美国文化可在世界范围内打破疆界束缚、自由输出。另一方面，文化大范围传播往往以牺牲其特性为代价，适应全球的文化势必越来越无法充当美国价值观和生活方式的“专职”代表与传播者。由此不难发现，当前好莱坞电影为继续博人眼球，从题材到主题日益多元，甚至开始反映其他国家的文化和社会生活。总而言之，全球化时代，国际文化关系彰显出“全球化”与“地方化”并行的特点，据此有人提出 glocalization 概念来诠释“全球性文化地方化与地方性文化全球化”。该局面无疑将使美国的对外文化输出在效率和影响上面临更为复杂的状态和相当严峻的考验。

评议人

姬虹（中国社会科学院美国研究所）

留学生和教育交流是美国实施文化输出的重要途径之一。就动机而言，此举背后不仅贯穿着美国通过培养第三世界精英，打造或维持同生源国之间良好的政治经济关系这一长远筹谋，更蕴含着不可言说的现实利益。如 2008 年遭受金融危机震荡后，外来留学生成为多所美国学校觊觎的“创收”项目，为其摆脱经济困境提供了机遇。据报道，2015 年，中国大陆赴美留学生开销高达110亿美元，人数仅为全美留学生数量三分之一的中国学生在开销上几乎占据全美留学生群体总花销的一半，其中经济红利可见一斑。从目标来看，包括留学生教育在内的文化输出项目均受到国家利益和所处局势的制约。如“9·11”恐怖袭击后，美国很多敏感专业均暂停招收外籍学生。

最后再看效果，文化输出确实存在为美树敌的可能性。两则抽样调查能够佐证这一判断：2015年美国外交政策杂志对不同年龄段在各个层次和学校就读的中国大陆留学生进行调查。结果表明，几乎半数受调者在美国学习后对中国形象的看法更为正面，相反态度仅占22%。普渡大学同题调查结果与此类似，约45%人表示赴美后对该国印象并无改变；更有三分之一受访者称目睹或亲历了存在阶层分化、种族歧视等不平等现象后对美负面认知有所增加；好感度上升者仅占总人数的26%。尽管任何调查都会或多或少受到样本容量与筛选的局限，结果未必完全准确，但印证了美国文化输出可能伤及自身的判断。

王维佳（北京大学新闻传播学院）

从二战结束到苏联解体之间的美国文化输出特点鲜明，集马基雅维利式的权谋与士大夫式的以天下为己任于一体。论及手段和机制，美国于战后建立起庞大的战略传播工程，涵盖了文化自由代表大会、国务院、白宫、参谋长联席会议等多个参与行为体，且广泛涉及艺术、文学、知识分子思想建设、社会科学、大众文化等多个方面，文化输出之布局庞大令人印象深刻，其背后蕴含的政治目标亦清晰可辨。艺术方面，洛克菲勒投资掺杂大量反共元素的现代艺术；文学方面，美国利用文化团体、文学杂志等在欧洲、中国、东南亚等地勾连大量的亲美知识分子。社会科学方面，为了应对世界各地兴起的新兴民族运动和社会主义运动的挑战，美国一边借此大搞心理战，同时尝试构造和宣传美国版本的现代化方案，试图把西方文明打造成国际社会发展从传统转向现代的终点。

美国从事文化外宣过程中借助了多个马基雅维利式的运作技巧，例如人事布局上吸纳诸多前纳粹宣传机构和政府工作人员，特别是非共左翼，充分发挥这些人在价值观表达、文化宣传方面的说服力。同时大量借助民间组织行为、企业募捐、基金会与政府人员之间的“旋转门”制度等方式掩盖中央情报局或联邦政府对相应文化交流行为的直接支持。

仇朝兵（中国社会科学院美国研究所）

讨论美国文化输出行为的历史与现实应该以准确回答文化、文化输出的内涵，文化输出与话语权提升之间关联等具体问题为起点。

首先，文化可简单定义为“人类活动留下的一切痕迹”，一种文化的传播看似孤立却往往潜在受到其他文化对人们行为举止、认知的影响。其次，文化输出大体描述了两种文化或代表人群的互动交流过程。通常而言，文化有弱势与强势之分，理解美国文化的强势输出一方面需着眼于其文化特质和社会政治制度等左右其他对象国接受、吸收或理解美国文化的国家层面因素；另一方面同考察美国其他各项外交政策一样，不应忽视国家与社会关系的视角，美国文化输出的效率和成果很大程度上都与社会力量的积极参与及文宣人士的强烈使命感密切相关。

再次，全球化时代，美国政府把文化输出纳入公共外交的框架。2002 年，国会还通过了相关法案，视公共外交为美国对外战略不可分割的组成部分。2016 年，奥巴马进一步签署了《反宣传法》，强调动员非政府组织、智库、跨国公司等社会力量抵制那些针对美国、旨在削弱其国家安全利益的宣传。以上三个步骤确定了文化输出的战略地位及其之于美国国际话语权的重大意义。

回看中国当前着力推进的文化“走出去”战略，有很多方面可以汲取美国经验。一则应激活文化输出的战略意义并在增进国家间相互理解的基础上提升自身话语权。二则搭建和完善文化交流平台，细化对接项目与机构，力求找到中华文化与接受国本土文化的契合点。三则恰如习近平主席所言，需高度重视文明互鉴、保持开放心态、主动吸收外来文化，在与其他文化的良性互动中实现“走出去”目标。

第十一章

特朗普新政与美国社会的族群矛盾*

江宁康

特朗普当选美国总统被视为局外人的“意外当选”，但他种种被传统媒体视为“离经叛道”的言行并非他在美国政治舞台的纯粹个性化的个人表演。我们需要清楚地认识到，特朗普背后存在一个巨大的利益集团，他的个人行为、作风和情感只是一个表面现象，其言行，特别是所谓的“特朗普新政”实际上要维护这个集团的利益。例如，我们可以从“特朗普新政”的几个要点来判断其利益点：第一是减税，第二是排外，第三是贸易保护主义，第四是商业利益高于美国价值观。基于上述利益点我们可以判断，特朗普代表着共和党的保守势力，他的社会基础主要是白人中低层民众、石油财团和军工企业。

实际上在国外国际政治学针对“特朗普新政”已经出现了“特朗普研究”（Trump Studies）。特朗普的一些行为风格和政策尽管在欧洲各国政界尚未得到完全成功，但法国和奥地利的极右翼势力等都给予了响应，而英国脱欧一定程度上也是特朗普政治的一个欧版。

“特朗普新政”的核心命题就是，西方大国在全球化进程中遭遇到世界市场竞争的强烈挑战、产生了系列内部经济与社会问题，所以出现逆全球化的思潮。对于美国来说，逆全球化思潮的基础就是美国经济实力

---

* 本章为南京大学英语系江宁康教授 2017 年 5 月在中国社会科学院美国研究所进行学术讲座的整理稿。

减弱和美国霸权政策之间的矛盾尖锐化而导致国内问题丛生，尤其是族群矛盾的激化。从美国社会族群的矛盾来说，特朗普及其支持者不愿意公开申明的是什么呢？是白人种族主义的特权地位，但是媒体往往用民粹主义遮盖这种极端主义倾向。2017 年 5 月在加州大学伯克利分校发生的白人极端主义群体与少数族裔群体的对峙和打斗就是这种倾向的表现。

“特朗普新政”经济政策的重要基点是减税，一方面是给企业减税，其目的是吸引企业从海外迁回美国以增加就业；另一方面是降低个人所得税，其目的是让富人和白人中产阶级受益。但是，特朗普一旦成功减税，必然给政府财政赤字带来更大压力，也必然迫使政府缩减公共开支，例如减少教育经费和公共福利支出等。然而这样大规模减税又会导致社会底层的民众利益受损，特别是子女教育依赖公立学校的底层少数族裔和非法移民，同时一些政府部门或相关机构的裁撤必然会导致一批人失业。

所以说，“特朗普新政”将会导致美国社会的族群矛盾进一步恶化。这体现在下面几点。

首先，特朗普主张的排斥外来非法移民，特别是墨西哥裔移民和修建隔离墙等措施将会激化族群矛盾。在美国南方，很多季节工岗位和基础工作岗位是美国白人不愿意做的，只能依赖墨西哥裔美国人或季节性来美国工作的墨西哥人，而排外措施很有可能导致有效劳动力的供给不足。随着墨西哥自身经济持续发展，墨西哥人的民族自主意识高涨，墨西哥裔作家写的小说从 20 世纪 70 年代只有 5 部迅速增长为 20 世纪末的 100 多部，其中很多都在为墨西哥人的历史树碑立传，甚至试图改写美利坚合众国的历史。例如，一些民权运动积极分子认为美国南部本来就是墨西哥的，墨西哥人过来做工不过是回家等。由于墨西哥裔群体重视家族所提供的社会安全感，常常群居，又是信仰天主教，所以显著区别于盎格鲁—新教文化的信仰和生活方式。

反移民政策也在留学生赴美中得到强化。例如，美国加州州立大学等已经开始对国际学生设定限制，这既是一种排外措施，也是种族歧视政策的表现。实际上，美国的高端人才很多都是移民。根据 2017 年 5—6 月的《国家利益》杂志相关文章显示，2016 年美国的诺贝尔奖获得者共有6人，但这6人全部是移民，而美国麻省理工学院的教职员工和学生有40%来自移民。这说明，特朗普限制移民的措施不但会导致低端劳动力匮乏，也会导致高端人才匮乏。

其次，特朗普主张的“美国优先”政策会使现有各种社会矛盾进一步激化。由于经济全球化进程已经使得人员、商品、资本和技术等要素的流通非常迅速便捷，国际分工产业链联系十分紧密，因此实施贸易保护主义只会阻碍美国经济的发展。诚然，特朗普与奥巴马和克林顿等前任总统不同的是，他不再对价值输出感兴趣，而是关注美国自身经济的发展。因此，他到欧洲、日本、沙特等地到处要求支付“保护费”，实际上是确保其所代表的军工复合体获得巨额商业利益。但是，减税和反移民等政策有利于富人和部分中产阶级，却同时必然压缩基层民众的福利，这就会进一步加剧各族群之间的冲突。并且，这种冲突已经不再局限于白人和有色人种之间的冲突，即使欧洲裔白人内部的阶级分化也很严重，部分白人工人阶级所处的边缘化程度已经类似20世纪50年代的美国黑人，这就导致了美国白人种族主义情绪上升。

实际上，根据美国官方人口统计，到2042年美国的欧洲裔白人人口比重将低于50%，而增长最快的人群将是墨西哥裔。这就有可能使美国出现南非化的情况，即南非的白人少数族裔不得不离开南非而移民到澳大利亚等地，以避免非洲人强大的社会文化所影响。对于美国来说，这种南非化的可能性将使得美国的盎格鲁—新教文化和多元文化主义之间的冲突日益加剧。此外，特朗普的各种经济政策社会法案难于满足不同阶层和族群的种种需求，这就会导致族群矛盾的进一步激化。对于美国社会的族群矛盾问题，20世纪90年代在美国出版的三本书对我们理解当前美国的社会与种族问题很有裨益。第一本书是印第安裔与墨西哥裔混血的女作家西尔科（Leslie Marmon Silko）在1991年出版的小说《死者年鉴》。该书提出少数族裔可以通过改变美国人口结构的和平抗争方式来赶走欧洲移民，使得大地母亲在北美重新得到尊重。第二本书是安德鲁·海克尔（Andrew Hacker）在1992年出版的《两个民族》。这本书也将美国分为白色与黑色两个民族，将其形容为分裂的、敌对的和不平等的两个民族，并且必将导致美国族群矛盾的持续激化。第三本书是小施莱辛格（Arthur Schlesinger，Jr.）在1998年出版的《美国的解体》。他主张美国要坚持盎格鲁—新教文化传统价值观念的主导性，反对多元文化主义价值观。

从上述三本书各自鲜明并且对立的立场可以看出美国内部的种族矛盾之深刻。再联系到亨廷顿在2004年出版的《我们是谁》这本书对于少数族裔群体的批评，人们不难看出，“特朗普新政”所隐含的“美国优先”实质是“美国白人优先”。这一政策取向的形成早已有充分的理论著述准备，但是长期以来被多元主义文化政策所掩盖。而“特朗普新政”的种种措施，实际上会继续加深美国国内的族群矛盾和贫富对立，最终将导致短期的经济景气难于持续，社会族群矛盾和冲突在局部地区甚至会激化。因此从一定程度上讲，美国的社会民主和普遍福利曾经有利于国家的繁荣，但普惠性的民主机制与根深蒂固的族群矛盾进一步纠结起来，很有可能会导致其国内社会矛盾的加剧，最严重的情况则将是导致国家的“南非化”式裂变。

评议人

张文宗（中国现代国际关系研究院）

特朗普获胜当选得益于美国白人民族主义，当选以后刻意和民族主义划清界限，但所谓“另类右翼”本质上和特朗普所代表的右翼民粹是相关的。例如其代言人斯派塞主张通过极端的措施让非法移民，包括穆斯林、拉美裔等自愿离开美国。但是，尽管极右翼和白人民族主义者是反犹太人、反穆斯林、反非法移民、反多元文化、反政治正确等，但是特朗普与犹太人的关系很密切，需要对此进行分析。

无论是特朗普减税政策还是2018年特朗普政府财政预算案，由于对社会福利的支出缩减，一定会激起少数族裔，尤其是贫困少数族裔的不满，在一定程度上加剧美国的种族矛盾。

历史往往不会按照线性的轨迹来发展，美国面临的主要矛盾是贫富差距的拉大和中产阶级的萎缩，进步主义力量和民粹主义都提出了各自的解决方案。特朗普政府在反对堕胎和驱逐非法移民等方面的政策，实际上有利于缓解美国欧洲裔白人比重下降的趋势。

而美国的民主成为美国内部不同政治主张和不同族群可以充分利用来表达自己利益诉求的工具，一定程度上美国的多元文化主义正在蚕食传统美国白人的蛋糕，激起了白人至上主义的情绪，这也形成对美国民主自身的新挑战。

魏南枝（中国社会科学院美国研究所）

从2016年特朗普赢得选举到2017年特朗普执政以来美国政治和社会发生的各种情况令人思考一个问题——这是一个西方大众民主进入超越左与右的区别、进入精英与大众再次对峙的新时代。自20世纪80年代以来，所谓西方大众民主越来越被浓缩成竞争性选举政治，或者是选民通过投票一瞬间进行授权的过程，大众民主就在相当程度上被异化成为精英政治的工具。

基于此，所谓超越左右的当今大众民主不过是已经无法掩盖因经济全球化进一步加深、精英政治与金钱政治等的捆绑所导致的日益恶化的劳资关系，不得不采用民粹主义、信念政治、身份政治、族群政治等标签来进行"掩盖"。

美国社会正处于进一步分化之中：一部分白领变成金领，他们对民族国家和政治国家的认同度在持续下降，他们主张强调资本和个人的极度自由、强调全民公民身份等。而另一部分白领下降为蓝领的一部分，最近美国有社会学者发现近年来白人工人阶级男性的自杀率远高于黑人和拉美裔，就体现为突破原有种族区隔之后的阶级分化在不同族群都在恶化。特朗普当选和执政期间的多种政策都在利用这种文化或族群概念，而掩盖背后事实上不断恶化的阶级矛盾和冲突。值得注意的是，资本和大众之间的这种矛盾已经不局限于美国一国之内，而是越来越向全球范围蔓延。

姬虹（中国社会科学院美国研究所）

美国欧洲裔白人人口下降和少数族裔人口上升是美国无法阻挡的历史潮流。尽管特朗普新政实际上在关注这个问题，2016年田纳西州一个参选国会议员的共和党候选人曾经在路边树立“让美国再次白起来”的大牌子，但美国不可能采用强制性的政策手段来改变这一人口发展的历史趋势。因此，到2043年甚至更早，就会出现欧洲裔白人占美国人口比重低于50%的状况。

如果特朗普的社会政策不调整，社会矛盾、种族矛盾、族群矛盾会进一步加深。不仅从黑人角度的以暴制暴现象会加剧，例如打砸抢和枪杀无辜白人警察等，甚至民权运动期间出现的黑豹党都有可能死灰复燃。而且类似1992年的洛杉矶暴乱这样的严重种族冲突已经有了深厚广泛的社会基础，这将会对美国社会和经济甚至政治稳定都带来重大负面影响。

第十二章

贫富悬殊与美国中产阶级宪法危机*

章永乐、刘晗、王鸿刚、魏南枝

法学家加内什·施塔拉曼（Ganesh Sitaraman）在2016年推出新书《中产阶级宪法的危机》（*The Crisis of the Middle - Class Constitution*），并指出美国宪法的前提是一个繁荣的中产阶级的存在，而当前美国社会爆发的经济不平等将摧毁它。该书的核心论点在于，社会的贫富悬殊将会颠覆美国的宪法体制。作者把经济问题和宪法体制联系在一起，探索经济结构与宪法结构之间的内在关系，这种尝试是很不寻常的。

要理解“美国中产阶级宪法的危机”，首先应该理解中产阶级宪法的概念。在加内什看来，美国宪法是一部共和宪法，其体系内部是完全没有阶级维度的。这是由于在建国一代看来，美国是一个不同于欧洲国家的相对平等的新社会。虽然美国社会也存在不平等，但这种不平等存在于种族之间而不是阶级内部。因此，美国的国父们特别强调美国是没有阶级分化的，要着力避免以阶级分化为基础构建宪法体制。在这种相对平均的经济基础之上必须建立起一个共和宪法。所以，在美国的宪法体制中，并不存在如英国那样代表富人的上议院和代表贫民的下议院。然而，自罗斯福新政以来，特别是经历过沃伦法院和民权革命之后，种族

* 本文为2017年7月北京大学法学院章永乐副教授、清华大学法学院刘晗副教授、中国现代国际关系研究院王鸿刚研究员和中国社会科学院美国研究所副研究员魏南枝在中国社会科学院美国研究所进行的学术研讨会的整理稿。

日渐平等化。美国社会的贫富差距不再出现在种族内部，而是在整个人口内部。虽然从二战之后到20世纪70年代是中产阶级壮大的过程，但在70年代之后，中产阶级壮大的趋势开始停滞甚至出现崩塌，致使美国宪法正常运行的社会基础受到破坏，中产阶级宪法危机开始出现。

我们可以从三种语境去理解加内什的观点。首先，它折射出极强的共和主义而非自由主义传统，把经济上的平等视为共和国得以存在的前提。其次，这种观点带有明显的马克思主义色彩，其论点的前提在于马克思所说的“经济基础决定上层建筑”。在不同经济基础的前提之下，即使是同一部宪法文本，也能够得出不同的解读。如果美国的贫富差距达到了前所未有的惊人程度，虽然美国宪法中规定了平等自由，它实际上将依然是个寡头主义的宪法体制。最后，加内什的观点精准回应了美国现有的社会问题，强调了宪法的价值与地位，但其观点显然难以用于指导实践。在加内什看来，应对宪法危机的核心在于平等主义，但把一切归结于平等主义又会造成混乱。从历史上来看，新政自由主义所塑造的宪法一方面在经济领域实现相对平均的社会结构，另一方面在这个基础上推动种族平等、性别平等乃至于性取向的平等。随着种族问题受到触动，在新政中达成共识的集体又产生了分化。此后，最高法院更加注重的是种族平等问题而非贫富悬殊问题。这是因为美国的中产阶级传统使人们难以对穷人、富人做出明确的界分，日趋保守化的最高法院秉持精英主义心态，从来不把社会权利视为宪法权利的内涵构成。所以，最高法院不太可能重新解释宪法来应对当前因贫富差距扩大而造成的宪法危机。

加内什在书中并未展开说明贫富悬殊如何导致宪法危机。事实上，贫富悬殊并不会导致美国宪法的无法运作。在贫富悬殊的社会当中，美国宪法体制也能够维持形式上的运作。但从实质上来看，美国的政治体系、宪法体系将因此面临一场大危机。这里讨论的根本在于，在贫富悬殊的情况下，美国的宪法体制是否会出现拉美化的趋势?

目前，美国学界对宪法危机存在两种主流诊断。耶鲁大学法学院的布鲁斯·阿克曼把总统的权力扩大化看作宪法危机的来源。随着社会日渐两极分化和美国政党初选制度的变化，美国社会更容易出现诸如特朗普这样迎合选民团体的极端候选人。在这种情况下，总统又拥有巨大的权力，就容易对宪法体制造成威胁。布鲁斯·阿克曼希望保护并恢复新政自由主义的宪法成果，他把保守主义的兴起视为一种威胁，同时担心总统成为最大的消极因素。他对总统集权具有非理性倾向的批评有许多已经被印证，但要想恢复到新政自由主义的成果就意味着一场改革，这其中需要克服许多反对力量，是比较困难的。如果没有一个强有力的总统，美国很难回到过去的新政时代；但如果出现一个强力总统，危险又会大量存在，美国的民主体制有可能变得像一些拉美国家那样。福山则把宪政危机的原因归结于麦迪逊式的民主体制本身、金钱政治的盛行和政党的极端化。福山认为分权制衡体制损害了政府的施政效率。人们出于对行政机构的不信任，往往会要求行政部门频繁接受司法审查，从而影响政府的行政效率。同时，人们对于政府服务的需求又使国会将更多法令强加于行政部门。这两个过程都限制了行政官僚体制的自主性，导致政府困难僵化，墨守成规，缺乏创造力和连贯性。福山认为，美国政治内部的否决点使美国成为一个相互否决的政体。因此，他反而鼓励权力的集中。在他看来，虽然集权的总统可能会犯错误，但这好过于令美国停滞不前，因为民众可以反对犯错的总统，从而改正这个错误。然而，美国目前的重要问题在于民众层面的分裂。一旦出现这个层面的分裂，政治体制就很容易陷入僵局，从而导致政治衰败。

事实上，美国宪法危机的本质还需从宪法设计本身和历史的层面去寻找。美国宪法的设计具有两大显著特点。其一为恒定性，不容轻易动摇变更。其二为偏袒性，即保护有产者。美国宪法设计的出发点和最后的归宿点都是要保护有产者。因此，虽然美国在不断避免族群矛盾，实际上却在利用族群矛盾掩盖经济矛盾，借美国梦、人人平等等设计粉饰不平等之实，甚而助长分化。诚然，美国宪法设计的出发点在于人人平等，但这只是形式上的平等，其本质上在于通过承认能力的差异来合法化并正当化保护有产者的宪法设计。而从历史的角度来说，虽然当前美国在形式上表现为贫富悬殊的扩大化冲击了中产阶级宪法，其背后体现的却是这个国家成长曲线所面临的危机。目前的问题不仅在于美国社会的贫富悬殊导致中产阶级宪法得以存在的社会基础的缺失，还在于美国通过向外扩张解决内部问题的能力正在下降。一方面，美国的国家机器对内调和宪法与中产阶级之间张力的能力正在缩减；另一方面，美国在国际上正日益沦为强大军工复合体的“代言人”与跨国全球资本对外扩张的“保护伞”。这就使得宪法机器遭到虚化、架空，中产阶级对宪法的影响和规制能力毫无疑问也将随之弱化。

总结来说，贫富悬殊并非导致当前美国宪法危机的唯一原因，同时危机也并不必然导致衰落和毁灭。危机是国家运转的一种常态。一个国家长期保持平稳运转是种奢侈的状态。更多情况下，国家总是在一个危机和另一个危机之中过渡的。放在宏观的历史叙事背景中，我们需要考虑造成美国宪法危机的周期性、阶段性、制度性和结构性的因素。回顾美国历史，不难发现美国有着“三十年一危机”的常态化周期性特征。同时，工业化时代与后工业化时代的阶段性转变也是促使美国发生危机的阶段性因素。此外，还需要考虑到美国宪政制度本身的不完美性。正如其他制度一样，美国的宪政民主制度也有自己的衰退期。因此，当前美国的宪法危机不仅受到贫富分化的影响，还有其周期性、阶段性和制度性因素。

而当我们把美国的贫富分化和宪法危机放在更为广阔的全球背景之下，就会发现宪法危机展现出的主流政治共识瓦解、民粹情愫泛滥之态不单困扰美国一家。依据历史经验，大规模民粹带领国家走向乱世抑或治世，中产阶级到底是社会稳定的压舱石还是颠覆力量等问题的答案既不确定，也不唯一。着眼中国，随着中间阶层群体意识、消费能力、生活方式与政治诉求雏形初现，中产阶级“焦虑症”无疑也相伴而生。因此，当下我们不仅需要了解和思考美国贫富分化与宪法危机的问题，还应该对中国的现状与未来走向进行类比和反思，同时尝试探索诸如“现代国家形态是单一还是多元的”此类更加深刻的问题。

评议人

仇朝兵（中国社科院美国研究所）

除了贫富悬殊、周期性因素和阶段性因素等，国际形势和外部环境也对美国的宪政共识产生深刻的影响。这点我们也需要考虑到。美国的罗斯福新政和70年代美国社会的进步本身与战争有着很大的关系。美国之所以能走出20世纪30年代的经济危机，靠的不是罗斯福新政，而是二战时期的军工机器生产和全面动员。在冷战期间，由于存在苏联那样强大的外部威胁，美国社会内部容易形成一种共识；而在冷战结束之后，虽然存在着恐怖主义这一新的外部威胁，但这种威胁程度难以与冷战时期美国所面临的威胁相匹敌，因此美国的政党与民众在国内竞争中很难达成一个共识。同时，由于美国与苏联的竞争关系，当苏联代表无产阶级、讲究阶级平等时，美国也会更加注重社会平等问题，因此大力推行社会福利政策。随着苏联这个竞争对象的瓦解，国际上失去了对资本构成有制约的替代性力量，资本才能够如此肆无忌惮地在美国继续发展，并导致贫富悬殊和两极分化的社会问题。

姬虹（中国社科院美国研究所）

美国社会的贫富悬殊不仅表现为整体人口内部的贫富差距，还表现在不同族裔之间的差距。客观来说，自民权运动以来，美国的少数族裔确实得到了不少政治权利，但他们在经济上的获益并不算多。特别是与白人相比，美国少数族裔在经济上是处于劣势的。次贷危机之后，这部分人口的经济情况更加恶化，这使他们心生不满，准备采取行动。奥巴马当选总统之后，他们寄希望于奥巴马，却发现在奥巴马执政八年之后，自己的情况并未得到改善，反而更加恶劣。因此，他们已经开始从不满走向了行动，甚至出现杀白人警察，以暴制暴的情况。这些行动使白人愤恨不已，致使社会矛盾频频发生。当然也有部分的少数族裔用投票来表达自己的不满。从最近公布的选民投票数据来看，其实不是白人的蓝领下层把特朗普选上了总统，而是少数族裔葬送了希拉里的总统梦。在当时拉锯的六个州里，白人的投票率并不一定很高，但是包括威斯康星、爱荷华和佛罗里达在内的几个州里，少数族裔的投票率明显走低。也就是说，原本支持民主党的少数族裔实际上用选票表达了自己的不满。在这样的社会背景之下，贫富悬殊、种族平等与政治极化问题结合在了一起。美国政府目前也很难找到合适的方式来理顺各个族群之间的关系。应该说，如何使这个少数族裔在人数上日渐占据优势却在经济上仍处于劣势的社会达到和谐、稳定的状态将是美国政府日后需要应对的一个大问题。

第十三章

“我们的孩子”与美国梦的危机*

田　雷

罗伯特·帕特南的《我们的孩子》和《独自打保龄》等是一个系列的书，都在研究和探讨美国当前的阶级分化或阶级固化问题：由于不同孩子出生在不同家庭，他们走向成功道路的人生起跑线是不同的。如帕特南本人所说：“研究社会不平等有个问题，有个滞后性。”对此，他的研究从观察一个人成长的经历入手，从经济到家庭，到父母教育孩子的方式，到学校教育，再到邻里社区等逐步展开，围绕美国人的生命历程而开展研究。

帕特南将美国的家庭或者美国的父母以是否接受过大学教育作为区分标准而分为中上层与下层两类家庭，考察的时间点是自 20 世纪 70 年代以来美国经济贫富两极分化恶化以来的 40 多年里，考察的内容是在这 40 多年里上述两类家庭从经济收入、财富分配、家庭结构、教育方式、学校质量、社区环境和社会流动性等各方面不断扩大的剪刀差。

与下层家庭的实际经济收入持续下滑相应的是，未婚生育和单亲家庭的比例在持续上升。与此相反，中上层家庭的单亲家庭比例保持稳定甚至有所下降——这种家庭结构的差异，使得不同社会阶级的孩子一出生所处的家庭结构就面临根本性差异，破碎的家庭对孩子教育与成长所存在的负面效应是不言而喻的。造成下层家庭结构破碎化的重要原因之

* 本章为华东师范大学法学院田雷教授 2017 年 10 月在中国社会科学院美国研究所进行的学术讲座的整理稿。

一是里根政府以来为消灭美国社会的毒品等严重犯罪所采用的“严打监禁”，每10万美国人被监禁的人数从1980年起急剧飙升，导致现在美国监狱存在人满为患的问题，而被监禁的人以黑人和拉美裔青年男性美国人为主，这就产生了中下阶级家庭普遍性的破碎结构，而这些中下阶级家庭又以有色人种为主，形成基于社会阶级和种族的双重歧视。目前中国国内对美国的“严打监禁”所产生的社会负面效应认识不足，体现出我们对美国法治情况的研究更多局限为了解法律学者们是怎么说的，而忽视了其社会运行与法律制度等的实际状况特别是当下现状，产生的是理论研究与实践认知的严重脱节。

美国家庭结构的显著差异也决定了不同社会阶级的家庭教育方式的显著差异，父母教育程度高则家庭结构更可能保持其完整性、父母对孩子的教育越精心，反之，父母教育程度低则家庭破碎的可能性大增、父母对孩子的教育越以打骂甚至放养为主。并且，不同孩子因居住的社区存在差异，例如富人区往往处于更好的学区，而进入不同的学校就读。政府给学校的配给并不存在根本性差异，关键在于不同学校的学生家长带给学校的资源差异性太大，这就使得不同社会阶级的孩子进入的学校不同、建立的社会交往圈不同、进入大学的机会不同、从大学顺利毕业的概率不同、所形成和积累的社会资本不同……虽然美国梦强调只要个人努力都有机会获得成功，但是上述现实表明个人努力不如家庭出身的决定意义大，这说明美国所信奉的“机会平等”所赖以存在的现实土壤实际上在消退。

帕特南所写的《我们的孩子》这本书具有下述四重意义：第一，把阶级重新带回美国社会分析的方法中来，帕特南认为种族因素对一个人的塑造所具有的重要性已经不如社会阶级因素，因为日益严重的阶级隔离已经使美国进入一个两阶社会。第二，虽然帕特南在美国的政治光谱中应该属于民主党，即左派，但是这本书的理论和论述吸收了很多自20世纪60年代以来美国保守主义政治对社会诊断的方法，没有仅从经济角度来分析不平等问题，而是融入了保守主义者更关注的社会文化议题，例如对沃伦法院推动的过于倾向个人自治权的判决导致美国个人主义文化趋于极端化的反思等。第三，帕特南的分析不仅对美国人自己、对中国人也具有吸引力的原因在于，他抓住了阶级固化这个当前世界普遍关注的热点，从第二次世界大战刚结束后相对社会流动性较强的时代，发展到阶层固化日益成为全球性现象的今天，这个问题已经危及对社会平等性的信仰。最后，帕特南的分析可以上升到政治理论层面，就是对“社会平等”和“社会公正”等概念进行定义已经产生各种争论，是否社会不平等已经成为不可扭转的发展趋势？“人生钱很慢，但是钱生钱很容易”，其结果将会是什么？这是在分析现状的同时不得不面对的疑问和需要回答的问题。

评议人

姬虹（中国社会科学院美国研究所）

目前，美国的社会隔离应当说既有阶级隔离也有种族隔离，两者往往交错并存。并且，新的发展趋势是少数族裔内部的阶级差异正在影响到少数族裔自身的认同与团结等。例如亚特兰大曾经是黑人的麦加，黑人状况相对说来是全美国最好的。但是，黑人社区也分为中产阶级社区和下层社区，两者的居民虽然都是黑人但是社区状况完全不同。当地新闻报刊讨论要给黑人社区开通公交线路，结果反对最强烈的是中产阶级黑人社区居民，认为“把穷鬼都运来了”。亚特兰大的“穷鬼”就是穷困的黑人，这说明黑人中产积极在排斥黑人穷人，这种社会阶级的认同已经超越了种族共同体认同。因此，今天在黑人社区已经难以出现马丁·路德·金这样的黑人领袖了，因为黑人内部已经区隔为中上层和穷人等不同阶级，已经和当年民权运动时期的美国黑人状况不是同一个画面了。

另一个社会现象是因“严打监禁”而引起的中上层黑人女性的高比例单身问题，例如美国前国务卿赖斯。这些优秀的黑人女性受益于民权运动，受到了很好的教育也获得了很好的工作，并且取得了职业生涯的很多成就，但是，她们找不到丈夫。为什么？有一个访谈材料显示，一个成功的黑人女性说：“我们根本找不到合适的恋爱对象，因为他们大都被关在监狱里面了。”这就体现出“严打监禁”对黑人男性所形成的巨大影响和对黑人女性所产生的间接影响，这既是种族问题也是阶级问题。

魏南枝（中国社会科学院美国研究所）

《我们的孩子》这本书中有一句话令人印象深刻："如果说以前造成美国人之间的鸿沟，更多的是基于法律的对于种族和性别的这种差异的规避，那么现在更多的是基于金钱。"不仅美国黑人共同体认识在瓦解，基于扬基精神的美利坚民族共同体认同感也在趋于瓦解，因为扬基精神的内核是机会平等，而今天美国的机会平等的意识形态基础、社会基础和物质基础等都遭遇不同层次和方面的挑战。

回顾美国历史，机会平等遭遇这种全面性挑战并非第一次，镀金时代就是一个充满危机的时代。为什么能够克服这些挑战？因为有 20 世纪上半叶残酷的两场世界大战，特别是第二次世界大战。对于第二次世界大战，法国学者皮埃尔·罗桑瓦隆分析得很透彻，"两次世界大战改变了西方世界的社会契约"，战争的残酷性使得打破阶级出身追求社会平等性成为共识，也使得国民为国家付出生命（参战）和国家给予充分的尊重和保护（例如普选权、普惠性社会福利等）成为普遍共识。

但是，这种共识只是在第二次世界大战晚期和结束后一个短暂时期的共识，回顾西方资本主义的发展史，如《21 世纪资本论》所罗列的数据分析所证明的，资本主义时期的绝大部分阶段都是以不平等为主要特征的，一旦战争的作用消退，那么人与人之间的平等性基础就趋于瓦解，曾经因战争改写的社会契约再次被改变——以大众民主和福利资本主义等为特征的平等机制已经无法调节越来越严重的经济与社会的不平等性。

但是，美国的学术界一贯倾向用种族冲突、性别冲突和文化冲突等来掩盖这种经济与社会的不平等性。《我们的孩子》这本书最可贵的就是突出了阶级不平等。需要警醒的是，无限度的机会不平等，看上去是一个单赢，但是最后会变成多输，因为会从长期意义上伤害经济的繁荣和社会的稳定，也会最终危及政治的正当性。

俞凤（中国社会科学院美国研究所）

现在"阶级"这个词一直在淡出美国社会，它在美国学术圈、美国社会当中一直是被淡化的东西，《我们的孩子》这本书将这个词重新带回了学术界和社会关注的中心。

帕特南不是用经济状况而是用父母的受教育程度来定义“阶级”，实际上蕴含的还是马克思主义语境下的阶级定义，因为是否能够上大学最终基本上取决于经济状况，尽管还有文化和种族等因素的作用。作者将20世纪50年代的克林顿港和今天的美国多个地方的现状进行对比，让社会不平等问题更为凸显，除了日益恶化的社会贫富问题，美国工人阶级的衰落也是其中一个重要原因。

20世纪50年代的克林顿港之所以阶级差异相对不这么明显，因为当时处于战后重建和经济繁荣期，美国是世界工厂，工人阶级能够有充足的工作机会，退伍军人通过《军人安置法》能够上大学和创业等，所以罗斯福新政之后很长一段时间的美国是中产阶级蓬勃发展的时期，是美国工会力量在历史上最为强大的时期，也是政府和工会等多种力量在调节阶级差距方面作用最大的时期。

但是，自20世纪70年代末以来，随着里根主义的兴起，劳资力量的失衡、制造业的衰落导致工人阶级规模的萎缩、部分工会领袖腐败所导致的工会公信力的丧失……美国工人阶级自身也出现了蓝领工人和白领工人之间的区隔，工人阶级这个共同体的认同感也在萎缩。不但使工人阶级内部分化进一步加强，不同阶级和阶层之间的鸿沟也日渐扩大了。然而，美国的个人主义传统使得美国进行政策调整的空间有限，特别是难以改变对穷人的歧视，即认为一个人的不成功不是制度原因而是能力有问题或者自身不够努力。

第十四章

特朗普与美国的重组*

欧树军

美国需要重组吗?

1975 年，法国学者米歇尔·克罗齐、美国学者塞缪尔·亨廷顿、日本学者绵贯让治合作给三边委员会撰写了一份题为《民主的危机：民主国家的统治能力》的研究报告，指出欧洲、北美、日本的民主统治能力面临困境：对民主的挑战日渐增多，对民主政府的要求不断增加，而民主政府的能力却止步不前。今天看来，他们所分析的对欧美国家的挑战非但没有得到有效回应，反倒可以说在不断深化。

第一个挑战来自外部的环境挑战。先是二战后的第一个二十年中，欧美列强在共产主义挑战下不得不放弃殖民体系，被迫将工业化与殖民体系脱钩，因此开始“去工业化”，然后又受到以东亚为代表的非西方世界经济迅猛发展的严重挑战，国家的物质实力开始下降。20 世纪 70 年代以来，延续了 40 年的“高税收、高福利、高开支、低增长”社会治理模式，“低出生、低死亡、低增长”的人口再生产模式，与社会老龄化加剧相结合，催生了近十年来的美国金融危机、欧洲主权债务危机、难民危机和社会治安危机，引发了一系列政策问题。

---

* 本章由中国人民大学国际关系学院欧树军副教授发表于 2017 年 2 月 11 日《中国经营报》，发表时有所改动。此为完整版。

第二个挑战来自社会趋势的变化。具体包括，对抗型知识分子长期坚持反垄断资本主义，挑战年龄、职位、地位、专长、声望、才智意义上的权威，削弱了政府正当性。社会价值观念从物质主义、重视工作、热心公益转向重视个人满足、闲暇和物质的、知识的和审美的自我完善，这些后工业化社会的后物质主义价值观，很可能在经济衰退、资源短缺、移民竞争冲击下瓦解。欧美的核心价值观也受到挑战，性别、阶级、宗教信仰、年龄或教育因素削弱了血统、人种的传统影响力，“逆向种族主义”兴起，导致无法实现“真正的公民平等”；双语政策挑战英语、法语、德语的主体语言地位，导致了事实上的“教育种族隔离”，白人担心水平低的移民子女挤进主流学校；多元文化对核心文化的挑战：多元主义实质上反欧洲文明、反西方，造成了欧美的国家认同危机；欧美社会内部逐渐形成对伊斯兰世界的心理不安全感。

第三个挑战是内在的政治困境。在欧洲，决策过程与执行过程的分离，导致政治体系走向僵化。在美国，正如美国学者福山所指出的，政治制度的稳定性恰恰成为其政治衰败的根源。这具体表现为：精英或当权者借助优势操纵政治规则，对精英权力的制约却名不副实。市场经济导致经济不平等，赢家希望把财富转换成不平等的政治影响力。利益集团通过游说扭曲公共政策获得特殊豁免和好处，防止不利于自己的政策出台，立法程序支离破碎；还说服国会代理人发布自相矛盾的复杂任务，让行政部门在做独立判断和常识决策时备受约束。

因此，整个政治体制无法适应不断变化的环境，削弱了人民对政府的信任，并开启了恶性循环：对行政部门的不信任，导致对政府的更多法律制约，降低了政府质量和效率。同样的不信任，导致国会经常对行政部门颁发相互矛盾的任务，要么无法实现，要么无法执行，这两个过程导致官僚机构的自主性下降，反过来又造就僵化、受规则约束、毫无创造力和朝三暮四的政府。而法院和立法机构攫取了行政部门的职能，法院不再是政府的制约，反而变成了政府扩张的替代品。法院希望极力扩张自己的政府职能，终身任职的法官往往不是民选的，遴选过程又零零碎碎、高度专业化，所以也是不透明的，所促成的程序不确定、程序复杂、冗余、缺乏定局、交易成本高。诉讼机会大增，让公共政策的质量付出巨大代价。总而言之，在利益集团政治推动下，19 世纪的家族制在 21 世纪以政治依附主义的形式复活了。在某些方面，21 世纪的美国回到了 19 世纪的“法院和政党治国”。

这三大挑战构成了特朗普当选的大背景，也导致其把重组美国作为政纲的重心。特朗普以“反身份政治”的姿态当选，他领导下的政府能否直面阶级政治，能否重建“信念政治”的光荣？要想回答这个问题，需要先讨论特朗普当选是否意味着美国的重组，以及如果不是这样，特朗普政府能否重组美国。

特朗普当选是否意味着美国的重组？

特朗普当选是否意味着美国的重组？这姑且可从政治体系重组、政党重组和社会重组三个层面讨论。首先，特朗普当选是否意味着政治体系重组？这个问题也许不难回答，特朗普当选或许意味着美国政治近百年来的一个新现象：从“商人干政”转向“商人执政”，从利益集团选派代理人影响政治到利益集团抛弃代理人直接决策，从而有可能将福山所说的“政治依附主义”发挥到极致，这可以说是美国政治体系的重组。在这个进程中，美国联邦最高法院扮演了反民主的能动主义角色。2010 年，在公民联合诉联邦选举委员会案（Citizens United v. Federal Election Commission）中，美国联邦最高法院赋予公司法人与自然人同等的用金钱影响选举的权利，这种“公司法人权利的自然人化”成为特朗普当选所代表的美国政治体系重组的一大肇因。在这个意义上，可以说特朗普当选是“金权政治”在美国全面复辟的产物。

其次，特朗普当选是否意味着政党重组？美国政治学者亨廷顿认为，美国重要的政党重组通常与关键选举有关，28—30 年发生一次，比如 1800 年、1828 年、1860 年、1898 年、1932 年、1968 年，那么，2016 年是否意味着美国再次出现了政党重组？特朗普本人具有多重政党身份、多次转换，从改革党到民主党，再从民主党到共和党，因此他对希拉里的政纲并不陌生。但特朗普的竞选延续了美国民主党、共和党的传统意识形态分歧和政策分歧，政党重组的迹象并不明显。

再次，是否意味着社会重组？特朗普当选得益于1968年所形成的美国两党选民基础的重组，即共和党代表中下层白人，民主党代表各种少数群体。在这个意义上，特朗普并不是孤立的，他抓住了中下层白人的被剥夺感及其对移民尤其是伊斯兰移民带来的不安全感，抓住了中产白人主体民族意识的觉醒，从而建立了中上层白人与中下层白人的临时选举联合。但他能否启动、触发新的社会重组，仍有待观察。

特朗普政府能否推动美国的重组?

如果不能仅仅从特朗普当选推断美国的重组，那就需要考虑特朗普政府能否推动美国的重组，这又要先看特朗普有没有权威、有没有能力。事实上，特朗普政府具有高度的政治权威。在2016年美国大选中，共和党大获全胜。在县一级，特朗普获得了绝大多数县的支持，凸显了大城市与中小城市、农业内陆地区之间的分歧。在州一级，共和党获得了三分之二的州长职位。在联邦层面，共和党既掌握了总统职位，在国会参众两院都成为多数党，又手握最高法院空缺填补机会，特朗普肯定会提名一个保守主义者填补空缺，从而让最高法院的保守派占据多数，在将来的重要判决中形成有利格局。共和党的全面胜利，初步实现了美国历史上多次出现的“事实上的一党专政状态”，这也许是特朗普政府刚开始执政就推出引发了巨大争议的七国移民禁令的原因。

但是，美国并没有为特朗普这样一个毫无直接政治经验的商人当选总统做好准备，包括法律的准备和总统行政机制运行的准备。基辛格曾经指出，特朗普表面看来是一个华盛顿政治圈的局外人，他作为商人的做生意的能力不同于政治家的能力，做生意的交易往往是一次性的博弈，不同于国际政治的多次博弈、反复博弈。但是，一次性博弈契合美国国内政治的基本特征。

在国内政治层面，为了阻止美国政治的衰败，福山近年来建议减少民主化改革，减少参与与透明度，在现行分权体系中削减否决点，或者引入等级权威更强的议会机制。这些建议在奥巴马政府时期当然不可能实现，但能否在特朗普政府手中变成现实，也是个未知数。特朗普希望保持与利益集团的距离，不过，他也许只是离与自己相对的自由派的利益集团稍远点而已。他本人就是利益集团政治的产物，并且深谙利益集团政治之“道”，无论是他希望，还是别人希望他能彻底改变美国的利益集团政治机制，都可能过于浪漫主义。

在对外政策层面，特朗普又有什么选择呢？亨廷顿曾提醒美国人，面对国家实力的下降，面对国家认同的危机，面对基督教文明与伊斯兰文明、中华文明之间的冲突远景，美国与世界的关系有三种可能性：“世界的美国”“美国的世界”或者“美国人的美国”，分别对应于世界主义、帝国主义、民族主义。他还指出，不论是国际主义还是孤立主义、多边主义还是单边主义都不能很好地为美国利益服务。他进一步追问，在民族命运的塑造过程中，究竟是经济压倒文化还是文化决定经济？在塑造世界的未来之时，对于西方而言，这些文明将起什么样的作用？21世纪的全球体制、权力分配以及各国的政治和经济，将主要反映西方的价值和利益，还是将主要由伊斯兰国家和中国的价值和利益来决定？这些问题已经在影响特朗普政府的国内外政策走向，也必将影响特朗普政府重组美国的可能性。

如果说，作为黑人的奥巴马当选总统是美国历史上多元主义政治进步的顶点，那就也可以说，作为白人的特朗普的当选是美国有待复兴的核心文化对多元主义一次成功的战略反攻，意味着政治理念、理想主义、道义事业和信念激情在美国政治中的作用也即美国的“信念政治”达到了顶点。60年前，出于冷战意识形态竞争的需要，亨廷顿说保守主义没有自己的理想，冷战时代的保守主义保守的是自由主义，乃至只有保守自由主义的保守主义才是真正的保守主义。在冷战结束之后，随着共同的对手、敌人的消失，保守主义越来越走向“信念政治”，自由主义越来越走向“身份政治”，二者之间的分歧、矛盾和冲突愈演愈烈，二者又共同试图弥合、掩盖或消解阶级政治。

要言之，“信念政治”“身份政治”与阶级政治三者力量的攻守易位、此消彼长，将决定性地影响特朗普政府的内外政策走向，影响重组美国的可能性。具体来说，特朗普当选美国总统，是保守主义对自由主义的胜利，是“信念政治”对“身份政治”的胜利。特朗普政府能否整合共和党内异己力量，弥合两党分歧，驾驭国会政治，进而形成可以执行的内外政策，比如，让美国经济“去虚向实”，并限制利益集团政治，调节人口种族结构的演化速度，阻止2050年前后美国种族结构出现白人与其他人种平分秋色的“亨廷顿拐点”，以及避免美国继续在全球范围内虚耗国力等，将决定其能否重组美国。特朗普及其政府要想实现这个目标，究竟是靠机遇命运，还是靠深思熟虑的选择，抑或赤裸裸的暴力强制，尚未可知，姑且拭目以待。

参考书目

[1] Alf Mapp, Jr. Lanham. , *The Faiths of our Fathers: What America's Founders Really Believed* (New York: Rowman & Littlefield, 2003) .

[2] Amit Gupta, "Demographic Changes and US Foreign Policy," *Orbis*, Vol. 60, No. 3, 2016.

[3] Audrey Singer, etc. eds. , *Twenty – First Century Gateways, Immigrant Incorporation in Suburban America* (Washington, D. C. : Brookings Institution, 2008).

[4] Chalmers Johnson, The Sorrows of Empire: Militarism, Secrecy, and the End of the Republic (New York: Henry Holt, Metropolitan Books, 2004).

[5] Charles Murray, *Losing Ground: American Social Policy 1950 – 1980* (New York: Basic Books, 1984).

[6] Christopher Howard, *The Welfare State Nobody Knows: Debunking Myths about U. S. Social Policy* (Princeton: Princeton University Press, 2007).

[7] Christopher P. Muste, "The Polls—Trends the Dynamics of Immigration Opinion in the United States, 1992 – 2012," *Public Opinion Quarterly*, Vol. 77, No. 1, 2013.

[8] Curtis A. Bradley, "Chevron Deference and Foreign Affairs," *Virginia Law Review*, Vol. 86, No. 4, 2000.

[9] David Martin, Peter Schuck, *Immigration Law Stories* (St. Paul: West Academic, 2005) .

[10] Donald Kerwin, "Moving Beyond Comprehensive Immigration Reform and Trump: Principles, Interests, and Policies to Guide Long - Term Reform of the US Immigration System," *Journal on Migration and Human Security*, Vol. 5, No. 3, 2017.

[11] Douglas G. Feig, "Race, the 'New South', and the Mississippi Flag Vote," *Politics & Policy*, Vol. 32, No. 4, December 2004.

[12] Eric Rauchway, *The Great Depression and the New Deal: A Very Short Introduction* (New York: Oxford University Press, 2008).

[13] Faith Jaycox, *The Progressive Era* (New York: Facts on File, Inc.), pp. iv - x.

[14] Francis Fukuyama, "American Political Dysfunction," *The American Interest*, Vol. 7, No. 2, November/December 2011.

[15] Franz - Xaver Kaufmann, "Variations of the Welfare State. Great Britain, Sweden, France and Germany between Capitalism and Socialism," *German Social Policy* (ed. by Lutz Leisering, Vol. 5) (Berlin Heidelberg: Springer, 2013).

[16] George J. Sanchez, "Face the Nation: Race, Immigration, and the Rise of Nativism in the Late Twentieth Century," *International Migration Review*, Vol. 31, No. 4, 1997.

[17] Gosta Esping - Andersen, *The Three Worlds of Welfare Capitalism* (Cambridge: Polity Press, 1990).

[18] J. A. Winters & B. I. Page, "Oligarchy in the United States?" *Perspectives on Politics*, No. 7, 2009.

[19] James L. Richardson, *Contending Liberalisms in World Politics: Ideology and Power* (Boulder: Lynne Rienner, 2001).

[20] Jeffrey M. Timberlake, et al. , "Who 'They' are Matters: Immigrant Stereotypes and Assessments of the Impact," *The Sociological Quarterly*, Vol. 56, Issue 2, 2015.

[21] Jill Duerr Berrick, *Faces of Poverty: Portraits of Women and Children on Welfare* (Oxford: Oxford University Press, 1995).

[22] Jorge Ramos, *A Country for All: An Immigrant Manifesto*, New York: Random House Inc. , 2010.

[23] Julia G. Young, "Making America 1920 again – Nativism and US Immigration, Past and Present," *Journal on Migration and Human Security*, Vol. 5, No. 1, 2017.

[24] Kim Moody, *U. S. Labor in Trouble and Transition* (London: Verso, 2007).

[25] Kori Schake, Republican Foreign Policy after Trump, *Survival*, Vol. 58, No. 5, 2016.

[26] Laura Morales, et al. , "The Gap between Public Preferences and Policies on Immigration: A Comparative Examination of the Effect of Politicisation on Policy Congruence," *Journal of Ethnic and Migration Studies*, Vol. 41, No. 9, 2015.

[27] Lawrence D. Bobo, Camille Z. Charles, Maria Krysan & Alicia D. Simmons, "The Real Record on Racial Attitudes," in Perter V. Marsden (ed.), *Social Trends in the United States: Findings from the General Social Survey since 1972* (Princeton University Press, 2012).

[28] Leon Samson, *Toward a United Front: A Philosophy for American Workers* (New York: Farrar & Rinehart, INC. , 1935).

[29] Michael Mann, *The Incoherent Empire* (London: Verso, 2003).

[30] Michael S. Teitelbaum, "Immigration, Refugees, and Foreign Policy," *International Organization*, Vol. 38, No. 3, 1984.

[31] Peter Duignan & L. H. Gann, *The Debate in the United States over Immigration* (Stanford, California: Hoover Institution Press, 1998).

[32] Peter Gottschalk and Gabriel Greenberg, *Islamophobia: Making Muslims the Enemy* (New York: Rowman & Littlefield, 2008).

[33] Philip Martin, Elizabeth Midgley, "Immigration: Shapingand Reshaping America," *Population Bulletin*, Vol. 58, No. 2, 2003.

[34] Raymond Blaine Fosdick, *American Police Systems* (Century Company, 1920).

[35] Richard B. Freeman, *America Works: The Exceptional U. S. Labor Market* (New York: Russell Sage Foundation Publications, 2008).

[36] Robert E. Baldwin, *The Decline of US Labor Unions and the Role of Trade* (Washington, D. C.: Institute for International Economics, 2003).

[37] Robert H. Wood, "The Crushing of a Dream: DACA, DAPA and the Politics of Immigration Law under President Obama," *Barry Law Review*, Vol. 22, Issue 1, 2017.

[38] Robert J. Cottroled, *Gun Control and the Constitution Sources and Explorations on the Second Amendment* (Washington D. C.: American University Press, 2003).

[39] Sabrina Tavernise, "Poverty Rate Soars to Highest Level since 1993," *New York Times*, September 14, 2011.

[40] Sara Chamberlain, "Gender, Race, and the 'Underclass': The Truth behind the American Dream," *Gender and Development*, Vol. 5, No. 3, 1997.

[41] S. Sassen, *Losing Control? Sovereignty in an Age of Globalization* (New York: Columbia University Press, 1996).

[42] Suzanne Mettler, "*Reconstituting the Submerged State: The Challenge of Social Policy Reform in the Obama Era*," *Perspectives on Politics*, Vol. 8, No. 3, 2010.

[43] T. Skocpol, "The Limits of the New Deal System and the Roots of Contemporary Welfare Dilemmas," *The Politics of Social Policy in the United States*, eds. M. Weir, A. S. Orloff and T. Skocpol (Princeton, NJ: Princeton University Press, 1988).

[44] Theda Skocpol & Lawrence R. Jacobs, *Reaching for a New Deal: Ambitious Governance, Economic Meltdown, and Polarized Politics in Obama's First Two Years* (New York: Russell Sage Foundation, 2011).

[45] Thomas F. Pettigrew, "Social Psychological Perspectives on Trump Supporters," *Journal of Social and Political Psychology*, Vol. 5, No. 1, 2017.

[46] Todd Scribner, "You are not Welcome Here Anymore: Restoring Support for Refugee Resettlement in the Age of Trump," *Journal on Migration and Human*, Vol. 5, No. 2, Sec. 5, 2017.

[47] Vanessa Barker, "The Great American Crime Decline: A Review of Blumstein and Wallman Goldberger and Rosenfeld," *Law & Social Inquiry*, Spring 2010.

[48] Vickie D. Ybarra, "Anti – Immigrant Anxieties in State Policy: The Great Recession and Punitive Immigration Policy in the American States, 2005 – 2012," *State Politics & Policy Quarterly*, Vol. 16, No. 3.

[49] William H. Frey, *Diversity Explosion*, *How New Racial Demographics are Remaking America* (Washington, D. C.: Brookings Institution Press, 2015).

[50] William Manchester, *The Glory and the Dream: A Narrative History of America*, *1932 – 1972* (RosettaBooks, 2013).

[51] 黄放:《美国移民问题与奥巴马政府的移民改革》,《国际研究参考》2015 年第 10 期。

[52] 梁茂信:《1860—1920 年外来移民对美国城市化的影响》,《东北师范大学学报》(哲学社会科学版) 1997 年第 5 期。

[53] [德] 罗伯特·福格尔:《第四次大觉醒及平等主义的未来》,首都经济贸易大学出版社 2003 年版。

[54] 陶文钊:《如何看待美国实力地位》,《当代世界》2012 年第 1 期。

[55] [德] 维尔纳·桑巴特:《为什么美国没有社会主义》,赖海榕译,社会科学文献出版社 2002 年版。

[56] 王缉思:《美国政治变革与这场金融危机》,《国际经济评论》2009 年第 3 期。

[57] 张业亮:《奥巴马执政以来的美国联邦权和州权冲突》,《美国研究》2015 年第 5 期。

［58］周琪、沈鹏：《“占领华尔街”运动再思考》，《世界经济与政治》2012 年第 9 期。

［59］周琪、王欢：《值得关注的美国政治“极化”趋势》，《当代世界》2011 年第 4 期。

后　记

本书系中国社会科学院美国研究所“美国实力变化的社会文化因素”创新工程项目组的研究成果。自2014年到2016年，本创新工程项目组围绕研究主题展开了多维度的研究，本书是三年来项目组成员研究成果的汇集。

本项目组成员主要有：

姬　虹　项目组首席专家　中国社会科学院美国研究所研究员

高英东　中国社会科学院美国研究所助理研究员

周　婧　中国社会科学院美国研究所副研究员，现为国家行政学院副教授

魏南枝　中国社会科学院美国研究所副研究员

王聪悦　中国社会科学院美国研究所助理研究员

在本项目组开展合作研究和本书的写作过程中，中国社会科学院美国研究所的领导们给予了大力支持；在同事们不断的思想碰撞中，我们对所研究的问题有了更广泛深入的思考；中国社会科学院欧洲研究所所长黄平研究员、中国社会科学院美国研究所潘小松研究员和北京外国语大学李永辉教授为本书的写作和修改提出了宝贵的意见与建议……在此一并表示感谢。

中国社会科学院美国研究所

“美国实力变化的社会文化因素”创新工程项目组

2018年3月